大藏系列 壹 03

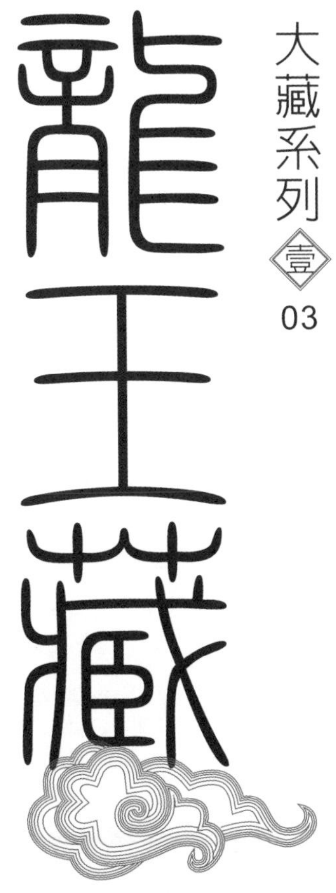

第三冊

洪啟嵩 編著

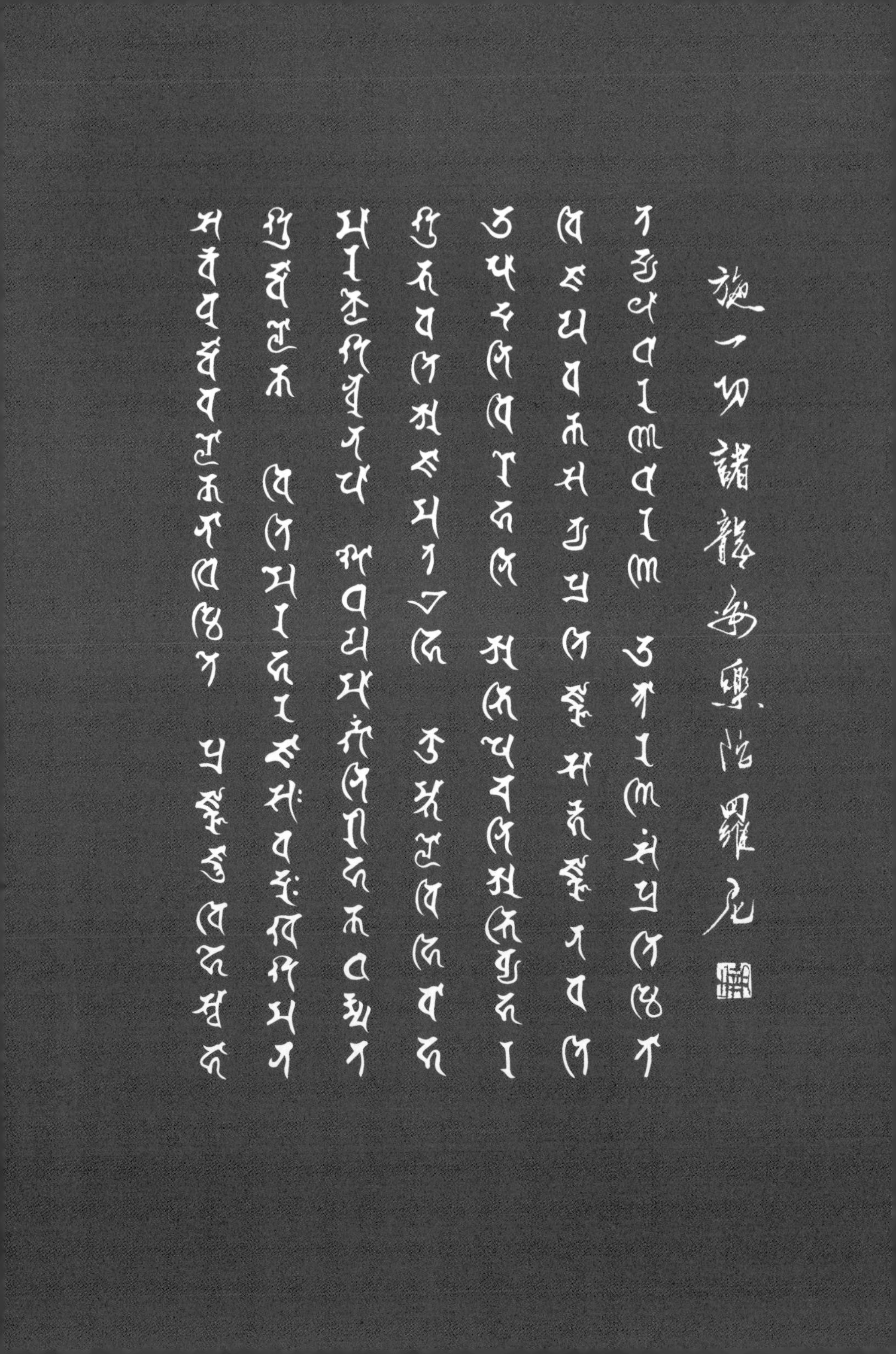

施一切諸龍安樂陀羅尼

怛地也他陀呵囉尼陀呵囉尼　躤多囉尼　三波囉帝師㞙

毘闍耶跋唎拏薩帝夜波羅帝闍若長那跋坻

躤多波達𠍴　比那漢𠍴　阿比㞘遮𠍴　阿陛毘耶呵羅

首婆呵跋帝　阿祁末多　野唓　宮婆羅　擗唓婆呵

摩囉吉棃舍達那波　輸陀耶摩鉗尼唎呵迦達摩多

輸陀呵盧迦　毘帝寐囉何囉闍婆豆佉舍摩那

薩婆佛陀呵婆盧迦那地師恥坻　波羅闍若闍若那擗醯莎呵

皈命具龍名號諸龍王

人龍王　吉龍王　壯龍王　馬龍王　雲龍王

黑龍王　辣龍王　樹龍王　鷹龍王　七頭龍王

二白龍王　二赤龍王　二黃龍王　二黑龍王

人德龍王　八殊龍王　力天龍王　力賢龍王

三頭龍王　上人龍王　上尾龍王　千頭龍王

大力龍王　大行龍王　大吼龍王　大身龍王

大雨龍王　大海龍王　大惡龍王　大項龍王

大腹龍王　大輪龍王　大樹龍王　大頭龍王

大髻龍王　大聲龍王　大蟒龍王　小黑龍王

山手龍王　山孤龍王　山綵龍王　五頭龍王

五髻龍王
天力龍王
戶嚕龍王
方主龍王

日光龍王
月光龍王
月威龍王
毛緂龍王

水生龍王
水池龍王
火味龍王
牛頭龍王

世賢龍王
出雲龍王
平等龍王
母止龍王

甘露龍王
白色龍王
白照龍王
石膞龍王

光明龍王
吉慶龍王
多牛龍王
多聞龍王

安止龍王
安隱龍王
有爪龍王
有財龍王

有蟲龍王
百手龍王
作樂龍王
利劍龍王

妙行龍王
妙軍龍王
妙面龍王
妙高龍王

妙眼龍王
妙園龍王
妙聲龍王
妙臂龍王

（總集經藏中具龍名號諸龍王）

善啓龍王密藏釋迦牟尼佛皈敬文

頂禮　十方三世一切諸佛

皈命　大恩本師釋迦牟尼佛前

善哉仁佛，大悟金剛聖座，於菩提伽耶，

七七日中安住甚深禪悅龍一切時定。

第六七日中，大定現成，鉅霖將傾，

目真隣陀龍王以七首密覆佛身，

安止七日，善妙守護如來，示大勝功德。

於今天地異失傾變，幻敗無端；六大頻亂演災，如是紛亂；

深祈於法界龍佛現前，以淨世間。

是故頂禮於釋尊龍佛大菩提座前，
稽首於法界諸龍佛、菩薩，以諸佛開許加持，
善啓法身如來無上祕要，十方三世一切龍佛究竟心密法藏，
善演大乘諸龍經藏聖法，以安法界，兼利世出世間。

如是隨順如來聖心，勸發法界諸龍憶起本願，及銘其詞：

法界龍王諸龍族　還念本誓釋尊前
法界諸佛所攝受　從諸龍境至成佛
法身如來金剛現　誓句平等法身顯
福智平等三昧耶　佛性智海龍王印

是龍也，法界能轉，然人間妄動，六識紛擾，負念揚飛，
六大汙染，四生、六大龍族，
身心深傷若斯，深悲憫之，是故順佛本願，

承佛善妙，以斯聖尊龍佛妙法，平安法界，佛憙永淨。

諸龍王暨一切龍族，身心安順，兼怨頓銷，吉祥悅意，善願成滿，善護世間，自在成就，大覺成佛，斯乃究竟。

深憶佛慈，依本誓句，守護法界諸龍王及諸龍眷屬，如願圓滿。

其偈曰：

一切諸龍離苦惱　　三患自除龍安樂
法界龍王、龍族眾　　普皆吉祥證龍佛
五大、五方龍體性　　悉皆安護受妙吉
意淨無瞋三毒盡　　六大無礙本瑜伽

大恩本師釋迦文佛，本願攝受，普願法界眾生同斯聖妙，共成無上菩提，一切世間及諸龍宮殿，同成淨土。

南無　現龍座身本師釋迦牟尼佛
南無　法界諸龍佛
南無　法界諸龍菩薩
禮敬　法界諸龍王暨一切龍族

佛曆二五六〇年　丁酉佛憙慈怙
佛子洪啓嵩　頂禮於菩提伽耶金剛座前

註：本文為洪啟嵩禪師二〇一七年修造龍王法軌之〈善啟　法界龍佛究竟勝法密藏　上祈大恩本師釋迦牟尼佛皈敬文〉。

目錄

大方廣佛華嚴經 摘錄 **唐 實叉難陀譯**　559

出版緣起

佛陀的一生，都與龍王有深刻的因緣。從誕生、悟道、傳法乃至於涅槃，龍王都一心守護著佛陀。

龍族雖然具足了廣大的威力與福德，但由於智慧與瞋習的問題，因此也容易受外境的干擾影響。尤其是龍族不似其餘的天人，而是與人間的因緣較為接近，所以人間的發展往往影響到他們的生存環境。

現今整個地、水、火、風、空生態環境的破壞，乃至於重大的天災人禍、戰爭、核子武器都對他們產生深刻的影響。而手機訊號與空中的各種電頻，更使人類的心識困擾，透過電頻不斷對龍族身心的折磨，進而引發其瞋心，而引發地球的更大生態破壞與災變。

因此，我們希望能夠將關於龍王的經典，編輯成為《龍王藏》，一者，能讓佛陀對於諸龍的深刻教法，完整留下，使人與龍族皆得具足慈悲、智慧，進而圓滿無上菩提。二者，幫助龍族遠離各種困境而身心安頓，使其具足福德威力，守護地球人間。三者，使擁有此套法藏者，能生生世世永受一切龍王的福佑。龍王是具足大福德與佛法祕藏者，必能使供養《龍王藏》者眾願成就、具足福德、智慧，與諸龍王共成佛道。

為了讓大家能迅速地掌握到《龍王藏》中經典的義理，此藏佛典全部採用新式分段、標點，使讀者能事半功倍地總持佛心妙智，具足廣大的福力、守護，迅速掌握到幸福與光明的根源。

這一套《龍王藏》是史上第一次龍王相關經教的集結，而在梁武帝天監十六年，曾經令莊嚴寺沙門寶唱編輯〈眾經擁護國土諸龍王名錄〉三卷，作為龍王佑助國土的因緣，惜已佚失。

緣此，二〇一七年我於菩提伽耶龍王池大修法中，除了收錄一切龍佛、龍菩薩及龍王名錄外，並修造《吉祥法界諸大龍佛、龍王・菩提伽耶龍王池大修法》法軌，蒐於附錄之中。本套《龍王藏》除了編集諸龍王相關經教之外，並將諸龍相關真言，除了原經中的漢文音譯之外，並加上梵音之羅馬拼音及悉曇梵字完整呈現，便於讀者誦持。此次編纂的相關經論及參校之研究資料十分龐大，祈願有心研究者能再深入精研，期望能更臻於圓滿。

《龍王藏》將《大藏經》中的一切龍王教法，完整地編輯，希望帶給人世間廣大的光明，眾生吉祥福樂，地球上的一切人類、龍族、眾生，共發無上菩提心，並得證大覺成就。

《龍王藏》的出版，將帶給人間許多的法喜與福德，因為透過這些經典的導引，將使我們了悟佛菩薩所開啟的龍王祕藏，不只能讓我們得到諸佛菩薩的慈光佑護，更能令我們在一切龍王護法的守護下吉祥願滿。

洪啓嵩

凡例

一、《龍王藏》經集主要選取《大藏經》中，與龍王或龍相關的經典，包括全經及摘錄部份經文為主，本藏編輯主要依《大正藏》的冊數次第、經號順序收錄相關經文，編輯成冊。唯視編輯分冊所需，部分經典次序將會略作彈性調整。

其摘錄經文的標示以（略）來表示之，例如：

「北方地空中，有叢樹名菴，廣長各二千里；復有叢樹名閻破，廣長各二千里（略）；復有叢樹名蒲萄，廣長各二千里。過是空地，其空地中，復有優鉢華池二千里、紅蓮華池二千里、白蓮華池二千里、黃蓮華池二千里、毒蛇池二千里。過是已地空，其空中有海欝禪，從東西流入大海。其欝禪海中，見轉輪王，亦知天下；有轉輪王，見遊行時跡，欝禪北有山名欝單茄。」

二、凡《大正藏》經文內本有的小字夾註者，龍王藏經文均以小字表示之。

三、凡經文內之咒語，其斷句以空格來表示。若原文上有斷句序號而未空格時，則龍王藏經均於序號之下，加空一格。

四、龍王藏經典之經文，採用粗明字體，而其中之偈頌、咒語等，皆採用標楷字體，另若有序文、跋或作註釋說明時，則採用細明字體。

五、龍王藏經中凡現代不慣用的古字（真言咒語除外），皆以教育部所頒行的常用字取代之（如：讃→讚），而不再詳以對照表說明。

六、凡是經文中不影響經義的正俗字（如：遍、徧）、通用字（如：蓮「華」、蓮「花」）、譯音字（如：目「犍」連、目「乾」連），等彼此不一者，均不作改動或校勘。

七、經文中文字明顯有誤且有校勘註解者，則依校勘文字修改。如「縛曰囉」改為「縛*日囉」並於修改之字右上角註記符號「*」。

八、《大正藏》經文咒語句數之標示，超過二十一之句數，在《龍王藏》版中改成二一句，例如：《金剛光焰止風雨陀羅尼經》根本滅諸災害真言：

（略）薩縛訥瑟吒(上)那(去)囉矩攞崩扇(十九句)縛囉跛(同上二合)囉縛囉(二十句)戰

拏謎倪(二十一句)摩訶縛攞播囉羯(二合)囉迷(二十二句)(略)縛攞縛底(三十句)廢(同上)伽(魚迦句)縛底(三十一句)娑(去)囉娑(去)囉(三十二句)(略)

改為：

(略)薩縛訥瑟吒上那去囉矩攞崩扇十九句縛囉跛同上二合囉縛囉二十句戰拏謎倪二一句摩訶縛攞播囉羯二合囉迷二二句(略)縛攞縛底三十句廢同上伽魚迦句縛底三一句娑去囉娑去囉三二句(略)

九、龍王藏經典經文採新式標點符號標示，所作之標點、分段，以儘量順於經義為原則，方便讀者之閱讀。

十、為使閱讀者，更能確切讀誦經文中的真言咒語，特別將漢譯的真言咒語，配上梵文悉曇字及梵文羅馬拼音文字，如：

縛訖得登乙反二合囉十八句　惹野惹野十九句

vaktara jāya jāya

此部份參校《一切經音義》、《悉曇字記》、《悉曇藏》、《魚山聲明集》等梵字真言等相關經論，及《密教大辭典》、《房山石經》、《大藏全咒》、《佛教的真言咒語》等現代之研究著述，經過細密之比對、校正後，再將經中之真言悉曇梵字重新書寫。由於使用之參校之資料繁多，凡例中僅能例舉一二，完整參考資料將詳列於《龍王藏》最末一冊。

龍王藏導讀

洪啓嵩

龍王與龍眾，在佛陀的一生與佛典中，具有十分重要的位置。其身為佛陀的弟子與護法，在護持佛、法、僧三寶，與自身業力的因緣中，常有十分具有張力的顯現，我們深祈一切龍王與龍眾，能與我等追尋佛陀的腳步，共同發願修行菩薩行，以圓滿無上菩提。

本冊為《龍王藏》的第三部。我們心中有著甚深的祈願，歷經多年籌備之後，在深入經藏並抉擇眾經以編纂圓滿的諸龍法要，我們心中不斷地祈願著：所有的眾生能得具圓滿的福德、勝智，終至圓滿成佛；更祈願法界與娑婆地球共同成為諸佛的清淨樂土。

因此，我們期待這套《龍王藏》的吉祥出版，能成為龍族與人類互助的典範。希望龍王與龍眾具足清淨的勝福，業障消弭，諸龍、人類與眾生善發無上菩提心、圓證無上佛道。龍王具足廣大的福德與守護力，我們祈願如是的發心，善使有緣大眾能善得諸龍的守護，同具無比的勝福，並具足無上的智慧、悲心。

龍王藏第三冊所蒐列之經典，包含了如下經典中，與龍王相關部份之經文摘錄：《佛說過去世佛分衛經》、《佛五百弟子自說本起經》、《佛說譬喻經》、《佛說濡首菩薩無上清淨分衛經》、《薩曇分陀利經》。此外，並摘錄如下經典中與龍王相關的部份：《大乘本生心地觀經》、《菩薩本生鬘論》、《佛說頂生王因緣經》、《佛說福力太子因緣經》、《修行本起經》、《佛說太子瑞應本起經》、《方廣大莊嚴經》、《佛本行集經》、《佛說眾許摩訶帝經》、《佛本行經》、《中本起經》、《佛說興起行經》、《撰集百緣經》、《雜寶藏經》、《雜譬喻經》（T4, No.205）、《舊雜譬喻經》、《雜譬喻經》（T4, No.207）、《眾經撰雜譬喻》、《出曜經》、《法集要頌經》、《大般若波羅蜜多經》、《勝天王般若波羅蜜經》、《佛說最上根本大樂金剛不空三昧大教王經》、《佛說仁王般若波羅蜜經》、《仁王護國般若波羅蜜多經》、《大乘理趣六波羅蜜多經》、《妙法蓮華經》、《正法華經》、《添品妙法蓮華經》、《大薩遮尼乾子所說經》、《大方廣佛華嚴經》（T9, No.278）、《大方廣佛華嚴經》（T10, No.279）、《佛說如來興顯經》、《大方廣佛華嚴經》（T10, No.293）。以下簡介諸經中與龍相關部份。

《大乘本生心地觀經》，為唐・般若所譯，全文共八卷，收於大正藏第三冊（T3, No.159），略稱為《本生心地觀經》、《心地觀經》。本藏摘錄卷一、卷三及卷四部份經文。本經敘述釋迦如來於耆闍崛山，為文殊師利、彌勒等諸大菩薩敘述出家住阿蘭若者，如何觀心地、滅妄想，而成佛道。

本經中分為〈序品〉、〈報恩品〉、〈厭捨品〉、〈無垢性品〉、〈阿蘭若品〉、〈離世間品〉、〈厭身品〉、〈波羅蜜多品〉、〈功德莊嚴品〉、〈觀心品〉、〈發菩提心品〉、〈成佛品〉、〈囑累品〉等十三品。

本經自古以來，即以經中有關於四恩之思想而馳名。關於本經之傳譯，據卷首御製序載，此經梵本係唐高宗時代之師子國王所獻，逮元和年間，始由般若三藏等八人奉詔譯之，復由諫議大夫孟蘭等四人修飾而成。

本藏摘錄〈序品〉中，摩那斯龍王、德叉迦龍王等四萬八千諸大龍王在大會中聞法，發弘誓願，恭敬護持。〈報恩品〉第二之下，佛陀咐囑弟子於佛滅後，未來世中淨信者，應常常懺悔，並當受菩薩三聚戒，禮請釋迦牟尼佛，為菩薩戒和上；禮請龍種淨智尊王佛，為淨戒阿闍梨等。〈厭捨品〉第三則以阿耨達池龍王湧出四大海，晝夜流注亦無法填滿大海，來比喻在家人營生貪求恆不足，而彰顯出家菩薩之可貴。

《菩薩本生鬘論》（梵名 Jātakamālā），印度聖勇（梵 Ārya-śūra）菩薩等所造，北宋紹德、慧詢等所譯，全文十六卷，收於大正藏第三冊（T3, No.160），又稱《本生鬘論》、《本生鬘》。本藏摘錄卷三部份經文。

論中記述佛陀過去世行菩薩道之本生，並解釋其法義。全書內容分前後兩部，前部四卷記述：〈投身飼虎緣起〉、〈尸毘王救鴿命緣起〉、〈如來分衛緣起〉、〈最勝神化緣起〉、〈如來不為毒所害緣起〉、〈兔王捨身供養梵志緣起〉、〈慈心龍王消除怨害緣起〉、〈慈力王刺身血施五夜叉緣起〉、〈開示少施正因功德緣起〉、〈如來具智不嫉他善緣起〉、〈佛為病比丘灌頂獲安緣起〉、〈稱念三寶功德緣起〉、〈造塔勝報緣起〉、〈出家功德緣起〉等十四則本生緣起故事。卷五以下闡釋護國本生等法相之釋論。

本藏所摘錄者為〈慈心龍王消伏怨害緣起第七〉，敘述菩薩往昔以瞋因緣墮於龍中，為諸龍之王。時有一金翅鳥王欲取諸龍以為食，龍王為金翅鳥王說過去二者共同修行之因緣，教其以慈忍心淨修梵行。龍王並為龍族眷屬宣說大慈心法門，教其受持八關齋戒。慈心龍王受到獵人剝皮殘害時，仍安住於慈心，無有怨念。對於聞血腥而來噉食其肉之諸蟲，亦發願未來當施其法食。以上是佛陀敘述其本生雖投生於龍族，為住慈忍力堅持淨戒之本生事蹟。

《佛說頂生王因緣經》，為宋・施護所譯，全文共六卷，收於大正藏第三冊（T3, No.165）。本藏摘錄卷二、卷三、卷五及卷六部份經文。

本經敘述佛陀於舍衛國祇樹給孤獨園安止時，憍薩羅國主勝軍大王（即波斯匿王）來詣佛所，祈問佛陀往昔本生為求無上正等正覺，實踐何種福德之行？佛陀因而為其宣說自身為頂生王本生因緣。

當時頂生王統領四天下，甚至以神通往至三十三天，拜訪帝釋天王。帝釋分一半的座位給他坐，以示尊重。然而頂生王還不滿足，起了篡天帝釋位的念頭，此時退失神通墜落回人間，重病而死。為釋迦牟尼佛的本生之一。佛陀以此教導弟子，凡夫染著於五欲無厭足。真正所謂足者，須至賢聖道，然後乃足。

本藏摘選此經卷二、卷三及卷五，與諸龍相關之內容。卷二中有四大天王之廣目天所居王都之描述。廣目天（梵名 Virūpāksa），為四天王之一，安住於須彌山西面半腹，常以淨天眼觀察閻浮提之眾生，乃守護西方之護法善神。廣目天王亦為諸龍之主，據《佛母大孔雀明王經》卷上所說：「此西方有大天王，名曰廣目，是大龍主，以無量百千諸龍而為眷屬，守護西方。」本卷摘錄廣目天王所居王都之宮殿、林池、花鳥等種種莊嚴。

卷三及卷五，則描述了頂生王往詣三十三天時，天界的防衛守護配置：首先有難陀龍王、烏波難陀龍王、摩那斯龍王等諸大龍王住於水際，為三十三天第一道防護。如果第一道防線潰敗，諸龍就往第二道防線堅首天通報迎戰，如若不敵，再往持鬘天、常驕天、四大王天層層上報，共同守護三十三天。卷五即敘述阿修羅大軍進攻，各道防線節節退敗，最後由帝釋天王親自領軍戰鬥的情況。

《佛說福力太子因緣經》，為宋・施護所譯，全文共四卷，收於大正藏第三冊（T3, No.173）。本藏摘錄卷三部份經文。

本經敘述佛陀於王舍城側安陀林（尸陀林），於一樹下，晝夜宴寂坐禪。此時諸比丘於他處會集，談論何種行業最殊勝，阿難謂色相行業最勝，阿尼樓陀謂工巧行業最勝，舍利弗謂智慧行業最勝。後據此請問佛陀，佛陀以智慧最勝，而修福因緣為極勝，遂說福力太子之因緣，鼓勵比丘常勤愛樂正法，尊重信奉供養，由此福力得大利益。

本藏所蒐錄之卷三部份經文，描述福力太子於無憂樹下寢寐時，感得龍王從地涌出千葉微妙蓮華並以神力徐置太子在蓮華上的情景。

《佛說過去世佛分衛經》，為西晉・竺法護所譯，全文共一卷，收於大正藏第三冊（T3, No.180）。「分衛」（梵語Piṇḍapātika），為「乞食」之意。本經敘述過去世有佛與弟子俱行乞食，有孕婦見其佛及僧相好莊嚴，而發心使所生之子出家而得授記。經中描述小兒七歲時，母親領其至佛前出家，以澡灌前洗兒手，此時竟有九龍當浴、師子座、華蓋寶帳、佛笑光從兒頂入等諸不可思議瑞象。佛陀並授記此兒却後十四劫當得作佛，即釋迦牟尼佛本生。

《修行本起經》，為後漢・竺大力與康孟詳所共譯，全文共二卷，收於大正藏第三冊（T3, No.184）。本藏摘錄卷一及卷二部份經文。本經之異譯本有吳・支謙所譯之《太子瑞應本起經》二卷、西晉・聶道真所譯之《異出菩薩本起經》一卷、《過去因果經》四卷（東晉・佛陀跋陀羅譯，闕）。

本經敘說釋迦牟尼佛托胎、降生，乃至出家、成道之事歷。《修行本起經》為佛傳第一分，另外之《中本起經》（曇果、康孟詳共譯）為佛傳之中分，二經具有連帶關係。本經卷上分〈現變品〉、〈菩薩降身品〉、〈試藝品〉三品；卷下為〈遊觀品〉、〈出家品〉二品。

本藏節錄之經文，為卷上〈菩薩降身品第二〉，悉達太子誕生時，二龍吐水為之洗浴之情景，及卷下〈出家品第五〉，菩薩成道前，行經瞽龍池時，龍王心大歡喜踊出迎接之情景。

《佛說太子瑞應本起經》，為吳・支謙所譯，全文共二卷，收於大正藏第三冊（T3, No.185）。本藏摘錄卷一及卷二部份經文。本經為前《修行本起經》之異譯本。本藏所摘錄之經文，為卷上太子誕生時三十二種瑞相之一，即諸龍王女繞宮而住；及卷下佛陀成道後，文鄰龍王詣佛，及佛陀降伏毒龍、度化祀火三迦葉兄弟的故事。

《方廣大莊嚴經》，為唐・地婆訶羅所譯，全文共十二卷，收於大正藏第三冊（T3, No.187）。本藏摘錄卷三、卷五、卷六、卷七、卷八、卷十、卷十一及卷十二部份經文。

本經敘述佛陀安止於祇樹給孤獨園，中夜入佛莊嚴三昧，從頂髻放大光明，照淨居天，淨居天子來問法，佛受其請，晨朝為眾宣說。本經共有二十七品，敘說佛陀前生為一生補處菩薩，安住兜率天宮，乃至降生、成長、出家、苦行，乃至成道、轉法輪之八相。本經與《普曜經》同本異譯，但品有開合。

本藏摘錄之經文如下：

卷三〈誕生品第七〉，太子出生前的三十二種瑞相之一，即是諸龍女出現半身，手持微妙諸寶瓔珞於空而住。卷五〈音樂發悟品第十三〉，佛陀自述為太子時，身處王宮受用種種五欲之樂，卻一心欲出家。即時法爾有十方無邊阿僧祇世界諸佛如來神通之力，令其宮內鼓樂絃歌，出微妙音勸請菩薩，而宣說其因地本生行傳偈頌。本藏摘錄其中與諸龍相關之本生。

卷六〈出家品第十五〉，菩薩決定踰城出家之夜，天、龍、夜叉、乾闥婆、阿修羅、迦婁那、緊陀羅、摩睺羅伽等，皆盡其所應護助菩薩出家。經文出描述了天神、諸龍八部眾積極想方設法，各盡一己之力的情景。其中諸大龍王，以婆婁那王為上首，以吐栴檀香雲、沈水香雲，雨下栴檀末及沈水末，使妙香芬馥遍滿虛空，以此來護助菩薩出家。

卷七〈往尼連河品第十八〉本藏摘錄菩薩經六年苦行，身體極羸瘦，接受牧羊女乳糜供養後，恢復體力，至尼連禪河剃除鬚髮、入河沐浴。其鬚髮、沐浴之水，皆被天人取走，起塔供養。其所飲食之金鉢，原為龍王所拾取，後帝釋天變化為龍之天敵金翅鳥將鉢搶走，起塔供養。

卷八〈詣菩提場品第十九〉，摘錄菩薩詣菩提場，將成正等正覺之時，放清淨光明普照世界，滅除一切眾生煩惱，遇斯光者皆生欣喜。此光照迦利龍王宮，時彼龍王遇斯光明，心大歡喜，帶領龍族眷屬前來供養菩薩。

卷十〈商人蒙記品第二十四〉，本藏摘錄佛陀成道後，於目真隣陀龍王池邊坐禪，龍王以廣大龍身衛佛纏遶七匝，以頭為蓋蔽覆佛上遮風蔽雨的故事。

卷十一〈轉法輪品第二十六之一〉，本藏摘錄佛陀應彌勒菩薩之請，宣說如來轉于法輪所有功德及法輪之性。其中以諸多名號喻佛之特德，「大龍」即為其中一者。

卷十二〈轉法輪品之二〉，本藏摘錄佛陀成道後，降伏火龍，度化祀火迦葉三兄弟的故事。後迦葉三兄弟帶領徒眾千人皈依佛陀，大規模僧團由此而始。

《佛本行集經》，為隋・闍那崛多所譯，全文共六十卷，收於大正藏第三冊（T3, No.190）。本藏摘錄卷四十及卷四十一部份經文。

本經敘述佛陀誕生、出家、成道等事蹟，及佛弟子歸化之因緣，是佛陀一生行道的足跡，可以作為修行者典範。本經可說是佛傳相關經典中集大成者，除了本經之說法，並保存了各部律藏有關佛傳的異說。

本藏摘錄卷四十〈迦葉三兄弟品第四十四上〉，及卷四十一〈迦葉三兄弟品中〉部份經文，內容同上是敘述佛陀降伏火龍，度化祀火迦葉三兄第的故事。

《佛說眾許摩訶帝經》，為宋・法賢所譯，全文共十三卷，收於大正藏第三冊（T3, No.191）。本藏摘錄卷四、卷六、卷七、卷九及卷十二部份經文。

經題的「眾許」是劫初之王「三摩達多」（Sammata）之意譯，「摩訶帝」是大王（mahārāja）之意，意謂三摩達多王是受眾人推薦所出任之國王。雖然題號如此，但全經所載，則以敘述佛傳為主，有關該王之事蹟，僅列舉一、二而已。唐・義淨所譯的《有部毗奈耶破僧事》卷一至卷九為本經之異譯本。

本經為佛陀在迦毗羅國尼俱陀林中時，指示大目犍連為眾生演說的佛傳。內容敘述釋種之由來，至烏波梨之歸佛等事蹟。初述自太古三摩達多王至釋尊之間之世系、生母摩賀摩耶之生緣；次記釋尊自兜率天下生入摩賀摩耶之胎、龍弭爾園降生、阿私陀之占相，及童年善書及射、娶耶輸陀羅等三夫人、遊觀世間深生厭離之念、出家苦行、於金剛座上成道、受商主布薩利迦之供養等事蹟，並述及遊歷諸方，度五比丘、耶舍、俱梨迦、諸長者子五十人、六十賢眾、難那、三迦葉波等事。卷末並述及釋尊在迦毗羅城教化釋種及烏婆梨等事。

本藏節錄卷四中，年少悉達多太子，與堂弟提婆達多、難陀比試武藝，爾時太子武藝高強，所射之箭不但透過七多羅樹、七重鐵鼓及鐵豬等皆悉透過，而且其箭入地至龍王宮。爾時龍王見菩薩箭，以手捧之，於箭入處涌水上流，即有信心婆羅門長者起塔供養。

卷六摘錄悉達多菩薩成道前，在天人導引下，前往成等正覺之寶座，途中至一大窟內有盲眼黑龍，出窟見菩薩後，雙眼重見光明的故事。

卷七摘錄佛陀初成道時，往彼母唧鱗那龍王宮，於一樹下跏趺而坐入於禪定。當時彼處七日七夜降霔大雨，時，母唧鱗那龍王，遂以自身纏繞七匝仰首上覆，如傘蓋相；經七晝夜守護佛陀坐禪的經過。

卷九摘錄佛陀成道後不久，前往摩伽陀國，以降伏火龍等方便，度化烏嚕尾螺迦葉的故事。

卷十二摘錄佛陀受給孤獨長者之請，度化苦行外道。世尊遣舍利弗前往。外道與舍利弗尊者鬥法時，外道化一龍而有七首，張鱗努目奮惡拏空；尊者則化為金翅鳥王，從空飛下坐於龍首，龍自降伏。

《佛本行經》，為宋・釋寶雲所譯，全文共七卷，收於大正藏第四冊（T4, No.193）。內容為偈讚佛一代行狀之偈文也，為《佛所行讚》之異譯本。本藏摘錄卷一經文為佛陀於摩羯陀國降伏毒龍之偈頌，卷三為盲龍見佛復見光明的故事。

《中本起經》，為後漢・曇果與康孟詳所共譯，全文共二卷，收於大正藏第四冊（T4, No.196）。本經又名《太子中本起經》、《太子本起經》，係敘述釋迦牟尼佛從初轉法輪以後的化導事蹟。

全書十五品。卷上有轉法輪、現變、化迦葉、度瓶沙王、舍利弗大目揵連來學、還至父國等六品；卷下有須達、本起該容、瞿曇彌來作比丘尼、度波斯匿王、自愛、大迦葉始來、度奈女、尼揵問疑、佛食馬麥等七品。

本藏摘錄卷一部份經文，敘述佛陀至摩羯陀國，度化國內受人崇仰的祀火迦葉。佛陀以借住其供奉毒龍之室，而降伏毒龍，使迦葉與五百弟子大眾生起信心。

《佛說興起行經》，為後漢・康孟詳所譯，全文共二卷，收於大正藏第四冊（T4, No.197）。本經為佛陀於阿耨泉所宣說，為阿耨達龍王所居之處，龍王率領無量眷屬，獻上珍寶妙香，至心聞法。

阿耨達池(Anavatapta)位於南瞻部洲之中心，《俱舍論》十一曰：「大雪山北有香醉山，雪北香南有大池水，名無熱惱。出四大河：一殑伽河，二信度河，三徙多河，四縛芻河。無熱惱池縱廣正等，面各五十踰繕那量，八功德水盈滿其中，非得通人無由能至。」佛陀與五百阿羅漢，常於每月十五日，以神通力往阿耨達池說戒，以此度化諸龍。

經中舍利弗請問佛陀此生所遇十事宿緣；如孫陀利女謗佛、木槍刺足、食馬麥、提婆達多推石害佛等諸惡緣。佛陀一一細說，除了教誨弟子，另一方面主要為度化諸龍。

《佛五百弟子自說本起經》，為西晉・竺法護所譯，全文共一卷，分為三十品，收於大正藏第四冊（T4, No.199）。

本經為阿耨達龍王請佛世尊及五百上首弟子至阿耨達池應供，進饍畢訖，安坐於蓮華之上，追講本起所造罪福，皆由纖微轉受報應，彌劫歷紀莫能自濟，僥值正覺乃得度世。各自撰歌而達頌。前二十九品諸弟子各明其本爾之因緣，第三十品佛自說示過去之本因。

《撰集百緣經》，為吳・支謙所譯，全文共十卷，收於大正藏第四冊（T4, No.200）。本藏摘錄卷六及卷十部份經文。

本經係以百種事緣來說忝惡業果之事實。全書共分十品，即〈菩薩授記品〉、〈報應受供養品〉、〈授記辟支佛品〉、〈出生菩薩品〉、〈餓鬼品〉、〈諸天來下供養品〉、〈現化品〉、〈比丘尼品〉、〈聲聞品〉、〈諸緣品〉。每一品各有十緣，故總共有百緣。

本藏摘錄卷六〈諸天來下供養品第六〉「（五九）二梵志共受齋緣」，敘述佛陀在舍衛國祇樹給孤獨園。初夜有五百天子來聽法，身光赫奕，照曜祇桓。佛陀為阿難講述此五百天子往昔因緣，緣於過去迦葉佛時，有二婆羅門，隨從國王，來詣佛所，同受齋法，一求生天，二求人王。求生天者因破齋戒，投生為龍。後帶領五百龍子受八關齋戒法，投生忉利天為天神，即今來聞法之五百天子。

本藏另摘錄卷十〈諸緣品第十〉「（九一）須菩提惡性緣」，敘述須菩提本生因瞋習業緣，受五百世毒龍身。因爾時供養僧故，此生得值遇佛。佛為說瞋恚過惡、愚癡煩惱，燒滅善根、增長眾惡之果報，懺悔罪咎，即時證得須陀洹果。

《雜寶藏經》，為元魏・吉迦夜與曇曜所共譯，全文共十卷，收於大正藏第四冊（T4, No.203）。

本經係以佛陀及其弟子為中心人物的佛教故事集。內含一二一則事緣。其中，第一卷收錄〈十奢王緣〉等九緣，第二卷收載〈六牙白象緣〉等十七緣，第三卷收錄〈兄弟二人俱出家緣〉等十三緣，第四卷收錄〈貧人以麨團施現獲報緣〉等十一緣，第五卷收錄〈天女本以華鬘供養迦葉佛塔緣〉等二十二緣，第六卷收錄〈帝釋問事緣〉等六緣，第七卷收錄〈婆羅門以如意珠施佛出家得道緣〉等十六緣，第八卷收錄〈拘尸彌國輔相夫婦惡心於佛，佛即化導得須陀洹緣〉等七緣，第九卷收錄〈迦旃延為惡生王解八夢緣〉等十四緣，第十卷收錄〈優陀羨王緣〉等六緣。

本藏摘錄卷三、卷七、卷八及卷九部份經文。

卷三「（二九）龍王偈緣」，敘說佛陀安止於王舍城時，提婆達多，往至佛所，惡口罵詈。阿難聞已，極生瞋恚，驅提婆達多令出。諸比丘讚嘆如來常於提婆達多生慈愍心，而提婆達多於如來所恒懷惡心。佛陀因而敘說過去世與阿難、提婆達多生為龍族之因緣，以此教導比丘宜廣慎行應恭敬。

卷三「（三〇）提婆達多欲毀傷佛因緣」，敘述佛陀過去生為大龍王，提婆達多為咒師，三次欲以咒術奪取龍王，龍族眷屬欲殺咒師，皆被龍王慈心阻止。佛陀告訴比丘：「我為龍時，尚能慈心，數數救濟，況於今日，而當不慈。」

卷七「（八〇）十力迦葉以實言止佛足血緣」，敘述十力迦葉於此生以如實言止佛足血。往昔佛陀本生為婆羅門子名「無害」，為毒龍所傷，命將欲終，其父亦以如實言而消其毒。當時婆羅門即為十力迦葉。

卷七「（九一）羅漢祇夜多驅惡龍入海緣」，敘述佛世後七百年，時罽賓國，惡龍王阿利那數作災害，時有二千阿羅漢，各盡神力，無法驅遣此龍。時尊者祇夜多，最後往至到龍池所，三彈指惡龍即往大海，不敢停住。祇夜多尊者自言從凡夫已來，受持禁戒，等心護持，以此威德所致，非以神通力趨逐惡龍。

卷八「（九八）輔相聞法離欲緣」，敘述佛陀為頻婆娑羅大輔相夫婦說法，夫婦二人速得須陀洹道。佛陀因而宣說本生因緣：往昔佛為迦尸國王智臣比圖醯時，度化龍王與龍王夫人之因緣。

卷九「（一〇四）惡生王得五百鉢緣」，敘述惡生王意外獲得五百乘車所載寶鉢乘金粟，為其往昔本生每日以寶鉢供清淨修行婆羅門，後寶鉢流入恆河中，皆被龍王所集，盛滿金粟，滿五百車。惡生王即以用作福，廣修布施。

《雜譬喻經》，譯者失佚，全文共二卷，收於大正藏第四冊（T4, No.205），其內容舉譬喻因緣以說明善惡業報之理，凡三十九喻。

藏經中同名之經尚有三部，一為後漢・支婁迦讖譯，一卷，十二喻。二為後漢時譯，又稱《菩薩度人經》，譯者不詳，二卷，三十二喻。三《舊雜譬喻經》，二卷，吳・康僧會譯，六十餘喻。

本藏所摘錄《雜譬喻經》者，一為阿育王從龍王手中取得佛陀舍利，復興塔寺、廣弘佛法的故事。二為有宿緣之四神王：天王、龍王、金翅鳥王、人王，四者共到摩竭王後園，慈心奉齋精進行持的故事。

《舊雜譬喻經》，為吳・康僧會所譯，全文共二卷，收於大正藏第四冊（T4, No.206）。本藏摘錄卷一及卷二部份經文。

本藏所摘錄者，卷上有二者：一為沙彌戀慕龍宮，晝思夜想，茶飯不思，得病而死，後投生為龍子。二為國王偶救龍女，龍王感念，而使王滿願通曉百畜獸所語。卷下則摘錄：一為佛慧弟子威德廣大，展轉自相惠耳，譬如龍自還雨海中也。二為佛陀度化惡龍王拔抵及本生因緣。

《雜譬喻經》，為道略所集，全文共一卷，收於大正藏第四冊（T4, No.207）。本藏摘錄如下內容：

（一二）以龍降大雨，落於天宮、人間、餓鬼，所墮變異，以喻眾形無定質，隨罪福所感召。

（二四）以咒龍師、軍遲（水瓶）、龍、大火等，譬喻菩薩示現無常大火恐怖眾生，令除憍慢謙卑下，悉入涅槃。

（三五）以龍藏水於大海乃不乾，此喻少施而得大報無窮者，唯當安著佛道中也。

《眾經撰雜譬喻》，為道略所集，姚秦・鳩摩羅什所譯，全文共二卷，收於大正藏第四冊（T4, No.208），共收四十四喻。

本藏摘錄卷上：（一〇）沙彌貪戀龍宮富貴，愛慕龍女，於是一心布施持戒，祈求早作龍身。死後果投生為大龍，殺彼龍王、奪龍宮。因貪著好香美色，喪失善根而墮惡道。

卷下：（二三）以咒龍師、澡罐、龍、大火等，譬喻菩薩示現無常大火恐怖眾生，令除憍慢謙卑下，悉入涅槃。

（三一）龍神自述前世為人時，平時喜陵擽百姓，畏於權勢，無人敢諫，使其墮蟒蛇中。投身為龍後，仍設法撓亂國中人民。經云：「人當相諫從善相順，莫自恃勢力陵擽於人，坐招其患三惡道苦。」

《出曜經》，為尊者法救（梵Dharmatrāta）造，姚秦・竺佛念所譯，全文共三十卷，收於大正藏第四冊（T4, No.212）。

本經係由佛教教誨式偈頌及其注釋之故事合輯而成，凡三十四品。出曜，舊名譬喻（梵avadāna，音譯阿波陀那），即十二部經之第六，指為助於理解教理，以譬喻或寓言說明之部分。

全經透過譬喻來解說人生無常，以修行戒、定、慧積集善根而達到解脫之道理，內容與《法句經》相近。《出曜經》卷六：「所謂出曜者，從無常本經之第一品至梵志本經之最後品，採眾經之要藏，演說布現，以訓將來，故名出曜。」

本藏摘錄卷十二、卷十三、卷二十三、卷二十七、卷二十八及卷三十部份經文。

卷十二〈信品第十一〉，有婆羅門供伊鉢羅龍王冀望富貴，最終非法之財終為盜賊、水、火、王者所奪，說明家產非常，慧信方為最上財寶。

卷十三〈沙門品第十二〉，敘述龍王慈愍，降涼風細雨，掩塵滅霧，曜然天明，助行者滅欲、恚、痴內塵三想，滅思想，為慧見。

卷二十三〈泥洹品第二十七〉，以龍有龍性、鬼有鬼性、天有天性、人有人性，而知生之本末。

卷二十七〈樂品第三十一〉，敘述佛陀成道後，至文鱗龍所，為其宣說「能滅己憍慢，此名第一樂」之法偈，龍王聞之心開意解，眼目得開。

卷二十八〈心意品第三十二〉佛陀因拘深比丘好喜鬪訟未曾歡樂，不樂山野閑靜之處。世尊教誨不果，而說此偈：「一龍出眾龍，龍中六牙者，心心自平等，獨樂於曠野。」

卷三十〈梵志品之二〉以「仙人龍中上，大仙最為尊」來比喻梵志淨行之尊貴。

《法集要頌經》，為法救所集，宋・天息災所譯，全文共四卷，收於大正藏第四冊（T4, No.213），內容即《出曜經》三十三品之法偈。

本藏摘錄卷四部份經文，內容大要同前《出曜經》所說。

《佛說譬喻經》，為唐・義淨所譯，全文共一卷，收於大正藏第四冊（T4, No.217）。

經中敘述佛陀於祇樹給孤獨園，為勝光王以毒蛇、毒龍、蜂蜜等譬喻，宣說生、老、病、死苦迫，應常思念，勿為五欲所吞迫。

《大般若波羅蜜多經》，為唐・玄奘所譯，全文共六百卷，收於大正藏第五、六、七冊（T5、T6、T7, No.220）。本藏摘錄卷三百八十一、卷五百七十、卷五百七十六、卷五百九十四、及卷六百部份經文。

卷三百八十一〈初分諸功德相品第六十八之三〉，以龍象王喻佛身相好。

卷五百七十〈第六分現相品第八〉，敘述佛陀宣說菩薩行深般若波羅蜜多方便善巧時，於雙足下千輻輪相各放無量微妙光明，龍宮內有大龍王名迦履迦遇斯光已生大歡喜，帶領眷屬興大供養。

卷五百七十六〈第八那伽室利分〉，敘述佛陀安止於祇樹給孤獨園時，妙吉祥菩薩於日初分著衣持鉢入城中乞食途中，遇見龍吉祥菩薩，二者論法彰顯空之法義。

卷五百九十四〈第十六般若波羅蜜多分之二〉，佛陀以龍王降澍大雨龍子歡喜，譬喻佛陀大長子菩薩堪受佛陀降大法雨，歡喜信受。

卷六百〈第十六般若波羅蜜多分之八〉，佛陀以無熱龍王宮內出四大河奔流入海，譬喻菩薩若得甚深般若波羅蜜多，復能精勤修學，皆能出大法流注，以大法施充足有情。

《勝天王般若波羅蜜經》，為東魏・月婆首那所譯，全文共七卷，收於大正藏第八冊（T8, No.231）。本藏摘錄卷四部份經文。

卷第四，〈現相品第七〉，佛陀宣說菩薩行般若波羅蜜，於足下現微妙千輻輪光明，一切地獄、畜生、餓鬼見斯光皆離苦安樂。有加梨加龍王遇此光明照龍王，得知有佛出世，帶領諸龍眷屬行大供養。

《佛說濡首菩薩無上清淨分衛經》，為宋・翔公所譯，全文共二卷，收於大正藏第八冊（T8, No.234）。

經中敘述濡首童真菩薩於分衛托鉢途中，值遇龍吉祥菩薩，二人論法由清淨分衛為始，彰顯空義實相。

《佛說最上根本大樂金剛不空三昧大教王經》，為宋・法賢所譯，全文共七卷，收於大正藏第八冊（T8, No.244）。本藏摘錄卷一、卷二、卷四及卷五部份經文。

卷第一〈大三昧金剛真實理儀軌分第一〉。大毘盧遮那佛宣說大樂金剛不空本心真理三昧明。若欲求降雨者，當往龍潭中持誦。若欲起風雲者，當畫龍形以香薰之。

卷第二〈降伏三界金剛三昧大儀軌分第三〉。若欲求增長天王成就法者，當依金剛補嚕沙法持誦。〈清淨煩惱三昧大儀軌分第四〉，釋迦牟尼佛宣說一切法平等觀自在智印般若波羅蜜多法門，說此觀照諸法無染一切清淨法門眾色蓮花心明。若欲降雨者，當畫龍形，行人坐其龍上，持誦一洛叉數。

卷第四〈大樂金剛不空三昧大明印相成就儀軌分第十五〉，若欲作一切成就法，降伏諸龍，當依金剛舞最上金剛身法。〈大金剛火焰日輪儀軌分第十七〉，金剛手菩薩為作調伏故，宣說最勝法。若欲成就諸天、降伏龍眾，皆依金剛忿怒明王最上成就法。

卷第五〈一切儀軌中最上成就儀軌分第二十〉，爾時金剛手菩薩為淨貪等法，復為攝受諸龍，宣說心明曰「普」，作曼荼羅勾召諸龍王，並使諸龍安住於三昧，息滅三毒。

《佛說仁王般若波羅蜜經》，為姚秦・鳩摩羅什所譯，全文共二卷，收於大正藏第八冊（T8, No.245）。本藏摘錄卷一及卷二部份經文。

卷上〈仁王般若波羅蜜護國經菩薩教化品第三〉，敘述佛陀為月光王宣說此經，而月光王於過去十千劫中，龍光王佛法中，為四住開士，當時佛陀為八地菩薩。

卷下〈仁王般若波羅蜜護國經受持品第七〉，佛陀告訴波斯匿王，佛滅度後，應受持般若波羅蜜，國土安立，萬姓快樂，是故咐囑諸國王。此般若波羅蜜為一切眾生心識之神本，亦名龍寶神王。未來世若有諸國王護持三寶者，佛陀敕令龍王吼菩薩等五大力菩薩等往護其國。

《仁王護國般若波羅蜜多經》，為唐．不空所譯，全文共二卷，收於大正藏第八冊（T8, No.246）。本藏摘錄卷一部份經文。

經中敘述佛陀與波斯匿王說十四忍無量功德，獲大法利。佛說波斯匿王已於過去十千劫龍光王佛修持。波斯匿王請問佛陀勝義諦、世俗諦二諦之法，佛陀告訴王其過去已曾於龍光王佛時即曾請問此法。

《大乘理趣六波羅蜜多經》，為唐．般若所譯，全文共十卷，收於大正藏第八冊（T8, No.261）。本藏摘錄卷八部份經文，敘述佛陀宣說靜慮波羅蜜多品時，處於摩尼寶王師子之座，無量大菩薩摩訶薩所圍繞，有現天身圍繞，有現龍身、龍眾圍繞，種種不同化現。

《妙法蓮華經》，為後秦．鳩摩羅什所譯，全文共七卷，收於大正藏第九冊（T9, No.262）。本藏摘錄卷四部份經文。

經中敘述文殊菩薩從大海娑竭羅龍宮踊出詣靈鷲山，佛陀宣說法華經會場。智積菩薩請問文殊菩薩於龍宮中所度化眾生數量，隨即無數菩薩摩訶從大海中踊出，皆文殊菩薩於海中所度化。經中並記載了娑竭羅龍王女八歲成佛之事蹟。

另有《正法華經》，為西晉・竺法護所譯，全文共十卷，收於大正藏第九冊（T9, No.263）。本藏摘錄卷六部份經文。《添品妙法蓮華經》，為隋・闍那崛多與笈多所共譯，全文共七卷，收於大正藏第九冊（T9, No.264）。本藏摘錄卷四部份經文。二者所敘之內容與鳩摩羅什譯本卷四摘錄者大致相同。

《薩曇分陀利經》，譯者失佚，全文共一卷，收於大正藏第九冊（T9, No.265）。本經為佛宣說往昔為求《薩曇分陀利經》故，不惜捨身為奴，千歲不懈息。摘錄部份，敘述文殊菩薩於娑曷羅龍王宮宣說《薩曇分陀利經》，度化無數龍族，以及娑曷羅龍女八歲成佛的事蹟。

《大薩遮尼乾子所說經》，為元魏・菩提留支所譯，全文共十卷，收於大正藏第九冊（T9, No.272）。本藏摘錄卷四部份經文。

卷四〈王論品第五之二〉，敘述大師告訴王有五根本重罪，如果國內人民犯此重罪，一切善神不護諸國，龍王隱伏、水旱不調，風雨失時，諸龍皆去等種種災相現前。

《大方廣佛華嚴經》，為東晉・佛馱跋陀羅所譯，全文共六十卷，收於大正藏第九冊（T9, No.278）。本藏摘錄卷二、卷七、卷二十七、卷二十九、卷三十四、卷三十五及卷五十部份經文。

卷二〈世間淨眼品第一之二〉，摘錄經文為諸大龍王各各於諸三昧法門而得自在。毘樓波叉龍王承佛神力，遍觀龍眾，以偈讚佛。

卷七〈賢首菩薩品第八之二〉，敘述證得首楞嚴三昧菩薩，能示現三昧自在力，以十方世界有緣故，往返出入度眾生。能示現如來身入正受，於諸天身三昧起；現諸天神入正受，於龍神身三昧起；現龍神身入正受，於大鬼神三昧起。

卷二十七〈十地品第二十二之五〉，經中敘述十地菩薩法雲地之境界，並以沙伽羅龍王所澍大雨，除大海外餘不能受，來譬喻如來微密雨、大法雨，一切眾生、聲聞、辟支佛，乃至九地菩薩不能受，唯十地菩薩得受。

卷二十九〈大方廣佛華嚴經菩薩住處品第二十七〉，記載著風地內有菩薩住處，名無礙龍王所造，過去諸菩薩常於中住。

卷三十四〈寶王如來性起品第三十二之二〉，本品摘錄經文部份，以阿耨達龍王普降大雨，不從龍王身、心中出，饒益眾生，以喻大覺如來音聲不從內出、亦不從外來，而能饒益一切眾生。又以摩那斯龍王、大莊嚴龍王、娑伽羅龍王降雨之勝行，來譬喻如來降大法雨饒益眾生之勝行。

卷三十五〈寶王如來性起品第三十二之三〉，闡明如來音聲有十種無量，普賢菩薩以偈頌讚嘆，其中亦以阿耨達龍王、大莊嚴龍王、摩那斯龍王降雨之殊勝，以喻如來音聲之勝行。又以一切大海水皆從龍王願力所起，喻如來智海悉從大願力起。以諸龍王所現大海深廣無量，而相較於如來智海，百分不及其一，乃至無法為譬。

卷五十〈入法界品第三十四之七〉，經中敘述善財童子前往參訪師子奮迅比丘尼時，見到比丘尼遍處一切師子寶座，威儀庠序，其心寂靜，調伏諸根，譬如龍象。一身遍處十方，各各有諸天、諸龍圍遶，比丘尼為其宣說殊勝法門。

《大方廣佛華嚴經》，為唐・實叉難陀所譯，全文共八十卷，收於大正藏第十冊（T10, No.279）。本藏摘錄卷一、卷三、卷十一、卷四十五、卷五十一、卷五十二、卷六十四及卷六十七部份經文。

卷一〈世主妙嚴品第一之一〉，經中敘述：一時佛在摩竭提國阿蘭若法菩提場中，始成正覺。有十佛微塵數諸菩薩摩訶薩所共圍遶，皆是往昔與毘盧遮那共集善根、修菩薩行，成就無量功德者。復有無量主河神、主海神、主水神守護利益眾生，

卷三〈世主妙嚴品第一之三〉，經中敘述毘樓博叉龍王，得消滅一切諸龍趣熾然苦解脫門，娑竭羅龍王、雷音幢龍王、焰口龍王，等諸大龍王，亦各得不可思議三昧解脫門。

卷十一〈毘盧遮那品第六〉，在大威太子的勸發下，其父王喜見善慧王帶領無量王族眷屬，復有無量天王、龍王、夜叉王、乾闥婆王，亦帶領無數眷屬究竟大城淨光龍王與二十五億眷屬俱，悉共往詣一切功德須彌勝雲如來。

卷四十五〈諸菩薩住處品第三十二〉，記載：清淨彼岸城有目真鄰陀窟、摩蘭陀國有無礙龍王建立住處，諸菩薩眾於中止住。

卷五十一〈如來出現品第三十七之二〉，所摘錄內容大意如前佛馱跋陀羅所譯六十華嚴，卷第三十四，〈寶王如來性起品第三十二之二〉所述。

卷五十二〈如來出現品第三十七之三〉，所摘錄內容大意如前佛馱跋陀羅所譯六十

華嚴，卷第三十五，〈寶王如來性起品第三十二之三〉所述。

卷六十四〈入法界品第三十九之五〉，經中敘述善財童子參訪勝熱婆羅門時，婆羅門告訴他：若能上刀山、投身火聚，諸菩薩行悉得清淨。善財心生疑惑，懷疑其為魔所現。十千各天天王、龍王、夜叉王、阿修羅王、迦樓羅王，悉皆住於虛空出聲勸發善財，勝熱婆羅門是大善知識，使諸眾生發菩提心。

卷六十七〈入法界品第三十九之八〉，首先敘述善財童子前往參訪鬻香長者，長者為其宣說種種世間勝香及解脫勝香。其中人間奇香「象藏香」，即是因為龍鬪所生，若燒一丸即起大香雲彌覆王都。身心安樂，無有諸病，慈心相向。又有善知識婆施羅船師，能知海中一切寶洲、一切寶處，一切龍宮處。若有眾生聞其說法者，永不怖生死海，永入智慧海。又摘錄善財童子參訪善知識師子頻申比丘尼，內容大意如前佛馱跋陀羅所譯六十華嚴卷五十，〈入法界品第三十四之七〉之「師子奮迅比丘尼」。

《佛說如來興顯經》，為西晉・竺法護所譯，全文共四卷，收於大正藏第十冊（T10, No.291）。本經譯自《華嚴經》之〈如來出現品〉，本藏摘錄卷二及卷三部份經文。

卷二所摘錄經文，以諸大龍王善巧降雨為喻，譬喻如來之說法。如阿耨達大龍王降雨普潤閻浮提，長養萬物，如來亦澍甘露大法雨，悅可眾生，長茂功德。又以摩那斯龍王安穩降澍雨，喻如來雲集布法陰欲化眾生，從其人之器，宣深奧法音，因材施教。又以大嚴淨龍王蔭雨普達，潤一切有形，其水一味，萬物滋潤有別。如同世尊以一音演法，眾生所獲各各不同。海大龍王降雨無所悋惜，而眾生所植德本不一，自然變為差特之雨。

卷三所摘錄經文，以四方海龍王宮之四大摩尼寶珠為喻，如來亦有四大慧寶度化一切眾生。

《大方廣佛華嚴經》，為唐・般若所譯，全文共四十卷，收於大正藏第十冊（T10, No.293）。本藏摘錄卷八及卷十五部份經文。

卷八〈入不思議解脫境界普賢行願品〉，摘錄經文敘述善財參訪勝熱婆羅門時，心生懷疑，諸天、諸龍等八部眾，曾受勝熱婆羅門教化發菩提心者，共同發聲勸發善財。

卷十五〈入不思議解脫境界普賢行願品〉，摘錄經文敘述善財童子參訪師子頻申比丘尼時，見其一身同時處於各個寶座，為人及諸天、龍等八部眾說法，為聲聞、獨覺、菩薩眾說法。比丘尼證得菩薩解脫，名滅除一切微細分別門，此解脫門於一念中普照三世一切諸法，顯示本性智慧光明。

以上為《龍王藏》第三冊所收錄與諸龍相關經典之大要。

在天災人禍頻繁的世間，我們認為《龍王藏》的出版有著特別的意義。這個世界需要更深的智慧、慈悲與定力，來安卻大眾惡意的螺旋，並圓滿和平的地球，使天災人禍得以止息。當我們的心愈混亂，更貪婪、瞋恚、愚癡，如此這個世界與所有的生命，勢將如同鏡面一般，相互映照出同樣的惡意而交互影響，使人間環境更加惡化，天災人禍難以止息。我們深願《龍王藏》能創造智慧與慈悲的勝善因緣，而且是能讓大家共同創發福德、智慧、悲心的經典。讓我們一心祈願，共同創造這光明的清境，讓宇宙、天地的諸龍與一切眾生共善和樂，共享福德善境，共證無上正覺。普願大眾、一切諸龍及所有眾生，無災無障，圓滿吉祥，直至成佛！

龍王佛 | 洪啓嵩 恭繪 | 2017年 | 2mx5m

大乘本生心地觀經 卷第一

摘錄

大唐罽賓國三藏般若奉　詔譯

序品第一

如是我聞：一時，佛住王舍城耆闍崛山中，與大比丘眾三萬二千人，皆是阿羅漢。心善解脫，慧善解脫，所作已辦，離諸重擔，逮得己利，盡諸有結，得大自在，住清淨戒，善巧方便智慧莊嚴，證八解脫到於彼岸，其名曰：具壽阿若憍陳如、阿史波室多、摩訶那摩、波帝利迦、摩訶迦葉、憍梵波提、離波多、優樓頻螺迦葉、那提迦葉、伽耶迦葉、舍利弗、大目揵連、摩訶迦旃延、摩訶迦毗那、真提那、富樓那彌多羅尼子、阿尼樓馱、微妙臂、須菩提、薄拘羅難陀、孫陀羅難陀、羅睺羅。如是具壽阿羅漢，有學阿難陀等，各與若干百千眷屬俱，各禮佛足退坐一面。

復有菩薩摩訶薩，八萬四千人俱，皆是一生補處大法王子，有大威德如大龍王，百福圓滿身光照曜，猶如千日破諸昏闇，智慧澄澈逾於大海，了達諸佛祕密境界；然大法炬引導眾生，於生死海作大船師，憐愍眾生猶如赤子，於一切時恒施安樂，名稱普聞十方世界，自在遊戲微妙神通；已能善達諸總持門，具四無礙辯才自在，已得圓滿大願自在，妙善成就事業自在，已能善入三昧自在，具足圓滿福德自在，常為眾生不請之友；經無量劫*勤修六度，歷事諸佛不住涅槃，斷諸煩惱種習皆除，雖生六道而無過失。

現身十方講說妙法，無量世界化利群生，制諸外道摧伏邪心，離斷常因令生正見，而無往來動搖之相；非嚴而嚴十方佛土，不說而說妙理寂然，住無所住度人天眾，受無所受廣大法樂，披精進甲，*執智慧劍，破魔軍眾而擊法鼓，身恒徧坐一切道場，吹大法螺覺悟群品，一切有情悉蒙利益，聞名見身無空過者；具三達智，悟三世法，善知眾生諸根利鈍，應病與藥無復疑惑。布大法雲，澍甘露雨，轉不退轉智印法輪，閉生死獄，開涅槃門，發弘誓願，盡未來際度脫群生。

此諸菩薩不久當得阿耨多羅三藐三菩提，其名曰：無垢彌勒菩薩、師子吼菩薩、妙吉祥菩薩、維摩詰菩薩、觀自在菩薩、得大勢菩薩、金剛藏王菩薩、地藏王菩薩、虛空藏王菩薩、陀羅尼自在王菩薩、三昧自在王菩薩、妙高山王菩薩、大海深王菩薩、妙辯嚴王菩薩、歡喜高王菩薩、大神變王菩薩、法自在王菩薩、清淨雨王菩薩、藥王菩薩、藥上菩薩、療煩惱病菩薩、寶山菩薩、寶財菩薩、寶上菩薩、寶德菩薩、寶藏菩薩、寶積菩薩、寶手菩薩、寶印手菩薩、寶光菩薩、寶施菩薩、寶幢菩薩、大寶幢菩薩、寶雨菩薩、寶達菩薩、寶杖菩薩、寶髻菩薩、寶吉祥菩薩、寶自在菩薩、栴檀香菩薩、大寶炬菩薩、大寶嚴菩薩、日光菩薩、月光菩薩、星光菩薩、火光菩薩、電光菩薩、能施念慧菩薩、破魔菩薩、勝魔菩薩、常精進菩薩、不休息菩薩、不斷大願菩薩、大名稱菩薩、無礙辯才菩薩、無礙轉法輪菩薩，如是無垢菩薩摩訶薩等，各與若干百千眷屬俱。

（略）

復有四萬八千諸大龍王：摩那斯龍王、德叉迦龍王、難陀龍王、跋難陀龍王、阿耨達池龍王、大金面龍王、如意寶珠龍王、雨妙珍寶龍王、常澍甘雨龍王、有大威德龍王、彊力自在龍王。如是等龍王，娑竭羅龍王而為上首，悉皆愛樂大乘妙法，發弘誓願恭敬護持，各與若干百千眷屬俱。

大乘本生心地觀經 卷第三 摘錄

大唐罽賓國三藏般若奉 詔譯

報恩品第二之下

善男子等我滅後，未來世中淨信者，
於二觀門常懺悔，當受菩薩三聚戒。
若欲受持上品戒，應請戒師佛菩薩，
請我釋迦牟尼佛，當為菩薩戒和上；
龍種淨智尊王佛，當為淨戒阿闍梨；
未來導師彌勒佛，當為清淨教授師；
現在十方兩足尊，當為清淨證戒師；
十方一切諸菩薩，當為修學戒伴侶；

釋梵四王金剛天，當為學戒外護眾。
奉請如是佛菩薩，及以現前傳戒師。
普為報於四恩故，發起清淨菩提心，
應受菩薩三聚戒，饒益一切有情戒，
修攝一切善法戒，修攝一切律儀戒。
如是三聚清淨戒，三世如來所護念；
無聞非法諸有情，無量劫中未聞見。
唯有過去十方佛，已受淨戒常護持，
二障煩惱永斷除，獲證無上菩提果。
未來一切諸世尊，守護三聚淨戒寶，
斷除三障并習氣，當證正等大菩提。
現在十方諸善逝，具修三聚淨戒因，
永斷生死苦輪迴，得證三身菩提果。

大乘本生心地觀經　卷第四　摘錄

大唐罽賓國三藏般若奉　詔譯

厭捨品第三

爾時，佛告智光長者：「善哉！善哉！汝大慈悲勸請我說出家在家二種勝劣。汝今所問，出家菩薩不如在家，是義不然。所以者何？出家菩薩勝於在家，無量無邊不可為比。何以故？出家菩薩以正慧力，微細觀察在家所有種種過失，所謂世間一切舍宅，積聚其中不知滿足，猶如大海容受一切大小河水未曾滿足。善男子！香山之南雪山之北有阿耨池，四大龍王各居一角，東南龍王白象頭，西南龍王大牛頭，西北龍王師子頭，東北龍王大馬頭，各從四角涌出大河：一、殑伽河，其水所至白象隨出；二、信渡河，其水所至水牛隨出；三、薄芻河，其水所至師子隨出；四、私陀河，其水所至大馬隨出。

「如是大河，一一各有五百中河，中河各有無量小河，是大中小一切眾水皆入大海，然此大海未曾滿足。世間眾生所有一切居處舍宅，亦復如是，聚諸珍寶從四方來，悉入宅中未曾滿足，多求積聚造種種罪，無常忽至棄捨故宅，是時宅主隨業受報，經無量劫終無所歸。善男子！所為宅者即五蘊身，其宅主者是汝本識。誰有智者樂有為宅？唯有菩提安樂寶宮，離老病死憂悲苦惱。若有利根淨信深厚善男子等，欲度父母妻子眷屬，令入無為甘露宅者，須歸三寶出家學道。」

爾時，如來重說偈言：

出家菩薩勝在家，算分喻分莫能比。
在家逼迫如牢獄，欲求解脫甚為難，
出家閑曠若虛空，自在無為離繫著。
諦觀在家多過失，造諸罪業無有邊，
營生貪求恒不足，猶如大海難可滿。
阿耨達池龍王等，四角涌出四大河，
大中小河所有水，晝夜流注無暫歇，

然彼大海未嘗滿。所貪舍宅亦如是，
在家多起諸惡業，未嘗洗懺令滅除，
空知愛念危脆身，不覺命隨朝露盡。
焰魔使者相催逼，妻子屋宅無所隨，
幽冥黑闇長夜中，獨往死門隨業受。
諸佛出現起悲愍，欲令眾生厭世間，
汝今已獲難得身，當勤精進勿放逸。
在家屋宅深可厭，空寂寶舍難思議，
永離病苦及憂惱，諸有智者善觀察。
當來淨信善男女，欲度父母及眷屬，
令入無為甘露城，願求出家修妙道，
漸漸修行成正覺，當轉無上大法輪。

菩薩本生鬘論　卷第三　摘錄

聖勇菩薩等造

宋朝散大夫試鴻臚少卿同譯經梵才大師紹德慧詢等奉　詔譯

慈心龍王消伏怨害緣起第七

菩薩往昔以瞋因緣墮於龍中，有三種毒，所謂氣毒、眼毒、觸毒；又由別報福業力故，身具眾色如七寶聚，不假日月光明所照，常與無量百千諸龍，周匝圍繞以為眷屬，變現人身容色端正，住毘陀山幽邃之處，多諸林木華果茂盛，清淨池沼甚可愛樂，與諸龍女作眾歌舞，共相娛樂，止住其中，經于無量百千萬歲。

是時，有一金翅鳥王，飛騰翔集從空而下，欲取諸龍以為所食。當其來時，搏風鼓翼，摧山碎石，江河川源悉皆乾竭。時彼諸龍及龍女等，見是事已心大驚怖，所著瓔珞嚴身之具，顫掉不安悉墜于地，咸作是言：「今此大怨，喙如金剛，所觸皆碎，將來噉我，其當奈何？」

是時，龍王初聞此說極生憂惱，由宿善力復更思惟：「心乃無畏，然此金翅具大威力，唯我一身可能禦彼。」謂諸龍曰：「汝等但當從吾之後，必無所害。若我不能與其朋屬作守護者，何用如是大身之為？」

爾時，龍王詣金翅所，心無怯弱而白彼言：「幸少留神，共議此事，汝於我身常生怨害，我於仁者都無此念，以宿惡業招此大身，雖具三種氣、眼、觸毒，未嘗於他暫興損害，度己之能可相抗敵，亦能遠去令汝不見。我今所以不委去者，多有諸龍依附於我，由此不欲兩相交戰，是故於汝不起怨心。」

金翅復言：「汝誠於我無怨心耶？」

龍曰：「我雖獸身，善達業報，審知小惡，感果尤重，如影隨形不相離也；我及汝身今墮惡道，皆由先世造作罪因。汝當憶念如來所說，非以怨心能解怨結，唯起慈忍可使銷除，譬如火聚投之乾薪，轉增熾然無有窮已，以瞋報瞋理亦如此。」

是時，金翅聞是說已，怨心即息，善心生焉。復向龍王作如是說：「汝今能以慈忍之力息我瞋恚，如汲流泉滅其炎火，使我心地頓得清涼。」

龍王復言：「我昔與汝無量世時，先於佛所曾受戒法，心非清淨，復不堅持，為求名聞而相憎嫉，以是因緣墮於惡道。我曾發露故能憶持，汝由覆藏今皆忘失，汝今應當憶本正念，發慈忍心淨修梵行。」

金翅復言：「我從今日，普施諸龍，安隱無畏。」即離龍宮，還歸本處。

龍王乃慰諸龍眷屬，復問之曰：「汝見金翅生恐怖不？」各作是言：「極大怖懼。」

龍曰：「世間眾生，若見汝者，*生大恐怖亦如此也。爾等諸龍愛惜身命，與諸眾生等無有異，當觀自身以況他身，是故應起大慈之心；由我修習慈心因緣，使其怨對還歸本處。一切有情流轉生死，所可依怙無越慈心。大慈心者猶如良藥，能愈眾生煩惱重病；大慈心者猶如明燈，能破眾生三毒黑暗；大慈心者猶如船筏，能渡眾生三有苦海；大慈心者猶如伴侶，能越生死險難惡道；大慈心者如摩尼珠，能滿眾生所求善願。我由往昔失慈心故，墮此龍中不得解脫。若諸眾生建立慈門，則能出生無量善法，閉塞一切愚癡昏暗，諸煩惱緣而不能入，常生人天解脫安樂。」諸龍眷屬聞是說已，悉除瞋恚皆起慈心。

是時，龍王見諸同類從已所化，而自慶言：「善哉！我今所作已辦，令汝已除無量惡毒，以善淨法補置其處；復為汝等，建立清淨八戒齋法，當奉持之。閻浮眾生，以八戒水洗浣身心，令得清淨，斷除無量貪、瞋、癡垢，於人天路而作資糧。若能持是八戒齋法，當知是人雖無妙服，則為已具慚愧之衣；當知是人雖無垣牆，則能禦捍六根怨賊；當知是人雖非上族，則為已住聖種姓中；當知是人雖無瓔珞，則具眾善莊嚴其身；當知是人雖無珍寶，則集人天七種法財；不依橋梁超越險道；受八戒者功德如此。」時彼諸龍各作是言：「我今願聞八戒名字，我當頂受勤而行之。」

龍王告曰：「其八戒者：一、不殺生，二、不偷盜，三、不邪婬，四、不妄語，五、不飲酒，六者、不得過日中食，七者、不坐高廣大床，八者、不得歌舞作樂香油塗身，是名八戒清淨齋法。要離憒鬧，寂靜之處，如理作意，專注奉持。」

諸龍白言：「如我之徒，離王少時心不寧處，依王威神得免衰惱，一切時中安隱而住，佛法功力無處不可，何必須求寂靜之所？」

時，彼龍王答諸龍曰：「不觀所欲，則念不起，慣習攀緣，對境復發，譬如溼地而易成泥，若在空閑染心無動。」

爾時，龍王將諸朋屬，至於山林幽曠之處，遠離貪欲、瞋恚之心，常起慈忍以修其身，受持齋法經于多日，節食身羸加復疲困。有諸惡人至彼住處，龍聞人聲尋即惺悟。此惡人輩見是事已，咸生驚駭而作是言：「此何寶聚從地涌出？」龍自思念：「若今彼人見我本狀即時怖死，則壞我今修持戒法。是諸人等今來至此，必貪我身及斷我命。」

時，諸惡人復相謂曰：「我等入山經歷多載，未曾見此如是形相，眾彩交燦光耀人目，若得此皮當貢王者，必獲重賞，不亦快乎！」即持利刀剝裂欲取。

爾時，龍王以慈忍力，不生怨恨亦亡痛惱，即于是人生攝受想，三毒即滅。自慰其心：「不應悋惜，怨對卒至不可得脫。此諸人等今於我身，貪其賞貨而行殺戮；我寧自死無返害彼，不令是人現身受苦。」時諸惡人奮力勇銳，執持利刀剺剖而去。是時龍王復自思惟：「若人無罪為他支解，忍受不報，不生怨恨，當知此人是為正士，若於父母、兄弟、妻子能默忍者，此不足貴，若於怨害心不加報，默忍受者，此乃為難。然我今者，為利他故，應當默然而忍受之。我從無始生死已來，枉棄身命不知其幾，未嘗特然施於一人，願未來世當與是人無量法財，令滿所願。」

是時，龍王既被剝已，遍體出血痛苦難堪，舉身顫動不能自持，復有無量百千小蟲，聞其身血悉來唼食。龍王乃曰：「此小蟲等食我食者，願當來世施汝法食。」爾時，龍王身受楚痛，諸龍覩已皆生悲惱。王即誓言：「若我當來得成佛者，令我身皮頃得如故。」作是願已，自然平復。彼諸龍屬生大歡喜。是為菩薩於惡道中，住慈忍力，堅持淨戒為若此也。

佛說頂生王因緣經　卷第二　摘錄

西天譯經三藏朝奉大夫試光祿卿傳法大師賜紫沙門臣施護等奉　詔譯

「復次，須彌山西有大天王名曰廣目，所居宮城亦號廣目。其城縱廣正等二百五十由旬，周匝千由旬，內外嚴麗殊妙可觀；城有金牆，高半由旬；金城之上有四女牆，金、銀、瑠璃、頗胝迦作；復有重牆通往來道，亦四寶作。其城中地殊妙莊嚴，有百一種綵繪為飾，地復柔軟如兜羅緜及如妙氎，下足隨陷舉足隨起，有天曼陀羅華散布其地，深可膝量，香風時來吹去萎華更雨新者。城中街衢，長二百五十由旬，闊二十五由旬，金沙布地，觸處遍灑*旃檀香水，金繩交絡垂金鈴鐸，以界道側。

「街衢左右復有種種清淨*池沼，金、銀、瑠璃、頗胝迦寶以布其底。池之四面有四梯陛，金、銀、瑠璃、頗胝迦作，底及層級亦四寶作。又池沼中有四寶臺，間錯*莊嚴，若金為臺，即銀為柱及以梁棟；若銀為臺，即金為柱及以梁棟；若瑠璃為臺，即頗胝迦為柱及以梁棟；若頗胝迦為臺，即瑠璃為柱及以梁棟。清涼甘美水滿池中，優鉢羅華、鉢訥摩華、俱母陀華、奔拏利迦華等，遍覆其內。復有種種水鳥*游戲池中，出妙音聲，謂高遠聲、悅意聲、美妙聲等。

「彼池周匝復有種種華樹菓樹，直生端立圓無缺減，如結鬘師取以妙線，妙巧安布盤結成鬘，華菓樹林亦復如是。彼樹復有種種飛鳥游止其上，出妙音聲，謂高遠聲、悅意聲、美妙聲等。又彼宮中，有青、黃、赤、白四種劫波衣樹，其樹所出四色妙衣，若彼天男及天女等思其衣者，纔起心時而自至手。又彼宮中，有其種種妙音樂樹，所謂簫、笛、琴、箜篌等，若彼天男及天女等思音樂者，纔起心時，其樂自鳴。又彼宮中有種種妙莊嚴樹，彼樹所出手釧足環，及身莊嚴妙好之具，若彼天男及天女等思莊嚴具者，纔起心時而自至手。又彼宮中有四色*蘇陀味食，謂青、黃、赤、白，若彼天男及天女等思其食者，纔起心時而自至手。又有四種所飲之漿，謂末度漿、摩達網漿、迦譚末梨漿、播曩漿等；而彼宮中有妙莊嚴殿堂樓閣，諸天女眾，或處其中安隱而坐，或觀視*游行，悉有種種乘輿服飾莊嚴之具。天女軿隘擊鼓奏歌，爇眾名香，豐諸飲食。彼廣目天王與諸眷屬嬉戲娛樂，隨自福力受斯勝果。」

佛說頂生王因緣經 卷第三 摘錄

西天譯經三藏朝奉大夫試光祿卿傳法大師賜紫沙門臣施護等奉 詔譯

「復次，大王！其上即是三十三天所居之處，彼有龍王住於水際，所謂難陀龍王、烏波難陀龍王、阿說多哩龍王、母唧隣那龍王、摩那斯龍王、伊羅鉢怛羅龍王等，住壽經劫，護持世間，力無能敵。是諸龍王與堅首天、持鬘天、常驕天、四大王天，同為守護三十三天。若阿修羅來鬪戰時，即各對敵及為震警。

「爾時，頂生王將復前進，為諸龍王遮止導翼兵眾。王乃問言：『何不進邪？』時主兵神答言：『天子！此是龍王遮止兵眾。』王言：『而龍王者，傍生之類，非我所敵，今悉驅令為我導翼。』言已，諸龍即導王前至堅首天王所。

「彼天王問言：『汝等何故奔馳來此？』諸龍答言：『人間有王，名曰頂生，彼將至此，故我導前。』

「時堅首天王即復遮止不令前進。

「王乃問言：『何不進邪？』主兵神答言：『天子！此有堅首天王遮止兵眾。』王言：『此堅首天亦使為我導翼之者。』言已，彼天即導王前至持鬘天王所。」

佛說頂生王因緣經 卷第五 摘錄

西天譯經三藏朝奉大夫試光祿卿傳法大師賜紫沙門臣施護等奉　詔譯

「復次，其後彼阿脩羅嚴整四兵，所謂象兵、馬兵、車兵、步兵；而被四種堅固甲冑，金、銀、瑠璃、頗胝迦等間錯莊嚴；執持四種鋒銳器仗，謂弓、劍、鏘、刀，從自宮出求與三十三天眾而共鬪戰。時水居龍王見是阿脩羅嚴四兵眾，被以甲冑、執持利器出阿脩羅宮求天鬪戰。龍王見已，亦整四兵被以甲冑，金、銀、瑠璃、頗胝迦等四寶莊嚴，執持器仗，與阿脩羅而共鬪戰。若龍王得勝、阿脩羅眾退敗之時，其阿脩羅即入自宮；若阿脩羅得勝、龍王退敗之時，是即三十三天第一守護者兵力破散，乃從大海奔詣須彌山王第一層級，彼有堅首天王止住其間。

「爾時，堅首天王乃與水居龍王，合集同力而共戰彼阿脩羅眾。若二守護者得勝、阿脩羅眾退敗之時，即入自宮；若阿脩羅得勝、彼二守護者退敗之時，是即三十三天二守護者兵力破散，乃從須彌山王第一層級詣第二層，彼有持鬘天王止住其間。」

佛說頂生王因緣經　卷第六　摘錄

西天譯經三藏朝奉大夫試光祿卿傳法大師賜紫沙門臣施護等奉　詔譯

「爾時，持鬘天王、堅首天王、水居龍王三守護者，合集同力與阿脩羅而共鬪戰。若三守護者得勝、阿脩羅眾退敗之時，即入自宮；若阿脩羅得勝、三守護者退敗之時，是即三十三天三守護者兵力破散，乃從須彌山王第二層級詣第三層，彼有常憍天王止住其間。

「爾時，常憍天王、持鬘天王、堅首天王、水居龍王合集同力，與阿脩羅而共鬪戰。若四守護者得勝、阿脩羅眾退敗之時，即入自宮；若阿脩羅得勝、四守護者退敗之時，是即三十三天四守護者兵力破散，乃從須彌山王第三層級詣第四層，彼有四大天王止住其間。

「爾時，四大天王、常憍天王、持鬘天王、堅首天王、水居龍王合集同力，與阿脩羅而共鬪戰。若五守護者得勝、阿脩羅眾退敗之時，即入自宮；若阿脩羅得勝、五守護者退敗之時，是即三十三天五守護者兵力破散，乃從須彌山王第四層級，上起至于三十三天帝釋居處。迄至最後阿脩羅眾戰敵破散，五護兵已，復整四兵詣帝釋所，以求鬪戰。

「爾時，四大天王即詣帝釋宮中，到已白言：『天主！阿脩羅眾嚴以四兵力來求戰，天中五護破散奔馳；于今還來至天主所，彼眾疆勝我等不加。天主！今時願施戰力。』

「爾時，帝釋天主聞是語已，告三十三天眾言：『仁等！當知阿脩羅眾疆力鬪敵，五護破散，還復來此求戰於我。仁等！今時宜施勇力。』

佛說福力太子因緣經　卷第三　摘錄

西天譯經三藏朝奉大夫試光祿卿傳法大師賜紫沙門臣施護等奉　詔譯

「是時福力太子，當繼王位，善根開發，與諸侍從，出遊園林。太子行時，道路平坦，觸處皆無荊棘砂礫；於其中路，吉祥相現：細雨散空，旋布其頂；異色飛鳥，順次宛轉；童男童女，發勝妙聲，踊躍奔馳，咸生歡悅；一切人眾，身毛喜豎，皆得輕安。又聞空中悅意之言。太子覩斯事相，即起思念：『此相出現，我當決定紹灌頂位。』作是念已，進詣園中，受諸福樂。其園有一大無憂樹，華開茂盛，太子於彼安然寢寐。諸同往者，樂華果故，各於園中，隨處遊賞。

「又復，太子福威力故，彼有龍王，忽然從地涌出千葉微妙蓮華，其量廣大，色香具足，最上可愛。而彼龍王，又以神力徐置太子在蓮華上；爾時太子都無動覺。由是漸過食時，日正中分，餘諸樹影悉皆移動，唯無憂樹影覆太子身，如故不動。又彼園中諸餘華樹，皆悉傾向，大無憂樹，吉祥勝相，悅意可觀。」

佛說過去世佛分衛經

西晉月氏國三藏竺法護譯

佛言：「過世有佛入城分衛，與尊弟子諸菩薩俱；弟子菩薩姿容相好，皆悉端正，如本所行各得其道。「有一母人，姙身數月，見佛及僧有所至奏，心自計願：『我所懷子生，如此使為沙門佛弟子。』日月滿足即生安隱，兒亦姝好與眾人異，母以恩愛無意令兒行作沙門，中有覺意，即自念言：『我前有願，若我生子當使為道，兒今已生，有異凡人，令我安隱，復無惡露，不可戀嫪恩愛之故，違我本心。』

「子年七歲，家復貧狹，即作二人飯具，及三法衣，手持澡瓶，自將其子行詣佛所，稽首佛足，前白佛言：『願哀我子使為沙門，令後得道，身形如佛。』佛即聽之，令作沙門。母以澡灌，前洗兒手，應時九龍從瓶口出，吐水灌兒手中，澡訖殘水散兒頭上，水之潺渧於兒頭上，化成華蓋珠交絡帳。中有師子座，上有坐佛。佛笑，口中五色光出，照十億佛剎，還遶佛身從兒頂入。母以飯具前上佛，并食其子，便發無上平等道意，應時十億佛剎為六反震動，眾剎諸佛皆自然現。佛以母飯飽，爾所佛及諸比丘僧皆等飽足，其飯如故，亦不損減；母即歡喜，及無數天人皆得阿惟越致。「時，兒髮墮成為沙門，即亦得立不退轉地。母前白佛：『今我所見，有三可怪：我澡兒手九龍吐水，此一可怪；澡已殘水散兒頭上，化成寶帳，及師子座上有坐佛，是二可怪；佛笑口中光從兒頂入，是三可怪；願佛為我分別說之。』佛言：『此兒却後十四劫當得作佛，九龍當浴，師子座華蓋寶帳，佛笑光從兒頂入，皆是其應。』母聞佛言倍懷踊躍，後當作母人轉輪聖王，積七百世竟，其劫壽盡轉母人身，當得阿惟越致。」

佛言：「是時小兒，我身是；我今於世功德如是。」諸天龍神、一切人民，聞佛所說，皆得阿惟越致。

無熱佛　性空佛　天王佛　金仁佛

佛說過去世佛分衛經

修行本起經　卷上　摘錄

後漢西域三藏竺大力共康孟詳譯

菩薩降身品第二

「於是粟散諸小國王，聞大王夫人有娠，皆來朝賀，各以金、銀、珍寶、衣被、花香敬心奉貢，稱吉無量。夫人舉手攘之，不欲勞煩。自夫人懷妊，天獻眾味，補益精氣，自然飽滿，不復饗王厨。十月已滿，太子身成，到四月七日，夫人出遊，過流民樹下，眾花開化、明星出時，夫人攀樹枝，便從右脇生墮地。行七步，舉手而言：『天上天下，唯我為尊。三界皆苦，吾當安之！』應時，天地大動，三千大千刹土莫不大明。釋、梵、四王與其官屬，諸龍、鬼神、閱叉、揵陀羅、阿須倫，皆來侍衛。有龍王兄弟，一名、迦羅，二名、鬱迦羅，左雨溫水，右雨冷泉；釋、梵摩持天衣裹之，天雨花香，彈琴鼓樂，熏香燒香，擣香澤香，虛空側塞。夫人抱太子，乘交龍車，幢幡伎樂，導從還宮。

「王聞太子生，心懷喜躍，即與大眾、百官群臣、梵志、居士、長者、相師，俱出往迎。王馬足觸地，五百伏藏，一時發出，海行興利，於時集至梵志、相師，普稱萬歲，即名太子，號為悉達。王見釋、梵、四王、諸天龍神彌滿空中，敬心肅然，不識下馬禮太子。時，未至城門，路側神廟一國所宗，梵志、相師咸言：『宜將太子禮拜神像。』即抱入廟，諸神形像，皆悉顛覆。梵志、相師、一切大眾皆言：『太子實神實妙，威德感化，天神歸命。』咸稱太子，號天中天。

「於是還宮，天降瑞應，三十有二：一者、地為大動坵墟皆平；二者、道巷自淨臭處更香；三者、國界枯樹皆生花葉；四者、苑園自然生奇甘果；五者、陸地生蓮花大如車輪；六者、地中伏藏悉自發出；七者、中藏寶物開現精明；八者、篋笥衣被被在柂架；九者、眾川萬流停住澄清；十者、風霽雲除，空中清明；十一者、天為四面細雨澤香；十二者、明月神珠懸於殿堂；十三者、宮中火燭為不復用；十四者、日月星辰皆住不行；十五、沸星下現侍太子生；十六、天梵寶蓋彌覆宮上；十七、八方之神奉寶來獻；十八、天百味飯自然在前；十九、寶甕萬口懸盛甘露；二十、天神牽七寶交露車至；二十一、五百白象子自然羅在殿前；二十二、五百白師子子從雪山出羅住城門；二十三、天諸婇女現伎女肩上；二十四、諸龍王女繞宮而住；二十五、天萬玉女把孔雀拂現宮牆上；二十六、天諸婇女持金瓶盛香汁列住空中侍；二十七、天樂皆下同時俱作；二十八、地獄皆休，毒痛不行；二十九、毒蟲隱伏，吉鳥翔鳴；三十、漁獵怨惡一時慈心；三十一、境內孕婦生者悉男，聾盲瘖瘂、癃殘百疾皆悉除愈；三十二、樹神人現低首禮侍。當此之時，十六大國，莫不雅奇歎未曾有。

（略）

「於是侍女，抱太子出，欲以太子向阿夷禮。阿夷便驚起，前禮太子足。國王及群臣，見國師阿夷敬禮太子，心便悚然，益知至尊，即頭面禮太子足。阿夷猛力，迴伏百壯士，方抱太子，筋骨委震，見奇相三十二、八十種好，身如金剛，殊妙難量，悉如祕讖，必當成佛，於我無疑，淚下哽咽，悲不能言。時王惶怖請問：『太子有不祥乎？吉凶願告，幸勿有難。』

（略）

「時阿夷以偈答王言：

「今觀太子身，金色堅固志，無上金剛杵，舂破婬欲山。
大人相滿具，足下安平趾，居國常平治，出家等正覺。
手足輪相現，其好有千輻，是故轉法輪，得佛三界尊。
鹿腨而龍髀，隱相陰馬藏，觀者無有厭，是故法清淨。
纖長手臂指，軟掌鞔中里，是故法久長，千歲在世教。
皮毛柔軟細，右旋不受塵，金色鉤鎖骨，是故伏外道。
方身師子臆，旋轉不阿曲，平住手過膝，是故一切禮。
身有七處滿，千子力當敵，菩薩宿作行，是故無怨惡。
口含四十齒，方白而齊平，甘露法率眾，是故有七寶。
頰車如師子，四牙萬字現，佛德現天下，是故豐三世。
味味次第味，所食識其味，是以設法味，施與於一切。
廣舌如蓮華，出口覆其面，是故種種音，受者如甘露。
語聲哀鸞音，誦經過梵天，是故說法時，身安意得定。

眼相紺青色，世世慈心觀，是故天人類，視佛無有厭。
頂特生肉髻，髮色紺琉璃，欲度一切故，是以法隆盛。
面光如滿月，色像花初開，是以眉間毫，白淨如明珠。」

修行本起經　卷下　摘錄

後漢西域三藏竺大力共康孟詳譯

出家品第五

「女言：『獻食者，其法云何？』梵志答言：『當取五百牛乳，展轉相飲，至于一牛，*犛一牛湩持用作糜，乳糜涌沸，出高七仞，左上右下，右上左下，斟糜入鉢，釜杓不污。』二女恭肅，奉獻菩薩。菩薩意念，欲先沐浴，然後受糜，行詣流水側，洗浴身形。浴訖欲出水，天神按樹枝，二女奉乳糜。得色氣力充，呪願福無量，令女歸三尊。食畢，洗手漱口，澡鉢已，還擲水中，逆流未至七里，天化作金翅鳥飛來捧鉢去，并髮一處，供養起塔。即復前行，當渡尼連禪河。是時菩薩，便說偈言：

渡水尼連禪，慈愍一切人，五道三毒垢，使除如水淨。

菩薩興是念，一切癡墮冥，當持八直水，洗除三毒垢。

是*時始上岸，青雀有五百，飛來繞菩薩，三匝悲鳴去。

「於是復前行，當過瞽龍池時，龍大歡喜，踊出見菩薩，便說偈言：

善哉見悉達，來救何以晚，本請一切眾，無上甘露漿。

行步地震動，眾樂自然鳴，正與過佛等，於我無有疑。

今持無上慧，降伏諸魔怨，今當佛日照，覺諸群生眠。

佛說太子瑞應本起經 卷上 摘錄

吳月支優婆塞支謙譯

「菩薩在胎，清淨無有臭穢。於是群臣諸小國王，聞大王夫人有娠，皆來朝賀。菩薩於胎中，見外人拜，如蒙羅縠而視，陰以手攘之。攘之者意，不欲擾人也。自夫人懷妊，天為獻飲食，自然日至，夫人得而享之，不知所從來，不復饗王厨，以為苦且辛。

「到四月八日夜，明星出時，化從右脇生墮地，即行七步，舉右手住而言：

『天上天下，唯我為尊。三界皆苦，何可樂者？』

「是時，天地大動，宮中盡明。梵釋神天，皆下於空中侍。四天王接置金机上，以天香湯，浴太子身。身黃金色，有三十二相，光明徹照，上至二十八天，下至十八地獄，極佛境界莫不大明。當此日夜，天降瑞應，有三十二種：

「一者、地為大動坵墟皆平；二者、道巷自淨臭處更香；三者、國界枯樹皆生華葉；四者、苑園自然生奇甘果；五者、陸地生蓮華大如車輪；六者、地中伏藏悉自發出；七者、中藏寶物開現精明；八者、篋笥衣被披在椸架；九者、眾川萬流停住澄清；十者、風霽雲除空中清明；十一、天為四面細雨澤香；十二、明月神珠懸於殿堂；十三、宮中火燭為不復用；十四、日月星辰皆住不行；十五、沸星下現侍太子生；十六、釋梵寶蓋彌覆宮上；十七、八方之神捧寶來獻；十八、天百味食自然在前；十九、寶甕萬口懸盛甘露；二十、天神牽七寶交露車至；二十一、五百白象子自然羅住殿前；二十二、五百白師子子從雪山出羅住城門；二十三、天諸婇女現妓女肩上；二十四、諸龍王女繞宮而住；二十五、天萬玉女把孔雀尾拂現宮牆上；二十六、天諸婇女持金瓶盛香汁列住空中侍；二十七、天樂皆下同時俱作；二十八、地獄皆休毒痛不行；二十九、毒虫隱伏吉鳥翔鳴；三十、漁獵怨惡一時慈心；三十一、境內孕婦產者悉男，聾盲瘖瘂癃殘百疾皆悉除愈；三十二、樹神人現低首禮侍。當此之時，壃場左右，莫不雅奇，歎未曾有。」

佛說太子瑞應本起經 卷下 摘錄

吳月支優婆塞支謙譯

「佛初得道，自知食少身體虛輕，徐起入水洗浴，畢欲上岸，天按樹枝，得攀而出，旋往樹下。有五百青雀，飛來繞佛，三匝而去。復有長者女，始嫁有願生子男者，當作百味之糜，祠山樹神。後生得男，喜即作糜，盛以金鉢，其女瀉糜，釜杓不污；女益珍敬，即與數女，俱入山中，望見好樹，即遣婢先往掃除。婢到見佛，不知何神，還報女言：『有神在樹下坐。』女令婢戴百味之糜置頭上，前長跪上食并金鉢。佛言：『汝等能有善意，必以現世得福見諦。』眾女遙拜而退。

「佛便食糜已，念先三佛初得道時，皆有獻百味之食并上金鉢，如此器者，今皆在文隣龍所。佛即擲鉢水中，自然逆流，上水七里，墮前三鉢上，四器共累，相類如一。龍王歡喜，知復有佛。

「佛定意七日，不動不搖。樹神念：『佛新得道，快坐七日，未有獻食者，我當求人令飯佛。』時適有五百賈人，從山一面過，車牛皆躓不行。中有兩大人，一名提謂，二名波利，怖還與眾人俱詣樹神請福，神現光像言：『今世有佛，在此優留國界尼連禪水邊，未有獻食者。汝曹幸先，能有善意，必獲大福。』賈人聞佛名，皆喜言：『佛必獨大尊，天神所敬，非凡品也。』即和麨蜜，俱詣樹下，稽首上佛。

「佛念先古諸佛哀受人施法皆持鉢，不宜如餘道人手受食也。時四天王，即遙知佛當用鉢，如人屈申臂頃，俱到頞那山上。如意所念，石中自然出四鉢，香淨潔無穢。四天王各取一鉢，還共上佛：『願哀賈人，令得大福。方有鐵鉢，後弟子當用食。』佛念取一鉢不快餘三意，便悉受四鉢，累置左手中，右手按之，合成一鉢，令四際現。佛受麨蜜，告諸賈人：『汝當歸命於佛，歸命於法，方有比丘眾，當預自歸。』即皆受教，各三自歸。佛起於異處食畢，呪願賈人言：『今所布施，欲使食者，得充氣力。當令施家，世世得願，得色得力，得瞻得喜，安快無病，終保年壽；諸邪惡鬼，不得嬈近。以有善意，立德本固；諸善鬼神，常當擁護；開示道地，得利諧偶；不使迍蹇，無復艱患；人有正見，以信喜敬；潔淨不悔，施道德者，福德益大，所隨轉勝，吉無不利。日月五星、二十八宿、天神鬼王常隨護助。四天大王，賞別善人，東提頭賴、南維睒文、西維樓勒、北拘均羅，當護汝等令不遭橫；能有慧意，研精學問，敬佛法眾，棄捐眾惡，不自放恣。現受吉祥，種福得福，行道得道，以先見佛一心承奉，當為從是致第一福。現世獲祐，快解見諦，富樂長壽，自致泥洹。』

「時麨蜜冷，佛腹內風起，帝釋即知，應時到閻浮提界上，取藥果名呵梨勒，來白佛言：『是果香美可服，最除內風。』佛便食之，風即除去。起到文隣瞽龍無提水邊，坐定七日，不喘不息；光照水中，龍目得開，自識如前，見三佛光明，目輒得視。

「龍王歡喜沐浴，名香栴檀蘇合。出水，見佛相好，光影如樹有華，前繞佛七匝，身離佛圍四十里；龍有七頭，羅覆佛上；欲以障蔽蚊虻寒暑，時雨七日，龍一心不飢不渴。七日雨止，佛悟，龍化作年少道人，著好服飾，稽首問佛：『佛得無寒、得無熱、得無為蚊虻所嬈近耶？』

「佛時答言：

久得在屏處，思道其福快；昔所願欲聞，今以悉知快。
不為彼所嬈，能安眾生快；度世三毒滅，得佛泥洹快。
生世得覩佛，聞受經法快；得與辟支佛，真人會亦快。
不與愚從事，得離惡人快；有黠別真偽，知信正道快。

「佛告龍王：『汝當復自歸於佛，自歸於法，自歸於比丘僧。』即受三自歸。諸畜生中，是龍為先見佛。

「佛以神足，移坐石室，自念本願，欲度眾生。思惟：『生死本從十二因緣法起，法起故便有生死；若法滅者生死乃盡。作是，故自得是，不作是，是便息。一切眾生，意為精神，窈窈冥冥，恍忽無形，自起識想，隨行受身；身無常主，神無常形，神心變化，躁濁難清；自生自滅，未曾休息；一念去，一念來；若水中泡，一滴滅一復興；至于三界欲、色、無色，九神所止皆繫於識，不得免苦；味味然不自覺，故謂之癡，莫知要道。夫*道至妙，虛寂無念，不可以凡世間意知。世間道術九十六種，各信所事，孰知其惑？皆樂生求安，貪欲嗜味，好於聲色，故不能樂佛道。佛道清淨，空無所有；凡計身萬物，不可得常有，設當為說，天下皆苦。空無所有，誰能信者？枯苦我耳。』意欲默然，不為世間說法，便入定意。

「佛放眉中光，上照七天。梵天知佛欲取泥洹，悲念：『三界皆為長衰，終不得知度世之法，死即當復墮三惡道，何時當脫？天下久遠乃有佛耳，佛難得見若優曇華，今我當為天人請命求哀於佛，令止說經。』即語帝釋，將天樂般遮伎下到石室。佛方定意覺，般遮彈琴而歌。其辭曰：

聽我歌十力，棄蓋寂定禪；光徹照七天，德香踰栴檀。
上帝神妙來，歎仰欲見尊；梵釋齎敬意，稽首欲受聞。
佛所本行願，精進百劫勤；四等大布施，十方受弘恩。
持戒淨無垢，慈軟護眾生；勇決入禪智，大悲敷度經。
苦行積無數，功勳成於今；戒忍定慧力，動地魔已擒。
德普蓋天地，神智過靈聖；相好特無比，八聲震十方。
志高於須彌，清妙莫能論；永離婬怒癡，無復老死患。

唯哀從定覺，愍傷諸天人；為開法寶藏，敷惠甘露珍。
令從憂畏解，危厄得以安；迷惑見正道，邪疑覩真言。
一切皆願樂，欲聽受無厭；當開無死法，垂化於無窮。

「佛意悉知，便從定覺。梵天白佛言：『從久遠以來，適復見佛耳。諸天喜踊，欲聞佛法，當為世間說經，願莫般泥洹。眾生愚闇，無有慧眼，唯加慈導，令得解脫。諸天人中，多有賢善，好道易解，亦有精進，能受戒法。畏於地獄三惡道者，願開法藏，為現甘露，受者必多。天下無佛時，我見餘道人，具有三毒，自意合作經典。人尚學其不至誠法，何況佛之清淨無婬、怒、癡？願佛說法，使眾生得聞至誠之道。』。

「佛言：『善哉！善哉！梵天！欲廣施安，救諸世間，撫利寧濟，樂使解脫。我念世間，貪愛嗜欲，墮生死苦，少能自覺本從十二因緣起，癡緣癡行，緣行識，緣識名像，緣名像六入，緣六入更樂，緣更樂痛，緣痛愛，緣愛受，緣受有，緣有生，緣生老死憂悲苦悶心惱；大患其有，精神從愛，轉受生死。

「『欲得道者，當斷貪愛，滅除情欲，無為無起，然則癡滅，癡滅則行滅，行滅則識滅，識滅則名像滅，名像滅則六入滅，六入滅則更樂滅，更樂滅則痛滅，痛滅則愛滅，愛滅則受滅，受滅則有滅，有滅則生滅，生滅則老死、憂悲、苦悶、心惱大患皆盡，是謂得道。唯佛覺此，微妙難明。夫此清淨無愚癡想，不可以世間凡夫意知。

「『天下道術，九十六種，各有所事，或事天地、日、月、五星，或事水、火、鬼神、龍神，皆樂生求安，貪欲嗜味，好於聲色，故不能樂佛道，不聞佛經，不知要法。凡人意異，計身萬物謂可常有，設當為說，目之所見，萬物無常，有身皆苦，身為非身，空無所有，親戚家屬，悉非人所。正言似反，誰能信者？吾為枯苦，不如取泥洹，故欲不言耳。』

梵天復*偈請曰：

「從無數劫人在世間生死，唯佛經難得聞，
從佛在世能度極者，今以得願人中難有，
尊極無佛比，是故稽首禮。
世間縛著為久在冥，今十力興神智無量，

當開法藏施慧光明，照諸天人令得開解，
佛能度一切，是故願自歸。
從本發意誓為苦人，勞謙積德行願已成，
無明老死長衰可悲，當施法藥救諸病痛，
慈哀無過佛，是故稽首請。」

「佛已可梵天，念：『誰可先度者？昔者父王遣五人侍我，今在山中。』即復道還，五人見佛，自相謂言：『是人來者，慎莫與起也。』佛到，五人皆起，不覺作禮。時佛言：『卿等持心，何無牢固？屬言莫起，何以作禮？』五人不對，願為弟子。佛即手摩其頭，以為沙門。還道樹下，各坐思惟。

「佛又復念：『此間有優為迦葉，大明勇健，有好名字，國王吏民，皆共事之；與五百弟子，在尼連禪水邊。欲先開化令解，歡喜信樂佛法；爾乃餘人，當隨而學。』即往從之。

「迦葉見佛，即來起迎，讚言：『幸甚！大道人善來相見，消息安不？』佛即答言：『無病第一利，知足第一富，善友第一厚，無為第一安。』

「迦葉曰：『有何勅使？』佛言：『欲報一事，儻不瞋恚，煩借火室，一宿之間。』曰：『不愛也。中有毒龍，恐相害耳。』佛言：『無苦。龍不害我。』重借至三。迦葉言：『然，大道人德高，能居中者大善。』

「佛即澡洗前入火室，持草布地，適坐須臾，毒龍瞋恚，身中出烟；佛亦現神，身中出烟。龍大忿怒，身皆火出；佛亦現神，身出火光。龍火佛光，於是俱盛，石室盡燃，其炎烟出，如失火狀。

「迦葉夜起，相視星宿，見火室洞然，噫噫言：『咄！是大沙門端正，可惜不隨我語，竟為毒火所害。』佛知其意，於其室內，以道神力，滅龍恚毒，降伏龍身，化置鉢中。迦葉惶遽，令五百弟子，人持一瓶水，就擲滅火。而一瓶者，更成一火，師徒益怖，皆言：『咄咄！殺是大沙門。』

「明旦佛持鉢盛龍而出，迦葉驚喜問：『大道人乃尚活耶？器中何等？』佛答言：『然，吾自活耳。是鉢中者，可言毒龍，眾人所畏，不敢入室者也。今者降之，已受戒矣。』迦葉自以得道，謂佛非真，顧語弟子：『是大沙門極神，雖爾未及於道，不如我得羅漢也！』

「佛復移近迦葉，坐一樹下，夜第一四天王俱下聽佛說經。四王光影，明如盛火。迦葉夜起占候，見佛邊有四火。明旦行問：『大道人亦事火乎？』佛言：『不事火也。』曰：『昨夜此間有四火，何也？』佛言：『昨夜四天王來下聽經，是其光耳。』迦葉念言：『是大沙門極神。雖然尚未得道故，不如我得羅漢也！』

「佛止樹下第二天，帝釋夜復來下聽佛說經。帝釋光影，甚益大明。迦葉夜起占候，見佛邊火光倍於昨四火明，心念：『是大沙門續事火也。』明旦復行問：『大道人得無事火？』佛言：『不也。昨天帝釋來下聽經，是其光耳。』迦葉念言：『是大沙門乃神聖。雖然未及於道，不如我得羅漢也！』

「後夜，第七梵天又下聽經。梵之光影，倍於帝釋。迦葉夜起占候，見火光益大明盛。明日問：『大道人事火乎？』答言：『不事火也！』『昨夜火光益明大，何也？』

「佛言：『昨夜梵天來下聽經，是其光耳。』迦葉復念：『是大沙門，神則神矣，然未得道，不如我得羅漢也！』

「迦葉五百弟子，人事三火，合千五百火，明旦燃之，火了不燃，怪而白師。師言：『疑是大沙門所為也。』即行問佛：『我五百弟子，凡事千五百火，今旦燃之，火皆不燃。是大道人之所為乎？』佛言：『卿欲使火燃不？』問之至三。曰：『欲使燃。』佛言：『可去，火當燃。』應聲皆燃。迦葉復念：『是大沙門，神則神矣，然未得道，不如我已得羅漢也！』

「迦葉身自事三火，明旦燃之，又不可燃。心念：『復是大沙門所為也。』即行問佛：『我自事三火，今旦燃之，了不可燃。續是大道人所為耶？』

「佛言：『卿欲使火燃不？』問之至三。曰：『欲使燃。』佛言：『可去，火當燃。』應聲皆燃。迦葉復念：『是大沙門，神則神矣，然未得道，不如我已得羅漢也！』

「火燃之後，迦葉欲滅之，不可得滅。五百弟子及諸事火者，共助滅之，而了不滅。皆言：『大沙門所為也。』

「迦葉行問佛：『火既燃矣，今不可滅？』佛言：『欲使滅乎？』曰：『欲使滅。』佛言：『可去，火當滅。』應聲即滅。迦葉故念：『是大沙門雖神，不如我得道真也！』

「迦葉行白佛言：『願大道人留此，不須復遠行，我自給飯食。』即還勅家，明日作好飯，施床座已；食時自行請佛。佛言：『便去，今隨後到。』迦葉適去，佛如人屈申臂頃，東適弗于逮界上數千億里，取樹果名閻逼，盛滿鉢還。迦葉未至，佛已坐其床上。迦葉後到，問：『大道人從何道來？』佛言：『卿適去，我東到弗于逮地取閻逼果，香美可食，便取食之。』佛飯已去。迦葉續念：『是大沙門雖神，不如我道真也！』

「明日食時，迦葉復請佛。佛言：『便去，今隨後到。』迦葉適去，佛便南行，極閻浮提界數千萬里，取呵梨勒果，盛滿鉢還。迦葉未歸，佛已坐其床。迦葉至，問：『何緣先到？』佛言：『卿適去，我即南行極此地界，取呵梨勒果，亦香且美，便取食之。』佛飯已去。迦葉續念：『是大沙門雖神，不如我道真也！』

「明日，迦葉復行請佛。佛言：『便去，今隨後到。』迦葉適去，佛西到拘耶尼界上數千億里，取阿摩勒果，盛滿鉢還，先迦葉歸，坐其床上。迦葉後至，問大道人：『從何而來？』佛言：『卿適去後，我西適拘耶尼地，取阿摩勒果，香美可食，便取食之。』佛飯已去。迦葉復念：『是大沙門雖神，故不如我道真也！』

「明日，迦葉復請佛。佛言：『便去，今隨後到。』迦葉反顧，忽然不見佛。佛以神足，北適欝單越界上數千億里，取自然粳米，滿鉢而還，先迦葉至，坐其床上。迦葉後至，問：『大道人復從何來？』佛言：『從北欝單越地，取此成熟粳米，快美且香，卿試食之。』佛飯已去。迦葉復念：『是大沙門雖神，故不如我道真也！』

「明日食時，佛持鉢自到迦葉家，受飯而還。於屏處食已，念欲澡漱。天帝知佛意即下，以手指地，水出成池，令佛得用。迦葉晡時，彷徉聚中，見有泉水，怪而問佛：『何緣有此？』佛言：『吾朝得卿飯，於此食已，念欲澡漱，天帝釋指地，令有水出，汝當名此為指地池。』迦葉復念：『是大沙門雖神，故不如我道真也！』

「佛還樹下，道見棄弊衣，取欲浣之。天帝知佛意，即到頞那山上，取正四方成治好石，來置池邊，白佛言：『可用浣衣。』佛欲曬衣，天帝復行取六方石來，給曬衣。

「迦葉見池邊有兩好石，又問：『何緣有此？』佛言：『吾欲浣濯及欲曬衣，天帝到頞那山上取此石來。』迦葉復念：『是大沙門雖神，故不如我道真也！』

「佛後日入指地池澡浴畢，欲出，無所攀。池上素有樹，名迦和，絕大脩好，其樹自然曲下就佛，佛攀而出。迦葉見樹曲下垂蔭，怪而又問。佛言：『吾入池浴，出無所攀，是故樹神為我曲之。』迦葉復念：『是大沙門雖神，故不如我道真也！』

「時摩竭國王及吏民，以歲節會禮詣迦葉所，相娛樂七日。迦葉念佛神聖明智，眾人見者，必俱捨我而共事之，當令其去七日快也。佛知其意，即隱七日。迦葉後日又念：『間者我有節會餘食甚多，得大沙門來，飯之快耶！』佛遙知之，即時來到。迦葉喜言：『大道人來，一何善也，我適欲相供養。中間何為七日不現？』佛言：『間者王與吏民共會七日，卿意念言：「是大沙門，神聖明智，眾人見者，必俱捨我而共事之，當令其去七日快也。」是故我去。卿今念我，故復來耳。』迦葉心念：『是大沙門，乃知人意。雖然，故不如我道真也！』

「爾時迦葉五百弟子，適俱破薪，各舉一斧，斧皆不得下，懅共白師。師言：『是大沙門所為也。』即行問佛：『我諸弟子，向共破薪，斧皆舉而不下。』佛言：『可去，斧當下。』斧即下。下之後，斧皆著薪，舉之不舉，復行白佛：『今斧適下，又皆不舉。』佛言：『可去，今使斧舉。』即舉得用。迦葉復念：『是大沙門雖神，故不如我道真也！』

「時尼連禪水，長流駃疾，佛以自然神通，斷水令住，使水隔起，高出人頭，令底揚塵，佛行其中。迦葉恐佛為水所漂，即與弟子俱，乘船索佛。迦葉見水隔斷，中央塵起，佛行其間。迦葉呼言：『大道人乃尚活耶？』佛言：『然，吾自活耳。』又問佛：『欲上船不？』佛言：『大善。』佛念：『今當現神，令子心伏。』即從水中，貫船底入，無有穿迹。迦葉復念：『是大沙門，神則神矣，然不如我已得羅漢也！』

「佛語迦葉：『汝非羅漢，亦不知道真。胡為虛妄，自稱貴乎？』於是迦葉心驚毛豎，自知無道，即稽首言：『大道人實神聖，乃知我意志。寧可得從大道人稟受經戒作沙門耶？』佛言：『且還報汝弟子，報之益善。卿是大長者，國中所承望，今欲學大道，可獨自知乎？』迦葉受教，還告諸弟子：『汝曹知乎？我目所見，意始信解，當除鬚髮，被法衣，受佛戒，作沙門。汝等欲何趣？』五百弟子曰：『我等所知，皆大師恩，師所尊信，必不虛妄，願皆隨從得為沙門。』於是師徒，脫身裘褐，及取水瓶杖屣諸事火具，悉棄水中。俱共詣佛，稽首白佛言：『今我五百弟子，以有信意，願欲離家，除鬚髮，受佛戒。』佛言：『可！諸沙門來。』迦葉及五百弟子，鬚髮自墮，皆成沙門。

「優為迦葉有二弟：次曰那提迦葉，幼曰竭夷迦葉。二弟各有二百五十弟子，廬舍列居水邊。見諸梵志，衣服什物，諸事火具，皆隨水流。二弟驚愕，恐兄師徒五百人，為惡人所害，大水所漂。即與五百弟子，逆水而上。見兄師徒，皆作沙門。怪問：『大兄年百二十，智慧高遠，國王吏民，所共宗事。我意以兄為是羅漢，今反捨梵志道，學沙門法，此非小事，佛豈獨大，其道勝乎？』

「迦葉答言：『佛道最勝，其法無量。我雖世學，未曾有得道神智如佛者也。

其經戒甚*清淨，我今以見慈心度人，以三事教化：一者、道定神足，變化自然；二者、智慧，知人本意；三者、經道正行，隨病與藥。』二弟各顧謂諸弟子：『汝等欲何趣？』合五百人，俱同聲言：『願如大師。』即皆稽首，求作沙門。佛言：『可！諸沙門來。』二弟及五百弟子，皆除鬚髮，即隨佛後，復成沙門。」

佛便有千沙門，俱到波羅奈夷縣叢樹下坐。佛諸弟子皆故梵志，佛為諸弟子現神變化：一者、飛行，二者、說經，三者、教誡。諸弟子見佛威神，莫不歡喜，作禮奉行。

佛說太子瑞應本起經卷下

方廣大莊嚴經 卷第三 摘錄

中天竺國沙門地婆訶羅奉　詔譯

誕生品第七

爾時，佛告諸比丘：「菩薩處胎滿足十月將欲生時，輸檀王宮先現三十二種瑞相：一者、一切大樹含花將發；二者、諸池沼中優鉢羅花、拘物頭華、波頭摩華、芬陀利華，皆悉含蘂；三者、諸小華叢，吐而未舒；四者、自然而有八行寶樹；五者、二萬寶藏，從地踊出；六者、於王宮內自生寶牙；七者、地中復出無量寶瓶，滿中香油；八者、從雪山中無量師子之子，來遶迦毘羅城，歡躍震吼，各守城門；九者、彼諸師子亦不嬈害一切人民；十者、五百白象之子，來自雪山至王殿前；十一者、有無量天諸嬰孩忽然而現，婇女懷抱，婉轉遊戲；十二者、有諸龍女出現半身，手持微妙諸寶瓔珞，於空而住；十三者、有十千天女，各持孔雀羽扇，現於空中；十四者、有十千寶瓶，盛滿香水，泛以眾華，現於虛空，旋遶迦毘羅城；十五者、有十千天女，各捧寶瓶，現虛空中；十六者、有十千天女，各各執持幢幡、寶蓋，現虛空中；十七者、無量天諸婇女持天樂器，現虛空中而未擊奏；十八者、一切香風皆未飄拂，藹然而住；十九者、江河諸水湛而不流；二十者、日、月宮殿及諸星辰皆不運行；二十一者、弗沙之星將與月合；二十二者、王宮殿堂自然寶網彌覆其上；二十三者、一切燈炬皆悉無色；二十四者、一切樓閣、殿堂、臺榭之上，忽然皆有摩尼珠寶嚴飾垂懸；二十五者、眾寶庫藏忽然自開；二十六者、惡禽、怪獸皆不出聲；二十七者、於虛空中，演妙音詞，唱言善生善生；二十八者、一切人間所作事業皆悉停息；二十九者、高下之地悉皆平正；三十者、所有街衢巷陌，遊從道路，自然柔軟散花嚴飾；三十一者、一切孕婦產生無難，皆獲安隱；三十二者、娑羅樹神出現半身，合掌恭敬。先現如此三十二種瑞相。

方廣大莊嚴經 卷第五 摘錄

中天竺國沙門地婆訶羅奉 詔譯

音樂發悟品第十三

爾時，佛告諸比丘：「菩薩處在深宮將欲出家，天、龍、夜叉、乾闥婆、阿修羅、迦婁羅、緊那羅、摩睺羅伽、梵釋四王，常以種種供具，供養菩薩，歡喜讚歎。又於異時，諸天、龍神、乾闥婆等，各自思惟：『菩薩長夜成就眾生，以四攝法而攝受之，是諸眾生根器已熟，菩薩何故久處深宮，而不出家成道度彼？若不及時，恐致遷移，善心難保，後成正覺而無可度。』作是念已，至菩薩前，頂禮希望，作如是言：『云何當見菩薩出家學道，坐菩提座，降伏眾魔，成等正覺，具足十力、四無所畏、十八不共佛法，三轉十二行無上法輪，現大神通，隨諸眾生所有意樂，皆令滿足？』」

佛告諸比丘：「菩薩長夜不由他悟，常自為師，了知世間及出世間，一切善法所行之行，知時非時，遊戲神通未嘗退失，應眾生根，猶如海潮無時錯謬；以神通智知諸眾生，可攝益時，可摧伏時，可度脫時，可棄捨時，可說法時，可默然時，可修智時，可誦念時，可思惟時，可獨處時，可往剎利眾會，可往婆羅門眾會，可往天、龍、夜叉、乾闥婆、阿修羅、迦婁羅、緊那羅、摩睺羅伽、釋梵護世，比丘、比丘尼、優婆塞、優婆夷等眾會之時。」

佛告諸比丘：「一切最後身菩薩將欲出家，法爾有十方無邊阿僧祇世界諸佛如來神通之力，令其宮內鼓樂絃歌，出微妙音勸請菩薩，而說偈言：

宮中婇女絃歌聲，以欲而惑於菩薩，
十方諸佛威神力，變此音聲為法言。
尊昔見諸苦眾生，發願與彼為依怙，
善哉若記昔諸行，今正是時宜出家。
尊憶昔為眾生故，身肉手足而無恪，
持戒忍辱及精進，禪定智慧皆修行，

為求菩提勝福故，一切世間無能及，
是諸眾生瞋恚癡，尊以慈悲皆攝伏。
尊於愚癡邪見者，而能廣起大悲心，
積集福智已無邊，禪定神通極清淨。
身光能至於十方，如月無雲而普照，
無數音樂聲微妙，勸請菩薩速出家。

佛告諸比丘：「爾時菩薩住於最勝微妙宮中，一切所須皆悉備具，殿堂、樓閣眾寶莊嚴，幢幡、寶蓋處處羅列，寶鈴、寶網而嚴飾之，垂懸無量百千繒綵眾寶瓔珞。一切橋道以眾寶板之所合成，處處皆有眾寶香爐，燒眾名香，珠交露幔，張施其上。有諸池沼，其水清冷，時、非時華周遍開發，其池之中鳧鴈、鴛鴦、孔雀翡翠、迦陵頻伽、共命之鳥出和雅音。其地純以瑠璃所成，光明可愛猶如明鏡，莊嚴綺麗無以為喻，人天見者莫不歡喜。復於一時，諸婇女等樂器之音，由十方佛威神力故，而說頌曰：

尊憶往昔發弘願，愍諸眾生無依怙，

若證甘露大菩提，救濟令之離苦惱。

（略）

尊憶昔者為仙人，寶珠誤墮於大海，

起精進心抒彼海，龍王驚怖還寶珠。

（略）

又見真實佛，及高智如來，曾頂禮圍遶；又見龍施佛，

供養以衣服；見增上行佛，施以栴檀香；

（略）

又見日面佛，施以莊耳花；又值妙意佛，散以真頭花；

又見降龍佛，施以摩尼寶；又值增益佛，奉上眾寶蓋；

方廣大莊嚴經 卷第六 摘錄

中天竺國沙門地婆訶羅奉　詔譯

出家品第十五

佛告諸比丘：「時有二十八夜叉大將，般遮迦王而為上首，先住在彼毘沙門宮，共相議言：『菩薩今欲出家，我與汝等，作何供養？』

「時，四天王告夜叉眾言：『菩薩將欲出家，汝等應當捧承馬足。』時，釋提桓因告三十三天眾言：『菩薩今夜將欲出家，汝等宜應營護佐助。』時，彼眾中有一天子，名曰靜慧，作如是言：『我當於迦毘羅城，所有一切軍士婇女守菩薩者，悉令惛睡無所覺知。』

「復有莊嚴遊戲天子，作如是言：『我今當令彼城內外，所有象馬及諸雜類寂然無聲。』復有嚴慧天子，作如是言：『我當從彼於虛空中，化為寶路，皆以金銀、瑠璃、硨渠、馬瑙、真珠、玫瑰，眾寶廁填，散諸名花，彌布其上，懸繒幡蓋，羅列道側。』

「復有諸大象王，伊鉢羅王而為上首，作如是言：『我於鼻端化為樓閣，其中則有天諸婇女，皷舞絃歌而為翊從。』

「復有諸大龍王，娑婁那王而為上首，作如是言：『我等當吐栴檀香雲及沈水香雲，雨栴檀末及沈水末，妙香芬馥，遍滿虛空。』

「復有法行天子，作如是言：『我今當遣宮中所有端正女人，形貌變壞不可附近。』復有開發天子，作如是言：『我當於中夜時，覺悟菩薩。』釋提桓因作如是言：『我今亦當為彼菩薩，開示道路。』

「如是天、龍、夜叉、乾闥婆、阿修羅、迦婁那、緊陀羅、摩睺羅伽等，盡其所應，護助菩薩。」

（略）

「爾時，菩薩即從座起，褰七寶所成羅網帷帳，安詳徐出，合掌而立，正念十方一切諸佛。作是念已，即見天主釋提桓因，及四大天王、日月天子，各率所統。東方提頭賴吒天王，領乾闥婆主從東而來，將無量百千乾闥婆眾，奏諸伎樂鼓舞絃歌，至迦毘羅城，圍遶三匝，依空而住，合掌低頭向菩薩禮。

「南方毘婁勒叉天王，領鳩槃茶主從南而來，將無量百千鳩槃茶眾，各執寶瓶盛滿香水，至迦毘羅城，圍遶三匝，依空而住，合掌低頭向菩薩禮。

「西方毘婁博叉天王，領諸龍神主從西而來，將無量百千諸大龍眾，各各手持諸雜珍寶、真珠、瓔珞，種種花香，復散香雲、花雲及諸寶雲；亦動微妙輕靡香風，至迦毘羅城，圍遶三匝，依空而住，合掌低頭向菩薩禮。

「北方毘沙門天王，領夜叉主從北而來，將無量百千大夜叉眾，手捧寶珠，其光照曜過於世間百千燈炬，身著鎧甲，手執弓刀、矛戟、干戈、輪矟、叉弩，至迦毘羅城，圍遶三匝，依空而住，合掌低頭向菩薩禮。

「爾時，天主釋提桓因，從三十三天與其眷屬一切諸天百千萬眾，持天花鬘、末香、塗香、衣服、寶蓋、無數幢幡及以瓔珞，至迦毘羅城，圍遶三匝，依空而住，合掌低頭向菩薩禮。

「日、月天子左右而至，亦齎種種供養之具，依空而住，合掌低頭向菩薩禮。

「爾時，菩薩觀見十方，仰瞻虛空及諸星宿，并覩護世四大天王、乾闥婆、鳩槃荼、諸天、龍神并夜叉等，復見天主釋提桓因，各領百千自部眷屬，前後導從遍滿虛空，弗沙之星正與月合。時，諸天等發大聲言：『菩薩欲求勝法，今正是時，宜速出家，必定當成阿耨多羅三藐三菩提，轉大法輪。』」

方廣大莊嚴經　卷第七　摘錄

中天竺國沙門地婆訶羅奉　詔譯

頻婆娑羅王勸受俗利品第十六

我今甚不戀，世間諸榮位，
欲求寂滅故，捨之而出家，
況乃於王國，而復生貪羨？
譬如娑竭龍，大海為宮室，
豈復於牛跡，而生愛著心？

往尼連河品第十八

佛告諸比丘：「菩薩澡浴之時，百千諸天散天香花，遍滿河中。菩薩浴竟，競收此水，將還天宮。所剃鬚髮，善生得已，起塔供養。菩薩既出河岸，作是思惟：『當以何座，食此美味？』河中龍妃即持賢座，從地涌出，敷置淨處，請菩薩坐。菩薩坐已，食彼乳糜，身體相好，平復如本，即以金鉢，擲置河中；是時，龍王生大歡喜，收取金鉢，宮中供養。時，釋提桓因即變其形為金翅鳥，從彼龍王奪取金鉢，將還本宮，起塔供養。爾時，菩薩從座而起，龍妃還持所獻賢座，歸於本宮，起塔供養。

「諸比丘！由菩薩福慧力故，食乳糜已，三十二相、八十種好、圓光一尋轉增赫弈。」

爾時，世尊欲重宣此義，而說偈言：

六年苦行時，身體極羸瘦，不以天神力，往彼菩提場。
為愍眾生故，還依諸佛法，須食於美食，方證大菩提。
有女於往昔，行善名善生，為佛六年苦，廣施八百眾。
夜半聞天語，晨朝犂乳牛，練彼千牛乳，作糜持奉獻。
菩薩著衣已，巡行至其舍，受彼乳糜取，往詣尼連河。

菩薩無量劫，廣修諸善行，身心俱寂靜，進止極調柔。
至彼連河岸，天龍悉圍遶，菩薩入河浴，諸天散香花。
將欲昇河岸，神來低寶樹，善女施金鉢，龍妃奉妙床。
行步如師子，往詣菩提座。

方廣大莊嚴經 卷第八 摘錄

中天竺國沙門地婆訶羅奉　詔譯

詣菩提場品第十九

佛告諸比丘：「菩薩清淨光明普照世界，滅除一切眾生煩惱，遇斯光者皆生欣喜。此光又照迦利龍王宮，時彼龍王遇斯光明，於龍眾中而說偈言：

過去三佛皆已現，智慧光明真金色，
於是還覩無垢光，由斯定有佛興世。
其光清淨踰日月，非螢非燭星電等，
亦非梵釋阿修羅，一切威光所能及。
我以先業行不善，所處宮殿常昏暗，
恒雨熱沙以燒身，自念長時受斯苦。

忽遇光明如日照，身心清涼遍歡喜，
億劫修行眾行者，今時定坐菩提場。
我與汝等諸親眷，衣服香花并伎樂，
及以種種莊嚴具，供養利益世間者。

佛告諸比丘：「龍王爾時與其眷屬，歡喜踊躍，瞻顧四方，乃見菩薩身相巍巍如須彌山，梵、釋、四王、龍神八部皆悉圍遶，心大歡喜，頭面禮足，恭敬尊重，即以種種香花、衣服、瓔珞、作眾伎樂，供養菩薩，合掌曲躬，以偈讚曰：

面淨如滿月，世間大導師，我昔值諸佛，瑞相皆如是，
今尊破魔已，行當證菩提。曾於過去劫，廣修內外施，
持戒及忍辱，精進禪智慧。方便大慈悲，願力喜捨等，
以是諸功德，當得成佛道。一切諸叢林，低枝禮佛樹，
有千吉祥瓶，圍遶在虛空，眾鳥吐和音，翻翔競隨逐。
身色真金光，遍照於十方，惡趣停苦惱，世間蒙快樂，

尊今於三界，定為大導師。梵王及帝釋，欲色諸天子，
咸捨微妙樂，皆來申供養，尊今於世間，必為大醫王。
凡是所遊踐，蓮華隨步起，尊今於世間，必為應供者。
導師坐道場，無量拘胝數，一切魔軍眾，皆當自摧伏。
日月可墮落，須彌可崩壞，若未得菩提，終不可移動。
願我與眷屬，得捨此龍身，功德自莊嚴，當往菩提座。

「說是偈已，其龍王妃名曰金光，與無量龍女恭敬圍遶，持眾寶蓋、衣服、瓔珞、人天妙花，復持寶器，盛眾名香，奏諸伎樂，說是妙偈，讚菩薩曰：

能斷貪瞋癡，世間諸過患，渡生死海者，故我今頂禮。
尊為大醫王，善拔煩惱箭，眾生未調伏，而當調伏之。
眾生處世間，恒為煩惱覆，尊當以慧日，照之令得除。
世間無依怙，今當得依怙，而於虛空中，雨種種衣食。
諸天龍神等，皆生歡喜心，辯才大導師，願速坐道場。

降伏眾魔怨，當成無上道，似昔諸如來，所證菩提法。
無量劫修習，利益諸群生，願速坐道場，證無上菩提。

方廣大莊嚴經　卷第十

摘錄

中天竺國沙門地婆訶羅奉　詔譯

商人蒙記品第二十四

佛告諸比丘：「如來何故初成正覺，於七日中不起于座？為居此處，斷除無始無終生老病死故，於七日觀樹不起。至第二七日，周匝經行，三千大千世界以為邊際。至第三七日，觀菩提場，目不暫捨，亦為居此斷除生死，得阿耨多羅三藐三菩提。至第四七日，如來隨近經行，以大海為邊際。（略）

「於第五七日，住目真隣陀龍王所居之處。是時，寒風霖雨，七日不霽，龍王心念：『恐畏風雨上損如來。』出其自宮，前詣佛所，以身衛佛，纏遶七匝，以頭為蓋，蔽覆佛上。四方復有無量龍王皆來護佛，龍身委積如須彌山，是諸龍等蒙佛威光，身心安樂，得未曾有。過七日已，風雨止息，諸龍王等頂禮佛足，右遶三匝還其本宮。

「於第五七日，住目真隣陀龍王所居之處。是時，寒風霖雨，七日不霽，龍王心念：『恐畏風雨上損如來。』出其自宮，前詣佛所，以身衛佛，纏遶七匝，以頭為蓋，蔽覆佛上。四方復有無量龍王皆來護佛，龍身委積如須彌山，是諸龍等蒙佛威光，身心安樂，得未曾有。過七日已，風雨止息，諸龍王等頂禮佛足，右遶三匝還其本宮。」

方廣大莊嚴經　卷第十一

摘錄

唐天竺三藏地婆訶羅譯

轉法輪品第二十六之一

佛告諸比丘：「爾時，如來作是念已，從菩提樹向迦尸國波羅奈城，振動三千大千世界。是時，伽耶城傍有一外道，名阿字婆，遙見世尊，即前問訊，在一面立，而白佛言：『長老瞿曇！諸根恬靜，端正可愛，身色晃耀如閻浮金及瞻波花。仁者！修何梵行？師為是誰？從誰出家？進止威儀，安隱乃爾。今從何來？復何所往？』

「爾時，世尊以偈答曰：

我本無有師，世無與我等，於法自能覺，證清淨無漏。

「阿字婆言：『瞿曇！汝自謂是阿羅漢耶？』爾時，世尊重以偈答：

我為世間，無上導師，當度一切，真阿羅漢。

「阿字婆言：『瞿曇！汝自謂為佛耶？』如來答言：『我於世間最為殊勝，滅除一切煩惱惡法，我為正覺。』阿字婆言：『長老瞿曇！汝於今者為何所往？』世尊答言：『我今欲往波羅奈鹿野苑中，為諸盲冥眾生作大光明。』而說偈言：

我往波羅奈，於鹿野苑中，為盲冥眾生，
擊甘露法鼓，轉所未曾轉，無上勝法輪。

「時，阿字婆辭佛南行。如來北逝經伽耶城，城中有龍名曰善見，明日設齋奉請如來。如來食訖，往盧醯多婆蘇都村，次復至多羅聚落，次復經娑羅村，如是遊歷，皆為長者居士奉獻飲食，次第而行至恒河邊。是時，河水瀑集平流彌岸，世尊欲渡，問彼船人，答言：『與我價直當相濟耳。』

「爾時，世尊報船人言：『我無價直。』船人言：『若無價直，終不相濟。』如來爾時飛騰虛空達于彼岸。船人見佛現是神通乃自責言：『我無所識，云何不渡如是聖人？』心生憂惱，悶絕躃地，良久乃蘇，詣頻婆娑羅王具陳所見。王聞是事，即勅船人：『自今已往，沙門求濟勿受價直。』

（略）

爾時，彌勒菩薩前白佛言：「世尊！無量諸來大菩薩眾，願聞如來轉于法輪所有功德。唯願世尊！略為宣說法輪之性。」

佛告彌勒及諸菩薩言：「善男子！法輪甚深，不可取故；法輪難見，離二邊故；法輪難悟，離作意及不作意故；法輪難知，不可以識識、不可以智知故；法輪不雜，斷除二障方能證故；法輪微妙，離諸喻故；法輪堅固，以金剛智方能入故；法輪難沮，無本際故；法輪無戲論，離攀緣故；法輪不盡，無退失故；法輪普遍，如虛空故。

「彌勒！法輪顯示一切諸法，本性寂靜，不生不滅，無有處所，非分別非不分別，到於實相，昇于彼岸。空、無相、無願、無作，體性清淨，離諸貪欲；會於真如，同於法性，等于實際，不壞不斷，無著無礙；善入緣起，超過二邊不在中間；無能傾動，契於諸佛無功用行；不進不退，不出不入，而無所得，不可言說。性唯是一而入諸法，是為不二，非可安立；歸第一義入實相法，法界平等，超過數量；言語路斷，心行處滅，不可譬喻，平等如空；不離斷常，不壞緣起，究竟寂滅，無有變易；降伏眾魔，摧諸外道，超過生死，入佛境界；聖智所行、辟支所證、菩薩所趣，諸佛咨嗟！一切如來同有如是無差別法。

「彌勒！所轉法輪體性如是。若有如是轉法輪者乃名為佛，名正遍知，名自然悟，名法王，名導師，名大導師，名商主，名自在，名法自在，名轉法，名法施主，名大施主，名善行圓滿，名意樂滿足，名說者，名作者，名安慰者，名安隱者，名勇猛者，名戰勝，名作光，名破暗，名持燈，名大醫王，名療世間，名拔毒刺，名離障智，名普觀見，名普觀察，名普眼，名普賢，名普光，名普門，名端嚴，名無所著。

「如大地故，名為平等。如須彌山王，故名不動。成就諸功德出過世間，故名最尊。達一切法，故名無見頂。出過世間煩惱黑暗，故名明燈。最極甚深難窮底，故名大海。一切菩提分法寶具足，故名寶所。無繫無著心解脫，故名無染。通達諸法，故名不退轉。利益眾生不擇處，故名如風。焚燒一切煩惱，故名如火。滌除一切分別煩惱，故名如水。平等法界，無中無邊，無礙神通慧所行，故名如空。除一切法障，故名住無障智。超過世間眼所行境，故名遍一切法界。身不染世間一切境界，故名最勝人。

「名無量智，名演說世間師，名制多，名出世間，名不染世法，名世間勝，名世間自在，名世間大，名世間依止，名到世間彼岸，名世間燈，名世間上，名世間尊，名利益世間，名隨順世間，名一切世間了知，名世間主，名世間應供，名大福田，名最上，名無等等，名無比，名常正實，名一切法平等住，名得道，名示道者，名說道者，名超過魔境，名能摧伏魔，名出生死獲得清涼，名離無明黑暗，名無疑惑，名離煩惱，名離悕求，名除諸見惑，名解脫，名清淨，名離貪，名離瞋，名離癡，名盡漏，名心淨解脫，名智淨解脫，名宿命智，名大龍。」

方廣大莊嚴經 卷第十二 摘錄

唐天竺三藏地婆訶羅譯

轉法輪品之二

爾時，佛告諸比丘：「如來化五人竟，作是念言：『優樓頻螺迦葉有大名稱，與五百弟子俱，國王奉事，臣庶宗仰，我當詣彼教以正法。』即往尋之。迦葉見佛，迎前問訊：『善安隱不？』爾時，如來報迦葉言：『無病知足，寂滅清信，是為安隱。』迦葉請佛：『日既將暮，惟願沙門幸留於此，隨意所處。』佛語迦葉：『欲寄石室止住一宿。』迦葉言：『吾不愛，室中有毒龍，恐相犯耳。』乃至三語，迦葉報言：『任於中止。』

「爾時，如來洗手足已，前入石室，敷座而坐，龍便瞋怒，身中出煙，佛亦出煙；龍大瞋怒，身中出火，佛亦出火，二火俱熾，焚燒石室。迦葉夜起，見室盡然，驚怖歎惜：『此大沙門端正尊貴，不取我語，為火所害。』遽令弟子，人持一瓶，汲水而救；所有瓶水，悉變為火，師徒益恐皆言：『龍火殺是沙門。』如來爾時以神通力，制伏毒龍置於鉢中，明旦持鉢盛龍而出。迦葉大喜，怪未曾有：『今此沙門乃復活耶？器中何有？』見是毒龍。佛告迦葉：『我已伏之，令受禁戒。』迦葉甚慚，顧謂弟子：『是大沙門雖有神力，不如我得羅漢道也。』

「爾時，如來移近迦葉所住之處，在一樹下，於夜分中，四天大王皆來聽法，光明甚盛如大火炬，迦葉夜見，謂佛事火。明旦白佛言：『沙門法中亦事火耶？』佛言：『不也。昨夜四天下來聽法，是其光耳。』於後，帝釋下來聽法，其光轉盛。迦葉明日復問：『沙門亦事火耶？』佛言：『不也。此是帝釋來聽法耳。』於後，梵王下來聽法，其光益盛。迦葉明日復問：『沙門亦事火耶？』佛言：『不也。此是梵王來聽法耳。』

「迦葉及五百弟子，人事三火，旦欲然火，火終不著，怪以問師。師言：『此是沙門所為故也。』俱來問佛：『我所事火，然乃不著。』佛言：『欲使然耶？當令得然。』火即然矣。既然之後，迦葉滅火，復不可滅，五百弟子相助滅之，亦不能滅，各自念言：『復是沙門所為故也。』共往問佛：『火既得然，今不可滅。』佛言：『欲使滅耶？當令得滅。』火即滅矣。

「迦葉白佛言：『惟願沙門！恒住於此，共修梵行，我當勅家常使供養，每以日時請佛俱行，詣其家食。』佛言：『汝可先去，當隨後至。』迦葉適去，佛以神力上忉利天取彼天果，東至弗婆提取菴摩勒果，南至閻浮界取閻浮果，西至拘耶尼取呵梨勒果，北至鬱單越取自然粳米，盛置鉢中，飛空而還，先迦葉至，坐其床上。迦葉後到，問佛：『沙門從何道來？』佛語迦葉：『汝去之後，我往四方及上忉利，取是名果及以美飯，汝可食之。』

「時，摩伽陀國，國王大臣、吏人官屬、長者居士、婆羅門等，當就迦葉為七日會。迦葉念言：『彼大沙門威德巍巍、相好無上，眾人見者，必當捨我而奉事之，寧此沙門七日之中不來我所。』佛知其念，隱而不現。七日滿已，迦葉念言：『節會已訖，餘饌甚多，彼大沙門今若來者，我當飯之。』佛知其意，忽然而至。迦葉驚喜而問：『如來七日之中，何為見棄？』佛言：『汝先起念，是以不現，今汝相憶，故復來耳。』

「爾時，迦葉五百弟子，將欲祀火，俱共破薪，各各舉斧皆不得下，懅而告師，師言：『是大沙門所為故耳。』即往問佛：『我諸弟子向共破薪，各各舉斧皆不得下。』佛言：『當下。』應聲即下。既下之後，斧皆著薪而不可舉。復來問佛，佛言：『可去，自當舉耳。』應時即舉。

「尼連禪河湍流箭激，佛以神力令水涌起過於人上，佛行其下，步步生塵。迦葉遙望，恐佛漂溺，即與弟子乘船救佛，見水涌起，佛行其下，步步生塵，迦葉喚佛：『沙門！欲上船不？』佛言：『甚善！』即於水中從船底入，船無穿漏。迦葉復言：『是大沙門神則神矣，猶不如我羅漢道也。』

「佛語迦葉：『汝非羅漢，何為貢高自稱羅漢？』於是迦葉心驚毛竪，慚懼稽首：『今此大聖乃知我心。惟願大聖！攝受於我在聖法中而為沙門。』佛語迦葉：『汝既耆舊，多有眷屬，又為國王臣民之所歸敬，今欲學道，其可自輕，宜與弟子更熟詳議。』迦葉言：『善哉！如聖所教。然我內心非不自決，且當還與弟子論耳。』迦葉還來集諸弟子：『我已信解彼沙門法，其所得道是為真正。我今歸趣，汝意云何？』弟子答言：『我等亦願隨從歸依。』

「是時，迦葉與諸弟子，釋其衣服，取事火具悉棄水中，俱詣佛所稽首佛足，而白佛言：『我及弟子，於聖法中願為沙門。』佛言：『善來比丘！』鬚髮自落，法服著身，皆成沙門。

「迦葉二弟：一名難提，二名伽耶，各有二百五十弟子，先住水邊，見諸梵志衣帔什物、事火之具隨水下流，皆悉驚愕，恐畏其兄及諸門徒為人所害。即與五百弟子泝流而上，見兄師徒皆成沙門，怪而問曰：『兄今耆舊年百二十，智慧深遠，國內遵崇，我意言兄已證羅漢，今棄淨業，斅彼沙門，其道勝耶？』迦葉答言：『佛道最優，其法無上，我自昔來未曾見有神通道力與佛等者，其法清淨當度無量，能以三事教化眾生：一者、道力神通變化，二者、智慧知他人心，三者、善知煩惱應病授藥。』二弟聞已心生恭敬，顧謂弟子：『汝意云何？』五百弟子同聲發言：『願從師教。』即皆稽首求為沙門。佛言：『善來比丘！』鬚髮自落，法服著身，皆成沙門。

「爾時，如來與千比丘俱，往波羅奈國，在於林下，為諸弟子或時變現，或時說法，或復說戒，覩佛威神，莫不欣喜，盡成羅漢。

佛本行集經 卷第四十 摘錄

隋天竺三藏闍那崛多譯

佛本行集經迦葉三兄弟品第四十四上

「爾時，世尊還攝神通復於本形，獨立而住。時，彼諸仙既見世尊剃除鬚髮，身著袈裟染色之衣，是時，優婁頻螺迦葉作如是念：『此大沙門！大有威神，大有威德，然其未得阿羅漢果，如我今日，在於此住。』此是如來最初於先出神通法。

「爾時，優婁頻螺迦葉即白佛言：『善大沙門！仁今何遠來至於此？善大沙門！仁今若當願樂於此我住處者，隨仁所須，我當供給。又，仁意樂於何處所坐起眠臥？此是草庵，此是草堂，任意選取。』作是語已，佛告優婁頻螺迦葉，作如是言：『善哉！迦葉！汝若不辭，能見敬重，我欲入汝祭祀火神處所安居。』

「爾時，優婁頻螺迦葉有一弟子，於先舊患下痢之病，以病下故，糞穢草庵。自餘一切諸弟子等，見穢草庵，瞋忿不淨，驅遣令出。是時，彼患摩那婆身被駈出時，作如是念：『此之庵舍，為於一切螺髻而造，云何見我病患下痢，驅遣我出？願我捨命，得是身體，仰報彼等如是之事。』

「時，彼患者作是念已，即便命終。命終已後，即受如是大毒龍身，生已在於彼草堂內，或有人來，或畜生來，皆被螫殺。以是因緣，彼堂即空，無有人住。爾時，優婁頻螺迦葉作如是念：『有何對治能伏毒龍？唯應有火能相屈耳。』作是念已，即以火神，安彼草堂，恒常如法依時供養。

「爾時，優婁頻螺迦葉即白佛言：『善大沙門！我實不辭，亦不惜是此之草堂。但彼草堂有大極惡嚴熾龍王，居住彼中，其龍甚有大神通力，有大惡毒，有猛厲毒，非止害仁，亦損我也。』

「爾時，世尊如是再過語迦葉言：『汝若不辭、不敬重彼，但當與我草堂居住。』迦葉報言：『我意不願仁住火堂。所以者何？彼處今有一大毒龍，猛惡嚴熾，恐為於仁并及我身，作於毒害。善大沙門！此堂本來，我等師徒久共捨之，無人能入。』

「爾時，世尊第三重告彼迦葉言：『仁者迦葉！若有一切毒龍來滿此堂住者，彼等不能損我一毛，況一龍也？仁者迦葉！但汝意可，我自當入，願汝莫辭，莫重彼堂，其終不能損害於我。』

「是時，優婁頻螺迦葉，以佛三度慇懃未已，即白佛言：『善大沙門！我亦不辭，亦不重彼，我以相語，若心不疑，當隨意住，常作方便，莫令被害。』

「爾時，世尊得於迦葉印可聽已，手自執持一把之草，入火神堂，入已鋪草，取僧*伽梨襞作四疊，以鋪草上，加趺而坐僧伽梨上。端身而住，正念不動，除捨一切外內怖畏，身毛不豎，寂然禪定。

「爾時，彼堂毒龍出外求覓食故，處處經歷，飽已迴還入於火堂，遙見如來坐火堂內，見已，其心作如是念：『我身猶活，今有何人忽入我堂？』其意既惡，即興毒害，口出烟炎；如來復坐如是三昧，身亦放烟。

「爾時，彼龍見是烟已，增長更嗔，放猛火炎；如來爾時亦入如是火光三昧，身出大火。佛及毒龍，各放猛火，是時彼堂嚴熾猛炎，以猛炎故，草堂彤然，如大火聚。

「爾時，世尊復如是念：『我今可作如是神通，作神通已，莫害於彼龍王命根，但當燒其皮肉筋骨，悉令淨盡。』爾時，世尊即作如是神通變化，以神通故，令彼龍王，命不傷害，但使其餘身分然盡。如是訖已，又復從身出於諸種雜色光明。所謂青、黃、赤、白、黑色，出已，唯照一尋地明，示於彼龍。

「爾時，優婁頻螺迦葉去彼祭祀火堂不遠，遙見堂內出大猛炎，見已即作如是念言：『嗚呼！嗚呼！此大沙門，今被毒龍之所燒害。可惜！可惜！以其不取我等師徒好言善語。』

「時，彼眾有一摩那婆，名阿羅陀祇梨迦（隋言濕樹*皮衣），見彼火堂亦大懊惱，自餘一切諸摩那婆，各各稱名，悉皆恐怖，並相呼喚：『謂迦吒牟尼（隋言苦行仙），謂耶摩其尼（隋言雙火），謂何唎尼毘奢耶那（隋言立火），謂毘羅波羅婆（隋言丈夫光），謂奢摩羅耶那（隋言雜色眼），謂波羅耶那（隋言能度彼岸），謂迦吒耶那（隋言將愛行），謂瞿曇姓（隋言暗牛），謂目揵連種（隋言白捧），謂婆私吒姓（隋言化住），謂頗羅墮（隋言重憧），汝等！汝等！速來！速來！此大沙門今被毒龍吐火燒爇，我等當往，助其撲滅。』

「爾時，彼等諸摩那婆聞是聲已，或將水瓶，或復擔梯，速疾走來。來已著梯，上彼火神大堂之上，上已，將水欲滅於火，而彼火炎，世尊力故，更增熾盛。時，彼一切諸摩那婆，即還下彼火神堂住，在一邊立，各相謂言：『此大沙門端正可憙，而被毒龍之所惱害梵本沙門來並再稱。』

「爾時眾中，濕樹*皮衣摩那婆仙，悲哀說偈，以哭佛言：

嗚呼微妙端正身，頭髮甚青指羅網，
七處圓滿端正眼，被龍翳如日月昏。

「爾時，更有一摩那婆，還復悲哀哭泣於佛，而說偈言：

嗚呼諸王勝家生，苷蔗上種人中勝，
世間無過此生處，今為毒龍火燒身。

「爾時，更有一摩那婆，還復悲哀哭泣於佛，而說偈言：

三十二相莊嚴體，自得解脫能脫他，
瞋恚能伏不害身，今被毒龍毒火滅。

「爾時，更有一摩那婆，還復悲哀哭泣於佛，而說偈言：

支節長短正等身，苷蔗諸王種增益，

體如閻浮檀金柱，今為毒龍火所焚。

「爾時，更有一摩那婆，還復悲哀哭泣於佛，而說偈言：

諸仙聞聲心歡喜，布施持戒最福田，

身體柔軟大吉祥，嗚呼今被龍火殺。

「爾時，優婁頻螺迦葉亦來集聚，去彼火堂不遠立住。

「爾時，有一摩那婆來，白於優婁頻螺迦葉作如是言：『和上一過試觀占彼大沙門，看其大沙門生宿之中，更不為於諸餘惡星所犯觸也。其所犯者，何星逼是沙門生宿？』

「爾時，優婁頻螺迦葉，即便仰瞻虛空星已，還告於彼摩那婆言：『汝摩那婆！今應當知此大沙門鬼宿日生，而彼鬼宿不為餘星之所逼觸。謂摩那婆，此大沙門星甚快明，如我所見星宿相貌，大沙門今共龍角鬪決勝之狀，此相必定是大沙門，決降彼龍，無有疑也。』

佛本行集經　卷第四十一　摘錄

隋天竺三藏闍那崛多譯

迦葉三兄弟品中

「爾時，毒龍見火神堂，四面一時烔燃熾盛，唯有如來所坐之處，其處寂靜，不見火光。見已，漸詣向於佛所，到佛所已，即便涌身入佛鉢中，而說是偈：

若人百千億萬歲，一心祭祀此火神，
彼輩不能斷去瞋，如今勝世尊忍辱。
一切天人世界內，唯有世尊大丈夫，
諸被瞋恚重病纏，世尊能與忍辱藥。

「爾時，世尊過彼夜後，至明清旦，手擎於鉢，將彼毒龍，來至優婁頻螺迦葉所坐之處。到已，即告彼迦葉言：『仁者迦葉！此是毒龍，汝等所畏，不能入於火神堂者，此即是彼。以我威火，滅其毒火，今故將來以示汝輩諸梵志等。』而有偈說：

是時彼夜分已過，世尊來至迦葉所，
鉢中盛於毒龍示，手擎安置著彼前。

「爾時，優婁頻蠡迦葉，作如是念：『此大毒龍，為自入於大沙門鉢？為大沙門神通力故，教其入中？』

「爾時，世尊知彼優婁頻螺迦葉心之所念，知已，即便手所執鉢，自然展向優婁頻螺迦葉之邊。時，彼毒龍，九頭大項，引頸欲向優婁頻螺迦葉身邊。爾時，優婁頻螺迦葉見龍舉頭欲向己邊，心生驚怖，却縮身住，自以兩手，掩覆其面。

「爾時，世尊告彼優婁頻螺迦葉，作如是言：『仁者迦葉！何故縮身，如是驚怖？汝心畏也？』迦葉報言：『如是！如是！大德沙門！我實畏也。』爾時，佛告彼迦葉言：『仁者迦葉！汝莫怖畏。』

「爾時，世尊即以偈頌語迦葉言：

我昨夜來教化彼，其更不能恐怖他，

其若今欲螫於仁，世間終無有此法。
假使天崩倒於地，大地破碎如微塵，
須彌移離本處安，諸佛口終不妄語。

「爾時，優婁頻螺迦葉作如是念：『此大沙門！大威神力！大有功能！乃設如是神力之火，滅彼毒龍毒惡熾火。其事雖然，而猶不得阿羅漢果如我今也。』

「爾時，世尊取彼毒龍，發遣安置彼大海外鐵圍山間。是時，優婁頻螺迦葉即白佛言：『大德沙門！彼毒龍今安在何處？』

「爾時，佛告彼迦葉言：『仁者迦葉！彼之毒龍，我今已遣安置於彼鐵圍山間。』

「爾時，優婁頻螺迦葉見佛示現是神通已，心生歡喜，即白佛言：『大德沙門！願恒住此，我當常請供奉飯食。』爾時，世尊默然受彼優婁頻螺迦葉等請。

（略）

「爾時，佛告彼迦葉言：『仁者迦葉！汝昨夜在靜室之中，獨自而坐，可不如是思惟念言：「我於明朝在所居處，年常恒作祭祀之法，摩伽陀國所有男女一切人民，將好種種食飲而來，向於我邊。而此大德沙門瞿曇，恐於彼會眾人之前，出現神通，示上人法，則我所有利養名聞，悉著於彼大沙門邊，我則減少，心私願我明日莫來。」仁者迦葉！我於爾時，知仁此心如是想念，過於彼夜，我即騰空，至欝單越，向彼乞食，得已來到阿耨達池，如法而食，隨日多少，在彼經行，還向此林宿止而來。』

「是時，優婁頻螺迦葉作如是念：『此大沙門！大有神力！大有威權！感變雖然，其猶不得阿羅漢果如我今也。』尼沙塞說

「爾時，優婁頻螺迦葉，居處年常有一大會，名翼宿日。彼會之日，摩伽陀國數千萬人各來聚集，然其彼會亦有市易，隨諸人輩所須貨買。是時，優婁頻螺迦葉作如是念：『明朝此處，若沙門來，所有人民皆觀看彼，不為我等造作齋食。』彼作如是思惟念已，往詣佛所，即白佛言：『大德沙門！*明朝我林修道處所，當作大會，多有眾生，百千聚集，甚大喧鬧，而大沙門！愛樂寂靜，恒行清淨空閑之處。沙門！可從此處移去，別求靜處，彼間而住。』此僧祇說

「爾時，世尊從彼住處，即便移至差梨迦林，至彼林已，心念彼四迦婁羅王，

王名可觸，又四提頭賴吒龍王，四水神龍，四大天王，帝釋天主，及餘欲界一切諸天，娑婆世界主大梵天等，並皆念之。

「爾時，彼等四可觸王，迦婁羅等，知佛內心如是念已，出現大風，從彼優婁頻螺迦葉所居住處，飛騰虛空，即時往詣差梨迦林。到彼處已，頂禮佛足，合十指掌，却住一面，遙覩世尊，向佛頂禮。

「其四提頭賴吒龍王、四水神王，亦知佛心，出大雲雨，從彼優婁頻螺迦葉居處，飛向差梨迦林。到已頂禮佛世尊足，合十指掌，却住一面，向佛遙敬。是時，四方四大天王，亦知佛心，作大端正可喜之身，為人樂見，顯赫威光，照曜自身，悉乘白象，從地湧出，從彼優婁頻螺迦葉居處，往詣差梨迦林。到已，頂禮佛世尊足，乃至合掌，遙敬於佛。

「爾時，忉利帝釋天王，及欲界天娑婆世界主大梵天王，知佛心念，身出威光，遍照其地，從彼優婁頻螺迦葉居住之處，飛騰虛空，一時往詣差梨迦林，到已，頂禮佛世尊足，乃至曲躬遙敬於佛。

「爾時，彼處一切人民，見如是眾諸天龍等，心生恐怖，身毛皆豎，即便問彼優婁頻螺迦葉等言：『大德和上！此何物神，作斯變怪？非是災也？或當有疫，或大恐怖，或大鬪諍，或有迦吒富單那鬼，及黑闇鬼，而欲來乎？』

「爾時，優婁頻螺迦葉，作如是念：『此必是彼大德沙門威力，作斯神通變也。』即便報彼諸大眾言：『汝等一切！莫恐莫怖！莫畏莫驚！此非災變，亦非疫病，及以鬪諍、諸鬼魅來，當有無畏，當有豐熟，當無怪異，不須恐怖，亦無疾病。汝等但當安隱自慰，此事無苦，一切諸相，盡皆大吉。』」

佛說眾許摩訶帝經　卷第四　摘錄

西天譯經三藏朝散大夫試鴻臚少卿明教大師臣法賢奉　詔譯

爾時，提婆達多手持弓箭，出迦毘羅城而欲教射。悉達多太子知已，與五百眷屬亦出國城，同為弓射。

時，提婆達多即持弓箭遙射一樹，其樹中箭應弦而倒。悉達多太子，亦射一樹，箭力甚大，樹雖兩斷，儼然不動。提婆達多見樹如故，疑箭不中，白太子言：「常聞太子解五種射法，云何射樹而不能中？」如是言已，帝釋天主於虛空中，而自思惟：「我須今日顯發菩薩神通威力，若不如是，云何有情知彼菩薩善能通達一切眾事？」作是念已，即化大風吹中箭樹，忽然倒地。時，提婆達多即自驚歎。

爾時，太子又令安置七多羅樹，七重鐵鼓，七重鐵豬，令眾射之。時，提婆達多顯自威力，挽弓前射，透一多羅樹；難陀次之，透二多羅樹。悉達多太子即便隨射，所有七多羅樹、七重鐵鼓及鐵豬等皆悉透過，其箭入地至龍王宮。

爾時，龍王見菩薩箭，以手捧之，於箭入處，涌水上流，即有信心婆羅門長者起塔供養，一切苾芻常來瞻禮。爾時，悉達多太子乃乘寶輦，迴歸王城。（略）

爾時，酥鉢囉沒馱王，知其太子近在園林，即遣國人往彼河津，出其大樹，唱聲用力，響震郊原。太子聞之，訪諸左右，群臣具白：「此是酥鉢囉沒馱王遣其人眾，出河中樹。」

太子聞已：「我當自往。」去河不遠，有一大窟毒龍所居，太子至前龍乃出窟；眾人恐懼，慮傷太子，即以利劍斷彼龍命。龍有毒氣，被觸之者，遍身青黑，因以立名迦路那夷。太子行至河邊，先令提婆達多出彼大樹，提婆達多極其神力終不能舉；次及難陀*，盡力挽樹稍離於地；是時太子以己神力，手把大樹折為兩段擲虛空中，於河兩邊各下一段，告眾人言：「此娑囉迦里梨也切拏樹，是大良藥，火不能燒，若有瘡腫塗之即差，汝等眾人勿復忘失。」太子作是語已，即乘車騎迴歸城邑。

佛說衆許摩訶帝經 卷第六 摘錄

西天譯經三藏朝散大夫試鴻臚少卿明教大師臣法賢奉 詔譯

爾時，菩薩浴尼連河水，體羸力弱，舉步攸艱，岸樹垂枝，攀而得出，即往西曩野儞聚落之所。其聚落內有二童女：一名、難那；二名、難那末羅，身色端正，心性慈善。頃聞太子在雪山下婆儗囉底河邊迦毘羅仙人處，學修梵行，具三十二相，福德莊嚴，深心悅慕，願為匹偶，布施修福，求遂所願。

爾時，童女聞尼連河側有苦行仙人，遂發勤誠，欲施乳粥，即以千牛分為兩群，聲五百牛乳飲彼五百牛；復以五百分為兩群，聲二百五十牛乳飲二百五十牛；如是分飲至八頭*牛，復聲八牛之乳最為濃厚，用玻瓈器煑乳糜粥，於乳糜上現莎惹帝迦萬字千輪輻相。時有一人見此輪相，而自思念：「若人得食，速證無上菩提之果。」

即告童女：「我今饑渴，當以糜粥而施於我。」

童女白言：「吾作此食施苦行仙人，非汝可取。」

時，天主帝釋即自化身為婆羅門，住立女前，女以乳粥欲布施與。婆羅門曰：「我不敢受。有世主大人，宜應供養。」

童女復問：「世主何人？」婆羅門言：「去此匪遙有大梵王。」

童女承言，即詣彼處以粥奉施。大梵王曰：「我不敢受。有淨光天子，最上殊勝，汝宜供養。」

女復往彼，以粥布施。淨光天子言：「我不敢受。有一菩薩浴尼連河，身乏氣力，以手攀樹出河岸上，被袈裟衣，將成佛果。若能供養，得大勝利。」

童女聞已，即時馳往，以鉢盛粥，虔心上獻。菩薩默然，而受其供。食已，擲鉢入尼連河，龍王至前欲取鉢器，帝釋化身為金翅鳥，龍即驚退，帝釋得鉢，安忉利天，建塔供養。

爾時，菩薩問二童女：「施此乳糜，有何所求？」

童女答曰：「我聞雪山相近婆儗囉河側，迦毘羅仙人住處，有淨飯王童子，身相端嚴，當作輪王，欲求為夫。」

菩薩告言：「彼童子者，夙修梵行，離欲清淨，名一切義成，不久之間，當得菩提，云何與汝而為夫耶？」童女聞已默然住立。

菩薩舉身登一石山，峭峻孤拔，林樹甚眾，於此安坐未逾時刻，山即摧毀。菩薩驚怪茲何業緣？

時，淨光天子白菩薩曰：「萬行今圓，四智將就，此地薄祐而不能勝。去此不遠有金剛座，三世如來成正覺處。」菩薩即往，天人引前，足下生蓮，海水泛潮，大地振響，聲如扣鐘。

菩薩徐行，至一大窟內有黑龍，昔無兩目，聞地振海潮，即時出窟，雙眼頓明，得見菩薩身相端嚴，光逾聚日。龍大歡喜，瞻視戀仰，而說偈言：

地振海潮俱作聲，我今聞速離宮殿；

忽得光明見如來，一心瞻仰生歡喜。

爾時，龍王告菩薩言：「憶念昔時有佛出世，時我兩眼俱得光明，見彼世尊；今亦如是，復得眼開見佛身相。」即說偈言：

我昔承佛大威德，令我得覩相好身；
必遇牟尼覺道成，見佛端正亦如是。

佛說衆許摩訶帝經 卷第七 摘錄

西天譯經三藏朝散大夫試鴻臚少卿明教大師臣法賢奉 詔譯

爾時，世尊受得商主布薩婆梨迦所施之食，即持往彼尼連河邊，即於岸上敷草而坐，喫所受食。食既畢已，又復盥漱，如是之際，忽覺體中而發風病。何以故？佛出世間，示斯為緣，欲令眾生知身如幻故。

是時，天魔恐佛出世，教化眾生出離三界，當空我境，常伺其隙，欲來惑亂。忽知發疾，速離天界，來至佛所，而作是言：「善逝！汝今不安，涅槃時至，我今請佛入大涅槃。」

爾時，世尊知是魔來，欲亂我心，佛謂魔言：「我涅槃未至，我今直待聲聞弟子解佛法分，智慧明達，了知教本，廣演法相，乃至苾芻、苾芻尼、優婆塞、優婆夷等修持梵行，有眾多人欲周大地及彼天人皆證解脫，我於是時方入涅槃。」

時，彼天魔聞佛語已，知不涅槃，心生懊惱，於是天魔慚恥而退。

爾時，帝釋天主遙知世尊體發風病，自天而下至贍部洲，去菩提樹不近不遠，有大訶梨勒林，於中而住；於此林中取得上好訶梨勒已，疾往佛所。到佛所已，頭面著地，禮世尊足，禮已瞻仰，住立一面，白言：「世尊！我知聖體小有風病，此贍部洲有訶梨勒，色妙馨香，可療斯恙，我今持來奉上世尊，唯願大慈納受而食。」世尊受已尋便服食，風病即除，體安如故。世尊慰勞，帝釋乃退還歸天宮。

爾時，世尊又復離菩提樹，往彼母唧鱗那龍王宮。到彼宮已，於一樹下，跏趺而坐，入於禪定。是時，彼處七日七夜降霔大雨，時，母唧鱗那龍王，以雨方霔，知佛在定，恐其風雨之氣，互侵佛身；又恐蚊蚋、蝖蠅唼擾聖體，遂以自身纏繞七匝，昂首上覆，如傘蓋相；經七晝夜，不動不搖。佛將出定，龍自攝身。龍王還宮，復以種種花鬘、塗香嚴飾其身，來至佛所，頂禮佛足，白言：「世尊！七日已來風雨之氣，蚊蝖之類侵擾以否？聖體云何？」

於是世尊說伽陀曰：

觀察於世間，一切眾生等；若得無侵害，歡喜復快樂。
離欲斷煩惱，此樂難比喻；無明若調伏，斯為最上樂。

爾時，世尊說是伽陀答龍王已，即離彼處，還來菩提樹下，結跏趺坐，經七晝夜，入定觀察十二緣生，云何根本而因得生？所謂：因於無明乃緣於行，行緣識，識緣名色，名色緣六入，六入緣觸，觸緣受，受緣愛，愛緣取，取緣有，有緣生，生緣老死憂悲苦惱；由如是因，得一大苦蘊集如是。根本不生則一切得滅，所謂：無明滅即行滅，行滅即識滅，識滅即名色滅，名色滅即六入滅，六入滅即觸滅，觸滅即受滅，受滅即愛滅，愛滅即取滅，取滅即有滅，有滅即生滅，生滅即老死憂悲苦惱滅；解如是滅，則得一大苦蘊滅。

佛說衆許摩訶帝經 卷第九 摘錄

西天譯經三藏朝散大夫試鴻臚少卿明教大師臣法賢奉　詔譯

爾時，世尊於西曩野儞聚落，化難那等已，即復思念，欲詣摩伽陀國，隨緣利樂。時，摩伽陀國有善相師烏嚕尾螺迦葉，壽年三百歲，自謂已得阿羅漢道，居尼連河側，弟子眷屬有五百人；摩伽陀國王，及輔相一切民眾，皆尊重供養，更無有上。

「彼摩伽陀國有無量人眾，由如盲冥黑暗障蔽，常依烏嚕尾螺以為引導，彼諸人眾雖承化導，無由出離。我今化彼烏嚕尾螺迦葉，及彼人眾，使見正道。」既思惟已，行詣摩伽陀國尼連河側烏嚕尾螺迦葉住處。

時，烏嚕尾螺迦葉忽見世尊來至住處，又見相好具足，威德殊異；即前迎接，復加恭敬，而謂佛言：「善來，大沙門！先住何處？今忽至此。」即為世尊敷座請坐。世尊就坐，彼烏嚕尾螺迦葉亦自就坐，即以種種言辭慰問世尊，世尊亦以種種方便開導教化。

談論未竟，日已西暮，佛即告言：「今已日暮，我於汝舍有寂靜處欲寄一宿。」烏嚕尾螺迦葉白言：「大沙門！我諸房舍眷屬在中，唯一靜處堪沙門宿；然此靜處毒龍在中，雖不悋惜，恐有所損。請自思之。」

佛告烏嚕尾螺迦葉言：「但願見借，必無傷害。」

烏嚕尾螺迦葉告言：「若能爾者，當自隨意。」

於是世尊即詣龍舍。佛於舍外洗足已，便入龍舍，自布淨草，跏趺而坐，佛即便入三摩地。

時，彼毒龍忽見世尊在舍中坐，即發瞋怒，乃作煙霧遍舍內外，於是世尊以神通力，亦化煙霧；毒龍轉怒，舍內火著，佛以神力亦化其火，佛與毒龍二火俱熾。

時彼龍舍，周遍內外成大火聚，火焰上騰明照遠近。時，彼迦葉常於夜分出觀星像，乃復觀見龍舍成大火聚，即便傷嘆：「苦哉！苦哉！彼端正沙門不聽我語，龍火熾盛百倍於常，可惜沙門，必被傷害。」

時，烏嚕尾螺迦葉及與眷屬，皆見大火熾盛之相。

時，彼毒龍知於世尊不能損害，又以自身亦大疲乏，乃息惡毒，火便消滅；世尊是時亦攝神力，毒龍降伏收於鉢內。

天曉之後，烏嚕尾螺迦葉與眷屬等，行詣龍舍觀於沙門。既到龍舍，見佛端然，而白佛言：「汝大沙門！宿夜安否？」

佛言：「我安。」

「汝大沙門，鉢中何物？」

佛言：「此舍之龍。」佛又告言：「汝言此舍有是毒龍，人不敢止；我今降伏收於鉢中，汝可審觀，了知其實。」

烏嚕尾螺迦葉自以耆年德重，行苦學優，凡所見知無有過者，及見世尊龍火不傷，又能降置鉢內，乃讚歎曰：「奇哉！沙門！有大威力，我所見聞希有此事，是大沙門、是大丈夫，亦是阿羅漢。」

爾時，世尊降毒龍已，至第二日，即於烏尾*嚕螺迦葉住處不遠，就一樹下經行宴*坐，即於是夜，有四大天王下來聽法。時，迦葉夜出觀於星像，乃見佛前有四大火聚。迦葉即謂諸弟子曰：「彼大沙門亦事於火。」諸弟子曰：「師何由知？」迦葉告言：「我夜觀星像，乃見大沙門前有四大火聚，我知沙門事火無疑。」

時，烏嚕尾螺迦葉纔至天曉，速詣佛所而白佛言：「汝大沙門！亦事火耶？」

佛即報言：「我不事火。」

迦葉又言：「我夜中觀星，見沙門前有四火聚；若不事火，此乃何用？」

佛即報言：「此非是火，是四大天王下來聽法，是彼四天身光之耳！」

迦葉驚曰：「奇哉！沙門！有是事也。此*大沙門有斯威德，感得天王俱來聽法，此亦是阿羅漢耶！」

佛說衆許摩訶帝經　卷第十二 摘錄

西天譯經三藏朝散大夫試鴻臚少卿明教大師臣法賢奉　詔譯

爾時，世尊在於寒林，受給孤長者請，預知舍衛國中有諸外道，各各苦行又復聰明，雖勤修習，不得解脫，根緣已熟，受化是時。世尊又觀誰可往彼？唯舍利弗乃有宿因，此若先行，必有大利。於是世尊喚舍利弗，令先往彼舍衛大城，助給孤獨建立精舍。尊者受命往舍衛城，詣長者所，事皆參議。

給孤長者承外道意，來白尊者：「彼欲論義，於理如何？」又云：「此國之人素未知佛，於法勝劣宜其宣揚。」

舍利弗曰：「善哉！善哉！斯言誠諦。」尊者於是入定觀察，諸外道輩及舍衛國人，根緣成熟有幾時分？見彼人眾唯餘七日。

尊者出定，告長者曰：「請語外道，過七日已，可來論義。」

長者具告，外道思惟：「立七日限，斯有二事：一者、知己非勝，設計私逃；二者、或求本朋來共商搉。」如是思已，「我今云何不求朋侶？」由是諸處親自訪尋，乃得一人，名赤眼婆羅門，而告之曰：「彼瞿曇沙門有大弟子索我論義，汝婆羅門應宜相助。何以故？若自得勝，利養猶存，彼或勝時，我等何往？」

彼即問言：「何時論義？」報曰：「後當七日。」「至時相報，必來助汝。」然婆羅門憂其墮負，心甚煩惱，發信諸處，求告朋黨。

七日滿已，給孤長者就寬靜處，權立論場，即為舍利弗尊者排師子座，為彼外道對排高座。列座既畢，遠近咸集，若公、若私洎及少長，有百千人集彼論處，亦有別國外道、婆羅門亦來會所。

給孤長者手執香爐，焚以妙香，與眷屬等同為擁從，迎舍利弗上師子座；尊者坐定，一切瞻仰，覩其威容，悉皆讚歎。時，彼外道與眾相隨，亦昇高座。

安坐已定，尊者告言：「汝欲何作？」

外道言：「我現神通，我既現已，汝當亦現。」

尊者報言：「我所作者，天上、人間所不能作，云何汝言能同我作？」

尊者又言：「赤眼婆羅門！汝所作者我悉能破。」

赤眼婆羅門化作花樹，如實芳葩豔冶動眾；尊者神力出微少風，其*花根苗吹散異處。又化一池，水滿澄湛，蓮花遍發，人讚異常；尊者化出大象，膚體端正，入池蹂踐，須臾狼藉。

外道又化一龍，而有七首，張鱗努目，奮惡拏空；尊者化金翅王，從空飛下坐於龍首，龍自降伏。

時，彼外道乃於最後化羅剎身，立在眾前，醜惡異常，人見恐怖；尊者持呪，神力縛之，羅剎苦惱，翻生瞋怒，外道驚怖，身毛皆立，恐惡自傷，發言求救，告尊者言：「我今歸依，願賜救護。」尊者解呪，羅剎怒息。

時，赤眼婆羅門得脫羅剎怖畏之難，又復覺知本所修習非是正行，告舍利弗曰：「願於尊者正法出家而為沙門，尊者大慈，哀愍聽許。」

舍利弗即與攝受度為沙門；後修梵行斷盡煩惱，雖居三界而離貪毒，其心平等*猶如虛空，觀金如土而無別異；於後修習得三明六通，證阿羅漢果，乃得帝釋諸天而來供養。（略）

王言：「瞿曇沙門！云何乃作如是之說？彼有耆舊迦葉、摩蹉梨娛舍離子、散惹曳尾囉致子、阿嚩多計舍劍末羅、迦俱那迦旦也(二合)、野曩爾誐囉陀倪也(二合)帝子，彼等亦知心相，尚不證無上正等正覺；云何沙門少年始新出家，言證無上正等正覺？」

佛言：「大王！勿作是說，世有四事不得輕慢。何者為四？一者、王子不得輕慢，二者、龍小不得輕慢，三者、火小不得輕慢，四者、僧小不得輕慢。何以故？而彼王子生剎利種，具足王相有大福德，於後成長必紹尊位，愚人無智謂小可慢，彼處寶位獲罪無悔。又復龍者，稟性毒惡變現不恒，或隱大身作小形質，愚人不識，輕慢觸惱，須臾恚怒，翻被傷害。又復火者，能燒一切，或見微少不得輕慢，人若輕者後必蔓延，聚落、山林皆悉燒壞。又復僧者，清淨自守，雖是年少不得輕慢，見道證果非止老幼，亦復不擇久近、貴賤，世人無慧不辯凡聖，遇阿羅漢，輒起毀辱，所獲罪報如斷多羅樹頭不得再生，雖勤懺謝亦不除滅。」

時，勝軍王得聞如來說是四法，深心信受，追悔言過，即以頭面禮佛雙足，懺謝旋繞，歡喜而退。

佛本行經　卷第一

一名佛本行讚傳

摘錄

宋涼州沙門釋寶雲譯

佛本行經稱歎如來品第二

容貌甚憍慢，因寶黼黻服，迸沙最矜高，見佛屈修禮。
頭如戴火焰，牙長眼正赤，怒則擲火燒，佛降阿臘鬼。
龍王懷毒怒，雹害魔竭國，佛動地崩山，威勢滅龍毒。
佛猶大象王，入生死華池，踐蹈塵勞草，竚立泥洹中。
佛導度生死，如牛渡流河，眾生渡至今，如群牛隨導。
佛如八解池，生法芙蓉花，天人如蜂集，服香則離苦。
諸天聞海水，底有不死藥；以海大龍王，纏繞須彌山。

諸天阿須倫，攪海至千歲；設若干方便，盡力甚勤苦。
引萬種藥精，進令水上凝，謂是不死藥，接盛以金瓶。
服者不永壽，不離老病死，意謬持神藥，轉輪無邊際。
佛以七覺意，慧力攪大海，圍繞以滅定，引以精進力。
致出甘露藥，永安滅老病，最樂滅眾苦，服者離生死。

佛本行經 卷第三 摘錄

宋涼州沙門釋寶雲譯

佛本行經不然阿蘭品第十五

如是羸困，具滿六年。菩薩如是，暴露形體。
未能還服，甘露法藥；意退念來，道德無是。
昔閻浮下，億善意是，亦不能已，是羸瘦形；
逮及是事，自致成道。諸天空中，勸進飲食，
氣力充盈，然後得道。意居尊重，如須彌山，
求佛之意，甚大重事；意雖堅固，強喻金剛。
飲食不充，體不自勝。覺知是已，菩薩便起，

增進飲食，長育其身。侍使五人，見菩薩食，
捨棄避去，至他閑處。於是便受，喜悅喜力；
二女乳糜，甘露之施。即便行詣，微妙道樹；
安詳徐步，定出生死。嚴飾巍巍，功德積聚；
以足觸地，即大震動。於是大鱉，眾龍之王，
聞足觸地，震動好聲。意懷便疑，熟自思惟：
「久復乃聞，是震動聲。世之將導，眾師之師，
其足觸地，震動如是。地神歡喜，跛跣如舞；
震聲隱隱，如有所捨。以世導師，將欲出現；
地肅肅動，踊躍若笑。」因震動聲，即從水出；
其身體大，如鱉黑山，種種珠寶，瓔珞其身；
猶如黑雲，飾以電光，變若干頭，普覆空中。
體放光明，如雜烟火。猶如水雲，來近日側。
龍以是像，禮菩薩足。起執心敬，叉手而歎：

「我見前佛，興出世時。今之祥瑞，如過去佛。
維衛以來，復至迦葉，眼見六佛，興世之瑞；
尊今第七，現瑞如彼。如觀光相，明曜於世；
今日必當，逮服甘露。今見尊行，躇足步步，
斯地應時，肅肅震動。光明殊勝，超絕於日；
今日必當，所願充滿。如觀青雀，順遶而飛，
猶青雲中，日現妙光。齎慈愛音，敬菩薩身，
今日必當，逮得佛道。知見今日，清風順時，
眾流澄渟，空中清明。飛鳥相和，柔軟悲鳴，
今日十力，一切智成。觀菩薩身，如瑩金山，
種種珍寶，以為嚴飾。視菩薩身，相好自纓；
今日必當，成佛道器。圓光如輪，在其中央；
晃昱如日，五彩絳色。如今斷除，世間厚冥；
如是不久，佛日當出。相樹皆動，布散名花，

一切眾花，同時而敷。樹無心屈，傾如有心；
今日必為，一切所禮。猶如白藕，蒙月明開；
日光明照，則芙蓉敷。菩薩今現，佛日月光；
天人心開，如快樂花。如今觀察，相已現矣，
甚難值遇，優曇鉢花。如花難遇，佛亦甚難；
兩難值遇，俱現於世。今日當以，智慧利箭；
必驚塵勞，王將軍營。已迮及逮，過去佛處；
今日必當，服食甘露。如今觀察，決定者戒；
身體嚴以，八十種好。皆照諸天，現於身中；
今日當為，天人所拜。」驪龍如是，歎菩薩已。
歷泉上過，行詣道樹，遙見好樹，如天莊嚴。
猶如天上，晝度天樹；吉祥持草，奉迎而進。
菩薩問字，即便自名，眾人見呼，名曰吉祥；
菩薩自計，吾必吉祥。即便從之，受柔軟草，

散金剛座，草皆齊整；結跏趺坐，志意堅固。
內以心識，審諦決定：「不度魔界，眾勞欲塵，
坐是不起，亦不飲食。假令四大，捨其本性；
日月墮地，須彌昇空，如是眾事，可有變異；
吾終不違，是願要誓。」歎誓願已，諸天大喜：
「菩薩發意，定欲降魔。猶如不然，外道異學；
如為天人，諸龍所歎。願使眾生，蒙如所歎；
十方眾生，逮得所願。」

中本起經　卷上

次名四部僧出長阿含　摘錄

後漢西域沙門曇果共康孟詳譯

化迦葉品第三

於是如來還詣摩竭提界，至優為羅縣，暮止梵志斯奈園。明旦持鉢，詣斯奈門，佛現金光，照其堂上。梵志二女，長名難陀、次名難陀波羅，見光喜悅，尋詣佛所，禮拜請佛。如來昇堂，教授二女，歸命三尊，授五戒已。世尊告曰：「身非己有，萬物歸空。」二人心解，首戴奉行。世尊惟曰：「吾本起學，欲度眾生，欲界魔王，歸伏道化。」

近泥蘭禪河邊，有梵志，姓迦葉氏，字鬱俾羅，年百二十，名聲高遠，世人奉仰，修治火祠，晝夜不懈。好學弟子，有五百人。迦葉二弟，宗師其兄，謂為得道。各有弟子，皆居下流。迦葉自念：「吾名日高，國內注仰，術淺易窮，窮則名頹，當作良策，全國大望。」便行求龍，以術致之，為作靖室，而鞠龍曰：「若有輕突入靖室者，吐火出毒，以滅來者。」龍至節會，無不放火。遠近僉言：「大師道神。」迦葉由此，功名*日隆。

世尊念曰：「吾昔出家，道逢荓沙，誓要道成，先度脫我。吾用一切故，即便然可。今察民心，普注迦葉，卒未可迴。譬如果美樹高，無因得食，唯有伐樹根僻枝，從食果必矣！一切所忌，咸在於龍。吾先降之，迦葉來從！爾乃大道，所化無崖。如來言曰：『日照天下，其德有三：一曰、光耀除冥，無不分明；二曰、五色雜類，宣敘其形；三曰、開發萌芽，萬物精榮。如來出世，亦有三焉：一曰、一切大智，照除愚冥；二曰、分部五道，言行所由；三曰、權慧拯濟，利而安之。』」

眾祐念已，便行起於斯奈園，投暮往造迦葉。未至所止，便現金光，樹木土石其色若金。迦葉弟子持瓶取水，覩變心動，怪而顧望。遙見世尊，明耀天下，不識何妙，馳走白師。師徒皆出，世尊威神，明儀煌煌，迦葉情悸，蒙蒙不悟，即自惟曰：「若是日耶，吾目得逮！謂是天人，其目復眴！」後思乃解曰：「得無是白淨王子悉達者乎？吾歷數云：『白淨王子，福應聖王，不樂榮位，當得作佛。』昔聞出家，其道成乎？」如來忽到，迦葉大喜：「善來瞿曇，起居常安。」佛為迦葉而作頌曰：

持戒終老安，信正所止善，智慧最安身，眾惡不犯安。

迦葉白佛：「唯願屈德，臨眄蔬食。」佛答迦葉：「古佛道法，過中不飯，且明至心，欲託一事，庶不有恪。」迦葉答曰：「恨無備豫，敬德虛心。」佛告迦葉：「欲寄一宿，寧見容不？」迦葉白佛：「我梵志法，寢不同室，幸恕不愛。」佛指靖室：「此復何室？」迦葉答曰：「中有神龍，性急姤惡，有入室者，每便吐火燒害於人。」佛告迦葉：「以此借我。」迦葉答曰：「實不有愛，恐龍為害耳。」五百弟子，屏營悚息，恐師許佛。重借滿三，迦葉惟疑，意甚無違，懼必禍耳。佛告迦葉：「三界欲火吾已滅之，龍不害我也！」迦葉答曰：「瞿曇德尊，能居隨意。」即撿威神，便入其室。五百弟子，信龍為害，莫不涕淚，可惜尊人，為龍所害。

佛坐須臾，龍從窟出，吐毒繞佛，如來化毒皆使為華。龍見其毒作華繞佛，怒盛吐火，謂能為害。熱氣歸龍，欝悶欲死，舉頭視佛，見相知尊，涼風趣龍，尋涼詣佛，火滅毒除，歸命入鉢。於是如來，便現火光，烔然概天。迦葉弟子，直起瞻候，見佛光明，謂是龍火，舉聲悲呼：「可惜真人，竟被龍殃。」迦葉師徒，驚共奔出，五百弟子，同聲責師：「天地開闢，未見人類妙如瞿曇，可尊可貴，恨不熟觀，何緣復見？」垂淚抆眼，而作頌曰：

容顏紫金耀，面滿髮紺青，大人百福德，神妙應相經。
方身立丈六，姿好八十章，頂光燭幽*昧，何駃忽無常。

後來弟子，謂火害佛，悲喚哀慟：「瞿曇被害，我生何為？」踊身赴火，清涼和調，還顧白師：「瞿曇無恙！本謂龍火，定是佛光！」師徒騷擾，側息達明。清旦如來持鉢出室，迦葉大喜曰：「大道人猶存耶！器中何等？」佛告迦葉：「所謂毒龍，已降受法。」五百弟子，僉言佛神。迦葉內伏，恪惜名稱，聊復貢高：「大道人實神。雖爾，未如我已得阿羅漢也！」

佛說興起行經

佛說興起行經序

所謂崑崙山者，則閻浮利地之中心也。山皆寶石，周匝有五百窟，窟皆黃金，常五百羅漢居之。阿耨大泉，外周圍山，山內平地，泉處其中。泉岸皆黃金，以四獸頭，出水其口。各遶一匝已，還復其方，出投四海。象口所出者，則黃河是也。其泉方各二十五由延，深三厥劣，一厥劣者，七里也。泉中有金臺，臺方一由延，臺上有金蓮華，以七寶為莖。如來將五百羅漢，常以月十五日，於中說戒。因舍利弗問佛十事宿緣，後以十五日時，將本弟子說訖乃止，如是至九。往所以十問而九答者，以木槍之對，人間償之，欲示人宿緣不可逃避故也。又阿耨泉中，非有漏、礙形所可周旋，唯有阿難為如來所接也。所以慇懃告舍利弗者，欲化諸龍故也。

佛說興起行經　卷上

一名嚴誡宿緣經，出雜藏　摘錄

後漢外國三藏康孟詳譯

聞如是：一時，佛在摩竭國。普為眾生故，止於竹園中。

佛語諸比丘，及神足羅漢：「各齎所乞食，共至阿耨泉。」

路由五姓國，將諸比丘眾，於中共乞食。比丘五百人，以神足飛下，比丘僧圍遶，到阿耨大泉，世尊坐其中。世尊食已訖，諸比丘故食。當於飯食時，地為大震動。

比丘問世尊：「此地何為動？」世尊便為說，愍此眾生動。

地獄有罪人，極行眾逆惡，鬼神有千人，斫其兩大肋，須臾不休息，斧斤皆燒赤，斫滿正千歲，力極乃得斷。」

問：「作何等罪，乃致此苦痛？此肋大爾許，使地為震動？」

「此本世間人，恒喜婬他妻，坐貪色欲故，又殺清信士。

以是宿緣故，致得此大身，鬼神有千人，恒斫此兩肋。」
世尊說如是，佛問諸四道：「汝等作何緣？各各可自說。」
神通大弟子，能繼轉法輪，智慧舍利弗，起問於世尊：
「世尊無雙比，無事不見聞。世尊先自說，宿世諸因緣。
孫陀生惡謗，望得其敬事，無故誹謗尊，此是何因緣？
坐奢彌跋提，此五百比丘，無故相誹謗，此是何因緣？
何為得頭痛？誅殺五親時，諸節皆疼痛；及患脊背強；
剛木槍刺脚；調達崖石擲，埳破脚拇指；此是何因緣？
多舌童女人，帶杅起其腹，無故來相謗，在於大眾中；
又在毘蘭邑，三月食馬麥，國師梵志請，此是何因緣？
在於欝祕地，苦行足六年，斷息禪羸瘦，此是何因緣？」
世尊為演說：「舍利弗諦聽。今當盡為說，先世所行緣。」

佛說孫陀利宿緣經第一

聞如是：一時，佛在阿耨大泉，與大比丘五百人俱，皆是阿羅漢，六通神足，大有名稱，端正姝好，各有眾相，不長、不短、不白、不黑、不肥、不瘦，色猶紅蓮華，皆能伏心意，唯除一比丘，何者？阿難是也。

舍利弗自從華座起，整衣服，偏露右臂，右膝跪蓮華座，向佛叉手，問世尊言：「世尊無事不見、無事不聞、無事不知，世尊無雙比，眾惡滅盡、諸善普備，諸天龍神、帝王、臣民、一切眾生，皆欲度之。世尊今故現有殘緣？願佛自說此緣，使天人、眾生，聞者開解。

「以何因緣，孫陀利來誹謗？以何因緣，坐奢彌跋提被謗，及五百羅漢？以何因緣，世尊頭痛？以何因緣，世尊骨節疼痛？以何因緣，世尊脊背強？以何因緣，剛木刺其脚？以何因緣，地婆達兜以崖石擲？以何因緣，多舌女人，帶杅大眾中，有漏、無漏，前來相誹謗曰：『何以不自說家事，乃為他說為？我今臨產，當須酥油。』以何因緣，於毘蘭邑，與五百比丘食馬麥？以何因緣，在欝祕地，苦行經六年，謂呼當得佛？」

佛語舍利弗：「還復華座。吾當為汝說先世諸因緣。」

舍利弗即便還復本座。阿耨大龍王，聞佛當說緣法，踊躍歡喜，即為佛作七寶交露蓋，蓋中雨栴檀、末香，周遍諸座。無數諸天龍、鬼神、乾沓和、阿須倫、迦樓羅、甄陀羅、摩休勒，皆來詣佛，叉手作禮，圍遶而立。

佛便為舍利弗說：「往昔過去世，波羅㮈城中，有博戲人，名曰淨眼，巧於歌戲。爾時，有婬女，名曰鹿相，端正姝好，嚴淨無比。時，淨眼往至鹿相所，語此女曰：『當共出外，詣樹園中，求於好地，共相娛樂。』女答曰：『可爾。』鹿相便歸，莊嚴衣服，詣淨眼家。淨眼即嚴駕好車，與鹿相共載，出波羅城，至於樹園，共相娛樂。

「經於日夜，淨眼覩其衣服珍妙，便生貪心：『當殺此女，取其衣服。』復念：『殺已，當云何藏之？』時，此園中，有辟支佛，名樂無為，去其所止不遠。淨眼又念：『此辟支佛，晨入城乞食後，我當殺鹿相，埋其廬中，持衣而歸，誰知我處？』明旦，辟支佛即入城乞食，淨眼於後，便殺鹿相，脫衣服取，埋屍著樂無為廬中，平地如故，便乘車從餘門入城。

「爾時，波羅榛國王名梵達。國人不見鹿相，遂徹國王，眾人白王：『鹿相不見。』王即召群臣，遍詣里巷，戶至覓之。諸臣受教，如命覓之，遍覓不得，便復出城，見樹間眾鳥飛翔其上，眾人便念：『城中已遍不得，此必有以，當共往彼。』即尋便往到樂無為廬前，搜索得屍。諸臣語樂無為曰：『已行不淨，胡為復殺？』辟支佛默然不答。問如此至三，不答如前。樂無為手脚著土，此是先世因緣，故默不答。

「眾臣便反縛樂無為，拷打問辭。樹神人現半身，語眾人曰：『莫拷打此人。』眾臣曰：『何以不打？』神曰：『此無是法，終不行是。』諸臣雖聞神言，不肯聽用，將此樂無為，徑詣王所，白王曰：『此道士，行不淨已，又復殺之。』王聞是語，瞋恚大喚，語諸大臣：『看是道士，行於非法，應當爾耶？』王勅諸臣：『急縛驢䭾，打鼓遍巡，然後出城南門，將至樹下，鐵鉾穳之，貫著竿頭，聚弓射之；若不死者，便斬其頭。』諸臣受教，急縛驢䭾，打鼓巷至巡之。國人見之，皆怪所以，或有信者、或不信者，眾人集觀，喚呼悲傷。

「於時，淨眼在破牆中藏，聞眾人云云聲，便於牆中，傾顧盜視，見樂無為反縛驢馱，眾人逐行，見已心念：『此道士無故見抂當死，此不應有愛欲。我自殺鹿相，非道士殺，我自受死，當活道士。』淨眼念已，便出走趣大眾，普喚上官曰：『莫困殺此道士，非道士殺鹿相，是我殺之耳。願放此道士，縛我，隨罪治我。』諸上官皆驚愕曰：『何能代他受罪？』即共解辟支佛縛，便捉淨眼，反縛如前。諸上官等，皆向辟支佛作禮懺悔：『我等愚癡，無故抂困道士，當以大慈，原赦我罪，莫使我將來受此重殃。』如是至三，樂無為辟支佛默然不答。

「辟支佛心念：『我不宜更入波羅棕城乞食，我但當於此眾前，取滅度耳。』辟支佛便於眾前，踊升虛空，於中往反，坐、臥、住、立，腰以下出煙、腰以上出火；或復腰以下出火、腰以上出煙；或左脇出煙、右脇出火；或左脇出火、右脇出煙；或腹前出煙、背上出火；或腹前出火、背上出煙；或腰以下出火、腰以上出水；或腰以下出水、腰以上出火；或左脇出火、右脇出水；或左脇出水、右脇出火；或腹前出水、背上出火；或腹前出火、背上出水；或左肩出水、右肩出火；或左肩出火、右肩出水；或兩肩出水、或兩肩出火；然後，舉身出煙、舉身出火、舉身出水，即於空中，燒身滅度。於是，大眾皆悲涕泣，或有懺悔、或有作禮者，取其舍利，於四衢道起偷婆。

「諸上官即將淨眼詣王梵達：『此人殺鹿相，非是道士殺。』王便瞋此監司：『前時，何為妄白虛事，云此人殺人，今云非也。乃使我作虛妄之人，枉困道士。』諸臣白王：『於時頻問道士，何為殺人也？時道士默不見答，又手脚復著土，以是故，臣等謂呼其殺人。』王便勅臣：『驢馱此人，於城南，先以鉾矟之，然後立竿貫頭，聚弓射之；若不死者，便斫其頭。』諸臣受教，即以驢馱，打鼓遍巡已，出城南，詣樹下，以鉾矟貫木，聚弓射之，然後斫頭。」

佛語舍利弗：「汝乃知爾時淨眼者不？則我身是。舍利弗！汝復知鹿相者不？則今孫陀利是。舍利弗！汝知爾時梵達王不？則今執杖釋種是。舍利弗！我爾時殺鹿相、枉困辟支佛，以是罪故，無數千歲，在泥犁中煮，及上劍樹；無數千歲，在畜生中；無數千歲，在餓鬼中。爾時餘殃，今雖作佛，故獲此孫陀利謗。」

於是，佛自說宿命因緣偈曰：

我先名淨眼，乃是博戲人。辟支名樂無，無過致困苦。
此有真淨行，為眾所擾惱，毀辱而縛束，復欲驅出城。
見此辟支佛，困辱被繫縛，我起慈悲心，使令得解脫。
以是因緣故，久受地獄苦。乃爾時殘殃，今故被誹謗。
我今斷後生，便盡於是世，坐此孫陀利，故得其誹謗。
因緣終不脫，亦不著虛空。當護三因緣，終始不可犯。
我自成尊佛，得為三界將，故說先因緣，阿耨大泉中。

佛語舍利弗：「汝觀如來，眾惡皆盡、諸善普備，能度天龍、鬼神、帝王、臣民、蠉飛、蠕動，皆使得度，無為安樂。雖有是功德，猶不免於宿緣，況復愚冥未得道者，不攝身、口、意，此等當如何？」

佛語舍利弗：「汝當學是，及諸羅漢并一切眾生，當護身三、口四、意三。舍利弗！汝當學是，并及一切。」

佛說是時，舍利弗及五百羅漢、阿耨大龍王、天、龍、鬼神、乾沓和、阿須倫、迦樓羅、甄陀羅、摩休勒，聞佛所說，歡喜受行。

佛說奢彌跋宿緣經第二

聞如是：一時，佛在阿耨大泉，與大比丘眾五百人俱，皆是羅漢，六通神足，唯除比丘阿難也。

是時，佛告舍利弗：「過去久遠九十一劫，是時有王，名曰善說，城名善說所造。有一婆羅門，名延如達，好學廣博，外學、三部、天文、圖讖、占相、藝術，曉七種書及外道教誡，解了眾法，世俗典籍，相有三十，常教學五百豪族童子。復有一婆羅門，名曰梵天，大富饒財，象、馬、七珍、侍使、僕從，婦名淨音，端正姝妙，容貌第一，性行和調，無嫉妬心。延如達以梵天為檀越，婦淨音供養延如達，飲食、衣被、床臥、坐具、病瘦、醫藥。

「有一辟支佛，名曰愛學，往到城內，執衣持鉢，行欲乞食。偶至梵天門，時，淨音見辟支佛，衣服整齊、行步詳審、六根寂定，心甚愛樂，即請供養曰：『自今已去，衣被、飲食、床臥、醫藥，常從我受，當為我故，受我請。』；淨音即以濃美飲食，滿鉢與之。辟支佛受已，執鉢升虛，七反迴旋，飛還所止。

時，城內人，見此神足曰：『國有是人，我等有福。』舉國歡喜，供養無厭。

「淨音供養辟支佛日進；待延如達遂薄。延如達自覺薄*己厚彼，便興妬嫉、誹謗之言：『此道士，實無戒德。何以故？與此淨音作不淨行故也。以是故，厚供養之。』延如達告五百弟子曰：『此道士，犯戒、無精進行。諸童子各歸家，宣令曰：「此道士，無有淨行，與淨音通。」』諸童子曰：『爾！如師所言，此道士實有婬欲心。』五百童子，受教入城，至巷宣令曰：『此道士，有婬欲心，與淨音通。』國人咸疑：『神足如是，有此穢聲耶？』此聲經七年乃斷。後，辟支佛現十八變，取於滅度，眾人乃知延如達為虛妄、辟支佛為清淨。」

佛語舍利弗：「汝知爾時延如達不？則我身是；爾時梵天者，憂填王是；爾時淨音者，奢彌跋是；爾時五百童子者，今五百羅漢是。」

佛語舍利弗：「我爾時因失供養故，便生妬嫉心，與汝等共誹謗辟支佛，以是因緣，與汝等共入地獄，鑊湯見煮，無數千歲。由是餘殃，今雖得佛，故與汝等，有奢彌跋之謗也。」

於是，世尊說先世因緣偈曰：

我先為梵志，廣學外四部，止於樹園中，教授五百童。
有一辟支佛，清淨有神足。見是得供養，無故橫相謗，
還語諸童子，道士不淨行。我適說是時，童子皆歡喜。
童子聞是已，遍行諸里巷，盡向眾人說，道士犯不淨。
以是因緣故，經歷地獄久，我及汝曹等，更是無限苦。
由是殘因緣，是眾五百人，無故被誹謗，坐此奢彌跋。
我今在末世，成於無上道，無故而誹謗，坐此奢彌跋。
如來成尊佛，三界之大將，阿耨大池中，自說本世緣。

佛告舍利弗：「汝觀如來，眾漏已盡、諸善普具，慈愍天人、乃至蠕動，皆欲使濟度。雖有此功德，猶不免於宿緣，況復愚矇、未識道者？」

佛語舍利弗：「汝當學是，及諸羅漢、一切眾生，皆當學是。」

佛語舍利弗：「汝當護身三、口四、意三，舍利弗！當學如是。」

佛說是已，舍利弗及五百羅漢、阿耨大龍王、天、龍、鬼神、乾沓和、阿須倫、迦樓羅、甄陀羅、摩休勒，聞佛所說，歡喜受行。

佛說頭痛宿緣經第三

聞如是：一時，佛在阿耨大泉，與大比丘五百人俱，皆是阿羅漢，六通神足，唯除比丘阿難也。

佛告舍利弗：「過去久遠世，於羅閱祇大城中，時穀貴飢饉，人皆捨取白骨，打煮飲汁，掘百草根，以續微命。以一升金，貿一升穀。爾時，羅閱祇有大村數百家，名曰吱越。村東不遠，有池，名曰多魚。吱越村人，將妻子詣多魚池，止於池邊，捕魚食之。時，捕魚人，採魚著岸上，在陸而跳。

「我爾時為小兒，年適四歲，見魚跳而喜。時，池中有兩種魚：一種名䴵，一種名多舌。此自相語曰：『我等不犯人，橫被見食。我等後世，要當報此。』」

佛語舍利弗：「汝識爾時吱越村人，男、女、大、小不？則今迦毘羅越國諸釋種是；爾時小兒者，我身是；爾時䴵魚者，毘樓勒王是；爾時多舌魚者，今毘樓勒王相師，婆羅門名惡舌者是。爾時魚跳，我以小杖打魚頭，以是因緣，墮地獄中，無數千歲。我今雖得阿惟三佛，由是殘緣故，毘樓勒王伐釋種時，我得頭痛。」

佛語舍利弗：「汝知我云何頭痛？舍利弗！我初得頭痛時，語阿難曰：『以四升鉢，盛滿冷水來。』阿難如教持來，以指抆額上，*汗渧水中，水即尋消滅。猶如終日炊空大釜，投一渧水，水即燋燃。頭痛之熱，其狀如是。假令須彌山邊，旁出亞崖一由延、至百由延，值我頭痛熱者，亦當消盡。舍利弗！如來頭痛如是。」

佛爾時說宿緣偈曰：

先世吱越村，有一吱越子，捕魚置岸上，以杖敲其頭。
以是因緣故，經歷地獄久，名曰黑繩獄，燒煮甚久長。
由是殘因緣，今得頭痛熱，殺是諸釋時，惡行毘樓勒。
此緣終不化，亦不著虛空。當共自謹慎，防護身口意。
我自成尊佛，得為三界將，故說先世緣，阿耨大泉中。

佛語舍利弗：「汝見如來，眾惡已盡、諸善普具，欲使天、龍、鬼神、帝王、臣民，皆念其善，猶有此緣，況復愚冥、未得道者？」

佛語舍利弗：「汝當學是，及諸羅漢、一切眾生，皆當學是。」

佛語舍利弗：「汝當護身三、口四、意三，舍利弗！當學是。」

佛說是已，舍利弗及五百羅漢、阿耨大龍王、天、龍、鬼神、乾沓和、阿須倫、迦樓羅、甄陀羅、摩休勒，聞佛所說，歡喜受行。

佛說骨節煩疼因緣經第四

聞如是：一時，佛在阿耨大泉，與大比丘眾五百人俱，皆是阿羅漢，六通神足，唯除比丘阿難也。

佛語舍利弗：「往昔久遠世，於羅閱祇城中，有一長者子，得熱病甚困。其城中有一大醫子，別識諸藥，能治眾病。長者子呼此醫子曰：『為我治病愈，大與卿財寶。』醫子即治，長者子病得差；既差之後，不報其功。長者子於後復病，復命治之，差不答勞。如此至三，不報如前。

「後復得病，續喚治之，醫子念曰：『前已三差，而不見報。』長者子曰：

『卿前後治我，未得相報，今好治我，差當併報。』醫子念曰：『見欺如此至三，如誑小兒，我今治此，當令命斷。』即便與非藥，病遂增劇，便致無常。」

佛語舍利弗：「汝知爾時醫子不？則我身是；爾時病長者子者，地婆達兜是也。」

佛語舍利弗：「我爾時與此長者子非藥，致令無常，以是因緣，數千歲受地獄燒煮，及畜生、餓鬼。由是殘緣，今雖得作佛，故有骨節煩疼病生。」

於是，佛說宿緣頌曰：

我往為醫子，治於長者兒，瞋恚與非藥，由此致無常。

以是宿因緣，久受地獄苦，爾時餘因緣，故致煩疼患。

因緣終不滅，亦不著虛空。以是三因緣，盡護身、口、意。

我自成尊佛，得為三界將，故說先世緣，阿耨大泉中。

佛語舍利弗：「汝見如來，眾惡已盡、諸善普具，欲使天、龍、鬼神、帝王、臣民，皆念其善，猶有此緣，況復愚冥、未得道者？」

佛語舍利弗：「汝當學是，及五百羅漢、一切眾生，皆當學是。」

佛語舍利弗：「汝當護身三、口四、意三，舍利弗！汝當學是。」

佛說是已，舍利弗及五百羅漢、阿耨大龍王、天、龍、鬼神、乾沓和、阿須倫、迦樓羅、甄陀羅、摩休勒，聞佛所說，歡喜受行。

佛說背痛宿緣經第五

聞如是：一時，佛在阿耨大泉，與大比丘眾五百人俱，皆是羅漢，六通神足，唯除一比丘阿難也。

於是，佛語舍利弗：「往昔久遠世時，於羅閱祇，時大節日聚會，時國中有兩姓力士：一姓剎帝利種，一姓婆羅門種，亦來在會。時，兩力士共相撲，婆羅門力士語剎帝利力士曰：『卿莫撲我，我當大與卿錢寶。』剎帝利便不盡力，戲令其屈伏也。二人俱得稱，皆受王賞，婆羅門力士竟不報剎帝利力士所許。到後節日，復來聚會相撲，婆羅門力士復求首剎帝利力士，如前相許，剎帝利力士復饒不撲，得賞如上，復不相報。如是至三。

「後節復會，婆羅門力士重語剎帝利力士曰：『前後所許，當一時併報。』剎帝利力士心念曰：『此人數欺我，既不報我、又侵我分，我今日當使其消。』是剎帝利便乾笑語曰：『卿誑我滿三，今不復用卿物。』便右手捺項，左手捉袴腰，兩手蹙之，挫折其脊，如折甘蔗，擎之三旋，使眾人見，然後撲地，墮地即死。王及群臣，皆大歡喜，賜金錢十萬。」

佛語舍利弗：「汝知爾時剎帝利力士撲殺婆羅門力士者不？則我身是；婆羅門力士者，地婆達兜是。」

佛語舍利弗：「我爾時以貪恚故，撲殺此力士，以是因緣，墮地獄中，燒煮榜治，經數千歲。今我已成阿惟三佛，諸漏已盡，爾時殘緣，今故有此脊痛之患。」

於是，世尊自說宿緣頌曰：

節會共相撲，意欲屈彼人，一舉撲著地，令其脊中折。
以是因緣故，久受地獄苦，先世殘餘殃，故致脊痛患。
此緣終不滅，亦不著虛空。護是三因緣，莫犯身、口、意。

我自成尊佛，得為三界將，阿耨大泉中，自說宿世緣。」

佛語舍利弗：「汝見如來，眾惡已盡，諸善普具，諸天、龍、神、帝王、臣民、一切眾生，皆欲令得渡，尚不免餘殃，況復愚癡、未得道者？」

佛語舍利弗：「汝等當學是，護身三、口四、意三。」

佛說是已，舍利弗及五百羅漢、八部鬼神，聞佛所說，歡喜受行。

佛說興起行經　卷下

後漢外國三藏康孟詳譯

佛說地婆達兜擲石緣經第七

聞如是：一時，佛在阿耨大泉，與大比丘眾五百人俱，皆是阿羅漢，六通神足，唯除一比丘阿難也。

是時，佛告舍利弗：「往昔過去世，於羅閱祇城，有長者名曰須檀，大富，多饒財寶、象、馬、七珍、僮僕、侍使，產業備足；子名須摩提。其父須檀，奄然命終。須摩提有異母弟，名修耶舍。摩提心念：『我當云何設計，不與修耶舍分？』須摩提復念：『唯當殺之，乃得不與耳。』須摩提語修耶舍：『大弟，共詣耆闍崛山上，有所論說去來。』修耶舍曰：『可爾。』須摩提即執弟手上山，既上山已，將至絕高崖頭，便推置崖底，以石塠之，便即命絕。」

佛語舍利弗：「汝知爾時長者須檀者不？則今父王真淨是也；爾時子須摩提者，則我身是；弟修耶舍者，則今地婆達兜是。」

佛語舍利弗：「我爾時貪財、害弟，以是罪故，無數千歲，在地獄中燒煮、為鐵山所搥。爾時殘緣，今雖得阿惟三佛，故不能免此宿對。我於耆闍崛山經行，為地婆達兜舉崖石，長六丈、廣三丈，以擲佛頭。耆闍崛山神，名金埤羅，以手接石，石邊小片，迸墮中佛脚拇指，即破血出。」

於是，世尊即說宿命偈曰：

我往以財故，殺其異母弟，推著高崖下，以石搥其上。
以是因緣故，久受地獄苦，於其地獄中，為鐵山所搥。
由是殘餘*殃，地婆達下石，崖片落傷脚，破我脚拇指。
因緣終不朽，亦不著虛空。當護三因緣，莫犯身、口、意。
今我成尊佛，得為三界將，阿耨大泉中，說此先世緣。

佛語舍利弗：「汝觀如來，眾惡已盡、諸善普具，諸天、龍、神、帝王、臣民、一切眾生，皆欲度之，尚有宿緣，不能得免，況復愚冥、未得道者？舍利弗等，當學如是，莫犯身、口、意。」

佛說是已，舍利弗及五百羅漢、阿耨大龍王、天、龍、鬼神、乾沓和、阿須倫、迦樓羅、甄陀羅、摩休勒，聞佛所說，歡喜受行。

佛說婆羅門女栴沙謗佛緣經第八

聞如是：一時，佛在阿耨大泉，與大比丘眾五百人俱，皆是羅漢，六通神足，除一比丘阿難也。

佛告舍利弗：「往昔阿僧祇劫前，爾時有佛，號名盡勝如來、至真、等正覺、明行成為、善逝、世間解、無上士、道法御、天人師，號佛、世尊，時在波羅㮈國，與大比丘六萬八千眾，皆是羅漢。舍利弗！爾時盡勝如來有兩種比丘：一種比丘名無勝，一種比丘名常歡。無勝比丘者，六通神足也；常歡比丘者，結使未除。

「爾時，波羅㮈城，有長者名大愛，有象、馬、七寶，資財無極。大愛長者有婦，名曰善幻，端正無比。兩種比丘，往來其家，以為檀越。善幻婦者，供養無勝比丘，衣被、飲食、床臥、醫藥，四事無乏；供養常歡，至為微薄。何以故？無勝比丘，斷於諸漏，六通具足；常歡比丘，結使未盡，未成道故也。常歡比丘見無勝比丘偏受供養，興嫉妬意，橫生誹謗曰：『無勝比丘與善幻通，不以道法供養，自以恩愛供養耳。』」

佛語舍利弗：「汝知爾時盡勝如來弟子常歡者不？則我身是；欲知善幻婦人者，則今婆羅門女，名栴沙者是。」

佛語舍利弗：「我爾時無故誹謗無勝羅漢，以是罪故，無數千歲，在地獄中，受諸苦痛。今雖得佛，為六師等、諸比丘眾、漏盡、未盡、及諸王、臣民、清信士女說法時，以餘殃故，多舌童女，帶杅起腹，來至我前曰：『沙門何以不自說家事？乃說他事為。汝今日獨自樂，不知我苦耶。何以故？汝先共我通，使我有娠，今當臨月事，須酥油養於小兒，盡當給我。』」

爾時，眾會皆低頭默然。時，釋提桓因侍後扇佛，以神力化作一鼠，入其衣裏，嚙於帶杅，忽然落地。爾時，諸四部弟子、及六師徒等，見杅墮地，皆大歡喜，揚聲稱慶，欣笑無量，皆同音罵曰：「汝死赤吹罪物，何能興此惡意，誹謗清淨無上正真？此地無知，乃能容載如此惡物也。」諸眾各說，是時，地即為劈裂，焰火踊出，女便墮中，徑至阿鼻大泥犁中。

大眾見此女現身墮泥犁，阿闍世王便驚恐，衣毛為竪，即起叉手，長跪白言：「此女所墮，今在何處？」

佛答大王：「此女所墮，名阿鼻泥犁。」

阿闍世王復問佛：「此女不殺人、亦不偷盜，直妄語，便墮阿鼻耶？」

佛語阿闍世王：「我所說緣法，有上、中、下，身、口、意行。」

阿闍世王復問：「何者為重？何者為中？何者為下？」

佛語阿闍世王：「意行最重，口行處中，身行在下。」

阿闍世王復問佛，佛答曰：「身行麤現，此事可見；口行者，耳所聞；此二事者，世間所聞見。」

佛語大王：「意行者，設發念時，無聞見者，此是內事。眾行，為意釘所繫。」

王復問佛：「意不可見，云何獨繫意釘耶？」

佛答王曰：「若男子、女人，設欲身行殺、盜、婬者，先當思惟，朝中人定何時可行也，思惟何處可往。」

佛復語王：「夫人作行，先心計挍，然後施行，是故繫於意釘，不在身口也。」佛復語王：「是口行者，欲行口行時，先意思惟：『若在大會，講論法時；若在都坐，斷當律時，設問我者，我當違反彼說，此間非是已事；若有是語者，我當反之，此受他意氣故，作是語耳。』若行此三事不著者，復更作計，當往鬪之曰：『彼欲殺汝、破汝、壞汝，汝當隨我語，莫信他人。』；若作此兩舌者，成於虛偽，滅其正法，命終之後，墮於泥犁。」

佛語王：「是故，口行繫於意釘，不繫身、口。」

王復問佛：「何以故？」

佛答王曰：「身三、口四，皆繫意釘，意不念者，身不能獨行，是故身、口繫意釘。」

於是，世尊即說偈曰：

意中熟思惟，然後行二事。佯慚於身口，未曾愧心意。

先當慚於意，然後耻身、口，此二不離意，亦不能獨行。

於是，阿闍世王聞佛說法，涕泣悲慼。

佛問王：「王何為涕？」

王答曰：「為眾生無智，不解三事，恒有損減，是故悲耳。此眾生但謂身、口為大，不知意為深奧。世尊！我本謂身、口為大，意為小；今從佛聞，乃知意為大，身、口為小。」

佛問王曰：「本何以知身、口大，意為小；今方云意大，身口、小耶？」

王復白佛：「夫人殺生，人皆見之；若偷盜、婬泆，亦人所見，此身三事，天下盡見；口行妄語、惡口、兩舌、言不至誠，此口四事，天下所聞；意家三事，非耳所聞、非眼所見。是故，眾生以眼見、耳聞為大。今聞佛說，乃知心意為大，身，口為小。以是故，身、口二事，繫於意釘。」

佛復問王：「云何知意釘為大，身、口二事，繫於意釘？」

王白佛言：「此多舌女人，欲設謗毀，先心思念：『當以繫杅起腹，在大眾中，說是輩事。』又聞佛說，是故，我知意大，身、口小。」

佛語大王：「今云何解意大，身、口小？」

王答曰：「設欲行事，先心發念，然後身、口行之。是故，知意大，身、口小。」

佛言：「善哉！善哉！大王善解此事，常當學此，意大，身、口小。」

說是法時，眾中八十比丘，漏盡意解；二百比丘，得阿那含道；四百比丘，得斯陀含道；八百比丘，得須陀洹道；八萬天與人，皆得法眼淨；十萬人及非人，皆受五戒；二十萬鬼神，受三自歸。

於是，世尊說宿緣偈言：

　　盡勝如來時，我比丘多歡，毀謗於無勝，墮於地獄久。

　　以是殘因緣，多舌童女來，在於大眾中，前立謗毀我。

　　宿對終不滅，亦不著虛空。當護三因緣，莫犯身口意。

　　今我成佛道，得為三界將，阿耨大泉中，自說先世緣。

佛語舍利弗：「汝觀如來，眾惡已盡、諸善普具，諸天、龍、鬼神、帝王、臣民、一切眾生，皆欲度之，尚不免此宿緣，況汝愚冥、未得道者？舍利弗！當護身、口、意。」佛說是已，舍利弗、及五百羅漢、阿耨大龍王、八部鬼神，聞佛所說，歡喜受行。

佛說食馬麥宿緣經第九

聞如是：一時，佛在阿耨大泉，與大比丘眾五百人俱，皆是羅漢，六通神足。

佛告舍利弗：「過去久遠世，時佛名毘婆葉如來、至真、等正覺、明行成為、善逝、世間解、無上士、道法御、天人師，號佛、世尊，在槃頭摩跋城中，與大比丘眾十六萬八千人俱。王名槃頭，與群臣、庶民、清信士女，以四事供養毘婆葉如來及眾，終已無乏。爾時，城中有婆羅門，名因提耆利，博達梵志四圍典籍，亦知尼揵筭術，及婆羅門戒，教五百童子。

「王設會先請佛，佛便默然許之。王還具饌，種種濃美，及設床座，氍氀毾毲。辦已畢，王執香爐，於座上長跪啟曰：『今時已到，唯願屈尊。』時，毘婆葉佛，見時已至，便勅大眾，著衣持鉢，當就王請。大眾圍遶，往詣王宮，就座而坐。王即下食，手自斟酌種種餚饍。

「爾時，有一比丘，名曰彌勒，時病不行。佛及大眾，食已各還，還時，皆為諸病比丘請食。過梵志山，見食香美，便興妬嫉意曰：『此髡頭沙門，正應食馬麥，不應食此甘饌之供。』告諸童子：『汝等見此髡頭道人，食於甘美餚饍不？』諸童子曰：『爾實見。此等師主，亦應食馬麥。』」

佛語舍利弗：「汝知爾時山王婆羅門不？則我身是；爾時五百童子者，今五百羅漢是；爾時病比丘彌勒者，則今彌勒菩薩是。」佛語舍利弗：「我爾時興妬嫉，意言是輩不應食甘饍，正應食馬麥耳，及卿等亦云如是。以是因緣，我及卿等，經歷地獄，無數千歲。今雖成佛，爾時殘緣，我及卿等，於毘蘭邑，故食馬麥九十日。我爾時不言與佛馬麥，但言與比丘，以是故，我今得食擣麥仁；以卿等加言，當與佛麥故，今日卿等，食著皮麥耳。」

於是，世尊說宿緣偈言：

我本為梵志，所學甚廣博；教授五百童，在於樹園中。
在毘葉佛世，形罵諸比丘，不應食粳粮，正應食馬麥。
汝等童子說，實如師所道，并及此等師，亦應食馬麥。
以是因緣故，久受地獄苦。爾時殘餘殃，亦五百比丘，
婆羅門時請，當會毘蘭邑，與卿食馬麥，九十日不減。
因緣終不朽，亦不著虛空；當護三因緣，莫犯身口意。
今我成佛道，得為三界將，阿耨大泉中，自說先世緣。

佛語舍利弗：「汝觀如來，眾惡已盡，諸善普具，諸天、龍、神、帝王、臣民、一切眾生，皆欲度之，尚不能得免宿世餘殃，況愚冥、未得道者？」

佛語舍利弗：「當學護三因緣，莫犯身、口、意。舍利弗！當學如是。」

佛說是已，舍利弗及五百羅漢、阿耨大龍王、八部鬼神，聞佛所說，歡喜受行。

佛說苦行宿緣經第十

聞如是：一時，佛在阿耨大泉，與大比丘眾五百人俱，皆是阿羅漢，六通神足，唯除一比丘阿難也。

是時，佛告舍利弗：「往昔波羅㮈城邊，去城不遠，有多獸邑，中有婆羅門，為王太史，國中第一。有一子，頭上有自然火鬘，因以為名。婆首端正，有三十相，梵志典籍、圖書、*讖記，無事不博，外道禁戒及諸算術，皆悉明練。時有一瓦師子，名難提婆羅，與火鬘少小親友，心相敬念，須臾不忘。瓦師子精進、勇猛、慈仁、孝順，其父母俱盲，供養二親，無所乏短。難提婆羅雖為瓦師，手不掘地，亦不使人掘，唯取破牆、崩岸及鼠壤，和以為器，成好無比。若有男子、女人欲來買者，以穀、麥、麻、豆置地，取器而去。初不爭價數，亦不取金、銀、財帛，唯取穀米，供食而已。

「迦葉如來所住精舍，去多獸邑不遠，與大比丘眾二萬人，皆是羅漢。護喜語火鬘曰：『共見迦葉如來去乎？』火鬘答曰：『護喜用見此髡頭道人為？直是髡頭人耳，何有道哉？佛道難可得！』如是至三。護喜後日復語火鬘曰：『共至水上澡浴乎？』火鬘答曰：『可爾。』便共詣水澡浴，已著衣服，護喜舉右手遙指示曰：『迦葉如來精舍，去是不遠，可共暫見不？』火鬘答曰：『護喜用見此髡頭道人為？髡頭道人，何有佛道？佛道難得！』護喜便捉火鬘衣牽曰：『共至迦葉佛去來，去佛甚近、不遠。』火鬘便脫衣、捨走，護喜逐後，捉腰帶挽曰：『為可暫共見佛，便還耶。』火鬘復解帶捨走曰：『我不欲見此髡頭沙門。』護喜便捉其頭，牽曰：『為一過，共見佛去來。』」

佛語舍利弗：「爾時波羅㮈國俗，諱捉人頭，捉頭者法皆斬刑。火鬘代其驚怖，心念曰：『此瓦師子，分死捉我頭耶。』護喜語火鬘曰：『爾，我死終不相置，要當使卿見佛。』火鬘心念：『此非小事，必當有好事耳，乃使此人分死相捉。』火鬘曰：『放我頭，我隨子去耳。』護喜即放，火鬘便還，結頭、著衣服，即相隨共詣迦葉佛所。

「護喜禮迦葉如來足，於一面坐；火鬘直立舉手，問訊而已，便坐一面。護喜叉手，白迦葉佛言：『此火鬘者，多獸邑中太史之子，是我少小親友。然其不識三尊、不信三寶、不見佛、不聞法、不供養眾僧，願世尊開化愚冥，使其信解。』火鬘童子熟視世尊，從頭至足、從足至頭，覩佛相好，威容巍巍，諸根寂定，純淑調和，以三十二相，嚴飾其體，八十種好，以為姿媚，儀如娑羅樹花，身猶須彌山，無能見其頂，面如月滿，光如日明，身色如金山。火鬘見佛相好已，便心念曰：『我梵讖記所載相好，今佛盡有，唯無二事耳。』

「火鬘於是說偈問曰：

所聞三十二，大士之相好，於此人中尊，唯不覩二事。
豈有丈夫體，猶如馬藏不？寧有廣長舌，覆面舐頭不？
願為吐舌示，令我決狐疑。我見乃當知，如經所載不？

「於是，迦葉如來便出廣長舌相，以覆其面上及肉髻，并覆兩耳，七過舐頭，縮舌入口，色光出照大千世界，蔽日月明，乃至阿迦膩吒天光，還遶身七匝，從頂上入。迦葉如來以神足力，現陰馬藏，令火鬘獨見，餘人不覩。火鬘童子具足見佛三十二相，無一缺減，踊躍歡喜，不能自勝。

「迦葉如來為火鬘童子說法。說何法？說菩薩斷功德法：『何等為斷菩薩功德法？身行惡、口言惡、意念惡，身不可行而行、口不可言而言、意不可念而念。云何菩薩身不可行而行者？後作佛時，身形短小；族姓子！是為菩薩身不可行而行報也。云何菩薩口不可言而言者？後出家學時，力極勤苦，乃當得佛；族姓子！是為菩薩口不可言而言報。云何菩薩意不可念而念者？菩薩後成佛時，境內眾僧，常不和合，在在處處，共相是非，族姓子！是為菩薩心不可念而念報。族姓子！是為菩薩三惡行對，族姓子！當棄是。」

「於是，火鬘童子即退前禮佛足，長跪叉手，白佛言：『我今懺悔，身不可行而行、口不可言而言、意不可念而念，願世尊當受我此懺悔，從今已往，不復敢犯。』如此懺至三。迦葉如來，默然受之。火鬘童子、護喜童子，俱起，稽首佛足，辭退而還。

「火鬘童子於中路，忽思惟向三惡報，便報護喜曰：『卿為失利，不為得利；卿為無利，不為有利。我不應見卿面，不喜聞卿名。』護喜答曰：『何以故爾？』火鬘曰：『卿早從迦葉佛，聞深法寶，何能在家，而不作道？』護喜答曰：『卿不知我父母年老，又復俱盲，供養二親，何由出家？我亦久欲為道耳，若我出家為道者，父母便當命終，以是故，不得出家耳。』火鬘語護喜曰：『我從迦葉佛聞菩薩行三惡緣對，不復樂在家。我欲從此還至佛所，求為比丘。』護喜報曰：『善哉！善哉！火鬘得思惟力耶，便可時還。所以然者，佛世難值故也。』火鬘童子即抱護喜已，便遶三匝，叉手謝曰：『我設有身、口、意，過於卿者，願見原恕。苦卿指授正真大道。』

「於是，火鬘童子說頌讚曰：

仁為我善友，法友無所貪，導我以正道，是友佛所譽。

「火鬘童子於是說偈已，遶護喜三匝已，還詣精舍迦葉佛所，稽首佛足，兩膝跪地，叉手白佛言：『寧可得從迦葉如來，下鬚髮入道，受具足戒不？』」佛語舍利弗：「迦葉即度火鬘童子，為道授其具足戒。」

佛語舍利弗：「汝知爾時火鬘童子不？則我身是；火鬘父者，今父王真淨是；爾時瓦師童子護喜者，我為太子，在宮婇女，時夜半，作瓶天子來謂我曰：『時到，可出家去為道。』者是。舍利弗！此護喜者，頻勸我出家，則是作道善知識也。」

佛語舍利弗：「我前向護喜作惡語道：『迦葉佛，髡頭沙門，何有佛道？佛道難得！』以是惡言故，臨成阿惟三佛時，六年受苦行。舍利弗！爾時日食一麻、一米、大豆、小豆，我如是雖受辛苦，於法無益。我忍飢渴、寒熱、風雨、蚊虻之苦，身形枯燥，謂乎我成佛道，實無所得。舍利弗！我六年苦行者，償先緣對畢也，然後乃得阿耨三耶三菩阿惟三佛耳。」

於是，世尊說宿緣偈曰：

我昔火鬘童，向於護喜說：「髡頭何有佛？佛道甚難得！」
以是因緣故，六年日不減，受此勤苦行，望得成佛道。
不以是苦行，能得成佛道，非道而行求，因緣自纏繞。
宿緣終不朽，亦不著虛空。當護三因緣，莫犯身口意。
今我成佛道，得為三界將，阿耨大泉中，自說先世緣。

佛語舍利弗：「汝觀如來，眾惡已盡、諸善普具，諸天人、神鬼、乾沓和、阿須倫、迦樓羅、甄陀羅、摩休勒、一切眾生，皆欲度之，我猶不免宿對，況復愚冥、未得道者？舍利弗！當學護身三、口四、意三，舍利弗！當學如是。」

佛說如來先世因緣時，萬一千天子，得須陀洹道；八千龍，皆受五戒；五千夜叉，受三自歸。

阿耨大龍王叉手白佛：「世尊！於我泉上，受我供養，說宿命因緣法，使我將來成佛時，莫有如此因緣；使我眾惡皆盡，作真淨如來。」

佛語阿耨大龍王：「汝欲得如是願者，當極護身、口、意，不令犯者，可得如上所願，眾惡消盡，作真淨如來。」

阿耨大龍王聞佛所說，踊躍歡喜。以天栴檀香散佛及五百羅漢上。

佛於是為諸天、龍、神，說安慰法：「何謂安慰法？行布施法、行持戒法、行生天道法、行斷欲法、行斷三惡道法、行無漏法、行清淨法。」

佛說如是已，與諸比丘，各離本花座。比丘圍遶佛，踊在虛空，高七多羅，以神足飛行，猶鳥翔雲，徐徐而還，在羅閱祇竹園精舍。

佛說是已，舍利弗及五百羅漢、阿耨大龍王、八部鬼神，歡喜受行。

佛說興起行經卷下

佛五百弟子自說本起經

西晉三藏竺法護譯

蓋阿耨達龍王者，佛在世時受別菩薩也，有神猛之德，據于崑崙之墟。斯龍所居宮館寶殿，五河之源則典覽焉，有八味水池，華殖七色，服此水者即識宿命。於時，龍王請佛世尊及五百上首弟子，進饍畢訖坐蓮華上，追講本起所造罪福，皆由纖微轉受報應，彌劫歷紀莫能自濟，僥值正覺乃得度世。各自撰歌而達頌曰：

大迦葉品第一 十九偈

佛人中上為法御，斷除結獄遊舍衛，
諸根為寂德巍巍。如來自告其比丘：

有諸鬼神所娛樂，種種眾華無央數，
四瀆涌出向四方，彼諸流河歸江海。
私頭那提伯師子，人不能至神足到，
飛行疾矣乃越耳，疾共詣彼淵流池。
比丘曰：「善唯從命。」大通安住上弟子，
聞尊教勅乘神足，譬如鴈王導眾鴈，
行詣進遊于江河，悅觀輩類相娛樂，
佛天中天亦如是，與弟子俱而飛騰。
佛至告諸弟子曰：「寧識前世所更歷，
為我各說誰行步，而獲其福不可量。」
彼迦葉仁佛弟子，譬如師子歷深山，
設有所歷無敢當，則說前世所作行：
「採取于野燕麥耳，少所施與辟支佛，
解脫心樂無有漏，奉于空行意寂寞；

彼時心念有此願，尋即思惟於上法，
與如是人俱合會，於此終生欝單曰。
用彼因緣福所致，更歷千反欝單曰，
然後生于勝命天，於中最特無有雙；
吾用彼福所造德，亦復千反生忉利，
著種種華香寶瓔，身微妙好而自在；
既於天上壽終已，便復則生欝單曰，
用彼前世願所致，以作是福因緣故；
生于富家梵志種，財產眾業無央數，
在五樂中而不貪，其於是佛無等倫。
大哀所可講說法，諸力一心定眾根，
七覺之意八道行，以為獲致於此法；
便盡諸漏手執燈，與此眾等最後俱，
合會行正直離邪，佛者如來所說善；

奉禁戒人所志得，如其意念所欲求，
最後我身以具滿，為盡生死拔根株；
我皆絕除諸愛結，則為是佛法王子，
第一止足常思道，心空清淨無所著，
其志堅固無能轉，譬如大山不可動。」

如是迦葉尊，在諸比丘僧，阿耨達大池，自說本福緣。

舍利弗品第二 十偈

吾為仙閑居，於彼見沙門，辟支佛之尊，身著絳衣被；
覩之心歡喜，為之浣衣服，復為縫袈裟，數數為作禮；
彼則愍念我，便飛虛空中，上下出水火，須臾忽不見。
我即時叉手，自心作是願：「令我得如是，聰明大智慧；
莫令生豪家，亦勿生賤種，常生于中家，志多作沙門。」

用是功德故，吾以五百世，常獲致人身，世世作沙門。
於是最後世，復還得人種，以值見正覺，導師無有上；
則辦為沙門，於釋師子所，成就阿羅漢，清涼而滅度；
今世尊目前，於比丘僧眾，論我智慧上，轉于正法輪。
舍利弗智慧，於比丘眾前，阿耨達大池，自說本宿行。

摩訶目揵連品第三 十五偈

吾為仙閑居，處于林樹間，於彼有人來，求我作沙門，
吾除其鬚髮，為浣其衣服，縫之而染之，心中自歡喜；
彼退在一面，而結跏趺坐，則得辟支佛，便飛于虛空。
我時即興願：令身得神足，使吾得如是，大力大神足；
用是福德故，在在所生處，天上及人中，照燿所造福。
於時最後世，以逮得人身，如值見正覺，導師無有上；

以為作沙門，於釋師子所，則成阿羅漢，清涼而滅度；
所作善甚少，得安隱無量，我復作不善，今說且聽之。
東出羅閱祇，生為尊者子，出舍外遊戲，人家求飲食；
即見其父母，二人共相娛，見之即撾我，罵詈而逐我。
但以正命耳，其身不施行，墮于黑繩獄，受苦不可計；
其彼餘殃故，於是最後世，諸外異道學，撾碎身如葦；
吾當以是疾，壽終而滅度，彼所作餘殃，爾乃滅盡耳。
是故當悅心，至孝事父母，用歡悅心故，人得勝天上。
如是拘律尊，在于比丘眾，阿耨達大池，自說本因緣。

輪提陀品第四 淨除十七偈

我昔往詣寺，見地不淨處，即取其掃箒，便掃彼寺舍；
竟覩寺清淨，心中甚忻踊，令我無垢塵，如此寺舍淨。

用是功德故，在在所生處，面色和悅姝，端正難可比；
其餘之福祚，於是最後世，父母則名吾，號曰為淨除；
我於親族中，生時亦清淨，一切所愛敬，見者無厭極。
值得見正覺，導師而無上，已成阿羅漢，清涼而滅度；
我之所志願，使吾無垢塵，今無垢羅漢，無漏所作辦。
假令掃除是，普天下使淨，不如為離欲，除掃所經行；
假掃除天下，道人經行處，不如四方僧，掃除一步地；
設復掃除是，滿天下精舍，不如於佛寺，掃除一步地；
我身所造福，以是知差特，當掃除佛寺，其心懷欣踊。
以此曉知之，等覺道德高，當供事佛寺，獲其祚甚大；
唯君吾識念，昔曾所作善，以致彼果實，可意安隱樂；
是故為佛寺，好淨心供事，唯仁此第一，福田無有上；
於是能供事，得安而無量，皆為破壞除，一切婬怒癡；
不輕空心悅，得福薄少乎，向如來正覺，及諸佛弟子。

如是輪提陀，在諸比丘前，阿耨達大池，自說本所因。

須蔓品第五 善念十四偈

昔者出遊觀，時與親友俱，頭上戴傳飾，耳著須蔓花；
惟衞神通佛，於彼立大寺，遙見眾庶人，共住而奉事。
親友俱發家，各共齎好華，悉以清淨心，供散彼佛寺；
我時見廣施，亦復初發意，便取林中華，以用上佛寺。
所生不墮餘，昇天下為人，因是德本故，所作善照見。
後值等正覺，無上之導師，果證阿羅漢，清涼得滅度；
唯施一華耳，更得百千歲，天上自娛樂，餘福得泥洹。
假令我素知，佛功德無量，便即起塔寺，其福無有極，
未必心歡喜，其福猶為少。如來等正覺，及諸佛弟子，
唯我憶念此，身所作功德，今已得實報，可意快安隱。

緣是所作行，終始斷不生，無漏無所著，清涼得滅度；
五道為已盡，不復更胞胎，是為最後世，然則不復起
解脫生死本，已度所有海，今我以是緣，得號曰須蔓。
時長者須蔓，會在眾僧中，於阿耨達池，自說本所作。

輪論品第六

明聽十一偈

惟衞佛世時，槃頭摩國土，本為四方僧，興立一房室；
加以床臥具，皆用持布施，既與心歡喜，應時發是願：
「我見等正覺，令得作沙門，逮無上無為，清涼正滅度。」
是因功德本，九十一劫安，既得自然見，在天上世間；
其餘功德福，於今最後世，生勢長者家，憍貴無兄弟；
生為父所敬，即聞垂言教，吾以子施與，寶藏億種種；
足底生異毛，自然長四寸，身體柔軟好，穩安得無害；

過去九十劫，其餘復如一，我身不識念，舉足蹈地時。
於今最後世，已還得人身，成就無所著，清涼為滅度；
佛普見說我，精進尊第一，解脫盡無漏，已得不動句。
如是拘梨種，在眾僧中央，於阿耨達池，自說本功德。

凡耆品第七 取善八偈

我不了福德，本亦不識義，見惟衛佛寺，供養而奉侍；
金寺紫磨色，幡繖以香華，見供養塔寺，而得生善處。
常在天人間，所作得照見，過九十一劫，未曾歸惡道；
作少功德已，獲安甚眾多，已得無所著，滅度清且涼；
假使我本知，佛功德如是，常當供塔寺，所得福踰此；
是故用知明，正覺德弘泰，當供養塔寺，其福無終極；
佛普見說我，經樂為第一，多聞若干種，辯才德至真。

時長者凡者，曾在眾僧中，於阿耨達池，自說本所作。

賓頭盧品第八

乞閉門十一偈

我本經父母，生為子中尊，謹敬事其父，亦孝養於母，
二親及妹弟，奴客僮僕使，吾為父母說，飲食以時節。
時起貪嫉意，不當食父母，瞋恚謗於語，能得飯食財；
緣是所作罪，墮大山地獄，燒炙黑繩中，更苦不可計；
從地獄中出，世世所生處，常患大餓渴，勤苦而飢死。
於今最後世，已還得人身，值見等正覺，導師無有上；
於釋師子所，已得作寂志，成為無著道，清涼而滅度；
唯仁我於是，神足能飛行，還入坎窟中，爾乃得食耳；
是故當歡喜，供事於父母，一心稽首禮，保祚無有量；
唯仁我識念，削所作惡行，皆受所種實，罪福不可離。

賓頭盧閉門，時會在僧中，於阿耨達池，自說本所作。

貨竭品第九

善來二十一偈

曾為尊者子，在般頭摩國，族姓多財寶，眷屬所圍繞，
周匝在王邊，快樂無有極，端正見者喜，顏色難為比。
時我嚴駕出，諸眾導前後，欲行遍遊觀，并從眾婇女；
於彼遊觀時，見相寂沙門，奉行安定儀，身服赤絳衣。
時我見沙門，興發起惡意，憎惡其形像，瞋恚不歡喜；
為何下鬚髮，顏姿黑醜陋，癰疽疥身體，羸疲身意俱？
用是所造罪，口說惡語故，於彼壽終後，便墮地獄中；
從獄得脫出，容色黑醜惡，癰疽疥身體，羸疲身意俱；
捉瓦器乞匃，著棄死人衣，衣弊服麤穢，所住無安處；
所欲往至詣，乞欲係餬口，執杖見驅叱，為人所嫉辱；

如是五百世，在在所生處，窮困常飢餧，勤苦而餓死。
時見等正覺，比丘僧圍繞，與大眾會俱，講說甘露句；
適見大眾會，即疾奔走趣，意欲於彼中，希望飲食具；
到見大眾會，皆坐欲聽法，不獲副本願，未有饋施者。
時彼大慈哀，如來告之言：「仁者善來此，便來坐此座。」
我應時喜踊，則一心叉手，稽首世尊足，却在一面坐。
於是尊大哀，瞿曇極慈悲，次第分別說，為我講四諦；
能仁除鬚髮，因是見道跡，佛令作寂志，於彼得神通；
用是故號字，名曰為茶竭，緣此佛說我，正受為第一；
佛勇猛大尊，世雄為最勝，神通無極哀，度脫我眾苦。
善來尊如是，在於眾僧中，於阿耨達池，自說本所作。

難陀品第十 欣樂十二偈

王舍國城東，曾為富尊者，時世穀飢貴，有道士遊彼，
時我坐獨食，有好道士來，壞破緣一覺，自在得無漏；
興起貪嫉意，其心志于惡，今此比丘來，焉得同太歲，
於是念飲食，雜糅以馬通，道人食之已，應時即命過。
我身壽終已，墮地獄甚久，合會及叫喚，世世見脯煮；
從地獄得出，便還得人身，身常多疾病，懊惱而命盡；
如是五百世，在在所生處，抱病常窮厄，懊惱乃命過。
於是最後世，已得生人中，還見等正覺，導師無有上；
出家為沙門，受釋師子法，已得羅漢道，清涼取滅度；
吾於是仁者，神足無有漏，身體多疾病，所在不安隱；
於是悉識念，我本所作行，皆獲其果實，罪福不可離。
如是難陀尊，在比丘眾中，於阿耨達池，自說本所作。

夜耶品第十一

名聞二十六偈

昔有一道人，入聚落乞匃，見死亡女人，青膖甚臭惡；
結跏趺而坐，觀視無常變，省察敗不淨，一志學定心，
便於彼坐上，有微細音響，聞聲用恐怖，則從一心起；
見死腹潰壞，惡露而不淨，眾孔自流出，臭處難可當；
腸胃五臟見，心肝皆散絕，若干無數蟲，觀已還靜心。
察于外死身，內省自己軀，彼爾我如是，計本皆虛無；
自從三昧起，修行不懈怠，亦不出分衛，亦不思飲食。
設我入聚落，而行求飲食，雖見端正色，當作惡露觀；
瞻彼諸形色，如死人無異，察眾壞敗本，一切無所樂。
我思行如是，而得離愛欲，奉遵四梵行，深惟不輕戲；
於彼壽終後，便得昇梵天，於梵壽命盡，下生波羅奈；
為勢貴長者，生其家作子，為眾所見敬，正受度無極。

晝日常修行，於夜不睡眠，見女人眾多，等觀如腐積；
枕鼓臥眠者，執箜篌伎人，伎樂器散地，夢想為寱語。
於彼退思念，宿本功德行，想識不淨處，前世所更歷；
適觀覩此已，志求無欲意，我時逼迫是，仁者我捨去。
即從床上起，下殿避之逝，諸天愍念我，其門自然開；
時出于國城，往詣流水側，遙視見彼岸，見沙門寂根；
又見大寂志，舉聲而大叫，告之我窮厄，神通我捨欲。
世尊深軟音，用我辛苦言：「童子來莫懼，於此無窮厄，
心捨眾苦惱，轉度於彼岸。」往詣大哀所，世尊無比人，
絕妙無等倫，譬如飢渴者，倒解識其義，即解識其義。
於彼見道諦，從佛求捨家，瞿曇大慈哀，聽我作沙門；
應時一夜中，天時將向曉，一切諸漏盡，清涼得滅度；
是我前世時，所更作善行，是我最後世，逮得甘露跡。
如是賢夜邪，尊者子神通，於阿耨達池，自說本所作。

尸利羅品第十二 二十偈

昔波羅奈城，迦葉佛泥洹，機惟王起塔，七寶造甚大。
爾時王所作，有最大太子，我時為佛尊，第一建剎柱；
以是功德故，世世所生處，在天上人間，其福自然見；
在在所生處，於國甚殷富，財數不可計，常喜大布施。
我於五百世，惠施無所惜，給贍眾庶人，寂志及梵志；
緣一覺之行，離愛欲無漏，清淨歡喜心，供養五百眾。
由是功德故，在此最後世，生勢貴釋種，應時口說言：
「家中寧有寶，錢財及於物，我當以施與，救足諸貧窮，
我與無厭惓，救濟眾下劣，孚善見答報，豈能有所惠？」
家中聞吾言，愁憂用惶懅，馳散赴八方，乳母悉避去。
母以恩愛故，便即告我言：「為天人鬼神，何以言大疾？」
我時即啟曰：「我是人非鬼，追識宿命施，好欲見惠人。」

時母聞其言，踊躍無所畏，然許勸助之，恣意所布施；
家中眷屬多，母勑供養我，為眾所敬愛，見者莫不喜。
我爾時適生，其家即興熾，緣是諸寂志，名我尸利羅；
於彼便布施，給足諸貧陋，得值等正覺，便捨家為道。
初生家興熾，墮地能語言，是故號尸利，其名自然流；
生家無所貪，亦不用恐懼，緣信出家學，神通一切具；
為國主所欽，大臣眾人民，多獲衣食供，床臥諸所安。
如是尸利羅，在比丘僧中，於阿耨達池，自說本所作。

薄拘盧品第十三 賈姓十二偈

我昔曾賣藥，於槃曇摩國，在惟衛佛世，敬諸比丘僧；
時有病瘦者，行藥療其疾，供給諸根藥，以惠諸比丘；
一歲諸眾僧，令無所乏少，時施諸沙門，與一呵梨勒；

於九十一劫，未曾歸惡道，在天上人間，其福自然見；
所作德少耳，受福不可量，施一呵梨勒，長久生善處；
其餘所有福，今還得人身，值見平等覺，導師無有一。
未曾自識念，郡縣受施處，唯仁我二夜，證通三達智；
常衣麤惡服，五納之震越，棄家行學道，願樂在閑居；
其年百六十，於此無垢濁，未曾有疾病，所生處常安；
佛普見說法，少欲無睡眠，觀布施藥者，其福廣如是；
今我悉識念，本殖少功德，悉獲其果實，可意而安隱。
時賢薄拘盧，在眾比丘僧，於阿耨達池，自說本所作。

摩呵酟品第十四 大長十二偈

昔作韋皮師，本生亦安隱，時國大穀貴，柔皮以為韋；
時得好般皮，煮熟令大美，時有沙門來，乞匃欲求食；

見之即歡喜，則分用布施，其寂志食已，尋飛在虛空。
見道人踊躍，應時叉手向，恭敬普所在，所遊輒追隨；
欣喜廣大心，便自發願言：令我逮如是，常與尊者俱；
如此道人法，所逮得法身，令我身如是，疾成正願義。
所施無形色，其氣亦穢惡，無香亦無味，我所施如是；
所作德少耳，獲福安無極，在天上人間，其福自然見；
於是最後世，還得于人身，值見等正覺，道師無有上。
我本所求願，見世尊上人，於是悉如意，清涼得滅度；
於是悉識知，本所作功德，悉獲其果實，可意歡喜受。
如是彼大尊，名醧羅大通，於阿耨達池，自說本所作。

優為迦葉品第十五 八偈

導師有二人，同類悉兄弟，見迦葉佛塔，搪揬崩壞落；

合集眾賈人，更補治起塔，時兄弟二人，俱扶豎剎柱。
緣是功德本，生天上甚久，來還生人間，在於勢族種；
未見等正覺，捨家學異道，在泥蓮水邊，久習編髮志。
世尊無等倫，愍念哀我等，在於恒水側，感動見變化；
我等見變化，從佛求下髮，大尊念愍傷，聽我等出家；
供養佛塔寺，前稽首作禮，用是眾庶等，清涼而滅度。
優為迦葉尊，及江河迦葉，於阿耨達池，自說本所作。

迦耶品第十六 捉取十五偈

昔為賣香者，既獲香賣之，有一童女人，來到香肆上，
容貌端正好，見彼趣我所，適捉與調戲，欲意察著之；
身亦不犯觸，亦不與合會，唯但執其臂，為嬈他女人；
用是過惡故，壽終墮地獄，來還得人身，右臂自然枯；

如是五百世，所生處皆然，右臂常枯槁，苦痛甚不便。
仁者識念是，作罪薄少耳，獲殃甚眾多，善惡不可離；
值見等正覺，捨家為沙門，已得阿羅漢，清涼入滅度；
仁者吾於是，有神足自在，於今一右臂，不如左臂便。
假使有男子，喜犯他人者，壽終墮地獄，苦痛甚酷毒；
不當外犯色，如捐棄盛火，智者覺了人，已每知止足，
設見他婦女，當作不淨觀。我更泥犁中，受苦不可計，
我犯是罪時，自謂不足言，悉獲是果實，罪福不可離。
值見等正覺，導師無有上，已得無所著，清涼得滅度；
是為最後生，逮得甘露句，已解一切苦，清涼得滅度。
迦耶尊如是，在比丘僧中，於阿耨達池，自說本所作。

樹提衢品第十七

三十偈

惟衛佛世尊，槃頭摩國城，時有富長者，名阿能乾那；
時佛之眷屬，六十二百千，請惟衛佛尊，及眾供三月。
我主槃頭摩，我供人中尊，飯食日珍異，供養佛弟子；
飯食佛如是，在槃頭摩國，彼時最後施，槃頭王欲興；
供養好飯食，衣被及床臥，作微妙祠壇，是王之所起。
奉上諸所安，床座眾百千，於一一比丘，惠施令可意。
彼國王最後，所供養如是，奉事無極雄，神通尊導師；
我時見彼供，床臥諸所安，衣被飲食施，床座悉具足。
時諸天中尊，帝釋來詣我，彼天帝謂我：「我當為汝伴。」
即時化祠壇，可意嚴如天，施設天上座，供以天飲食。
彼時佛世尊，惟衛無等人，請供滿一月，尊人及弟子。
我以天飲食，供養於導師，奉以天衣被，大人并弟子；
用是功德故，受恩不可量，從九十一劫，未曾歸惡道。
所作福照見，天上及世間，我奉侍大聖，惟衛無極尊；

於今最後世，生羅閱祇城，蓱沙王之宮，富家無量寶；
為蓱沙國王，一切所愛敬，眾人見供奉，諸臣及人民；
我在天伎樂，於是世自恣，生世得人身，天伎樂自娛。
於是佛大智，導師無有上，來詣羅閱祇，導師加愍傷；
我聞大智慧，佛詣王舍城，心歡喜踊躍，往詣仁世尊；
遙見世光焱，光明出普照，即從車乘下，步行往詣佛；
欣然我前行，稽首最勝足，禮如來畢竟，却在一面坐。
我久思正雄，今乃見大人，導師人中明，降伏魔羅網；
世尊無有上，應時愍傷我，解說四諦事，如應為講本。
彼曰無極哀，世尊說如是，大通欲出家，願得受大戒；
即時大智慧，佛者無等倫，說言比丘來，具足成沙門。
以是無放逸，堅精進定意，遭遇甘露處，無為興無動；
逮見等正覺，導師無有上，以成阿羅漢，清涼而滅度；
唯仁我追念，身本所作惡，悉受是果實，可意樂安隱；

廣行有周旋，離生老病死，脫於一切惱，愁憂及啼哭。
如是樹提尊，在比丘僧中，於阿耨達池，自說本所作。

賴吒积羅品第十八 二十六偈

有王修惟尼，其王有一子，名賴吒拔檀，是王最小子。
迦葉佛吉祥，興起大塔寺，欲護父王意，為作刹柱頭；
心歡喜踊躍，建立承露槃，願我作沙門，等正覺共會；
用是功德故，世世所生處，於天上人間，其德自然見；
是為最後生，在投樓吒國，生於尊者家，獨有一女耳；
一切所愛敬，如是狗獵王，是我親里家，國土亦如是；
端正甚姝好，顏貌如敷蹦，在人中娛樂，一切欲自恣。
可意敬世尊，來詣投樓吒，我見心歡喜，便求作沙門；
本功德所致，化變難比倫，慈哀愍傷我，口便發是言：

諸佛之正教，父母不樂者，不得為沙門；族姓子自報。
即時還歸家，前白父母言：父母願聽我，出家為沙門。
父母聞我言，愁憂不可勝，子雖命時終，不欲相遠離。
我時不飲食，一心無所樂，志於清白法，欲求為沙門。
我時不飲食，萎臥於空地，假令不聽我，便當死於是。
六日不飲食，一心無所樂，志於清白法，欲求為沙門。
時親厚知識，往謂父母言：「善哉聽之去，用死人身為？
假令能樂者，為沙門續在，命存可數見，死者當奈何。」
時父母知識，共出悲好音，設使作沙門，來見我當聽。
時親厚知識，便往謂之言：「父母已聽汝，明者為沙門。」
父母共結約：「假使為沙門，數來相見者，子聽汝出家。」
彼聞善哉言，自養有勢力，往詣世尊所，便前白佛言：
「唯然已聽我。」便受佛尊教；世尊下我髮，令我作沙門。
施承露槃故，受安甚眾多，於天上世間，功德自然見。

佛普見說我，樂閑居第一，已得阿羅漢，清涼而滅度。
是故當歡喜，悅心向大哀，當供養塔寺，得脫大恐懼。
賴吒积大尊，閑居五納衣，於阿耨達池，自說本所作。

貨提品第十九 二十七偈

曾在王舍城，為富大尊者，有五百道士，住我家一年；
五百諸長者，一切皆往詣，彼時諸道人，各就一家食；
譬如我等故，家中所炊食，一一諸比丘，供養亦如是。
聽年長道士，彼分與長者，無上尊道人，其心念如是；
飯食五百人，豆羹以灌上，我所作供具，侍比丘如是；
如是連二日，布施彼比丘，我時輒興意，貪嫉惡心意：
「尚難飼我子，婦女及姊妹，兄弟諸親屬，是飯食供養；
何況此比丘？當供養三月；供養五百人，大減損我家。」

我欲令比丘，作方便令死，假使命過者，不損用我物；
心自念惡已，馬通糅飯中，持用飯食之，謂殺無所苦；
噉此飯食已，得病甚困厄，結刮其腸胃，傷絕於五臟。
樂法得道人，則為已命過，諸天及鬼神，俱共發聲言：
「是長者大惡，傷害殺道人，緣一覺之尊，清涼無所漏。」
我聞知所語，思念苦惱愁，我等罪無量，坐害善道人；
親屬聞是言，悉共愁憂念，皆會諸道人，對悔過自首；
歸命諸道人，悔過自首已，請五百道人，供養以飯食。
重悔過自首，歸命眾道人，供養飯食已，心自發願言：
令我與是等，諸尊者合會，如是等得度，我心脫如是；
世世所生處，勿令在貧窮，莫令我興起，貪嫉惡心意。
害辟支佛已，犯是惡罪殃，於彼壽終已，墮太山地獄；
苦痛無數千，懊惱不可言，來還得人身，短命速疾過；
所在得勢富，眾人所供養，腸胃每燋爛，然後乃命過；

棄捐家居去，沙門無所慕，精進修佛教，斷除一切欲；
假令我捨身，向般泥洹時，諸腸胃五臟，各各崩壞爛；
我所作過惡，惡意害比丘，所作餘罪殃，最後當畢了；
我身所起惡，及所行善行，悉還受果實，善惡俱前獲。
舍衛城里生，荼提大神足，於阿耨達池，自說本所作。

禪承迦葉品第二十 十一偈

有諸比丘僧，終竟于七歲，時國穀米貴，飢餓大恐懼；
我分得一人，摩竭妙道人，緣一覺之尊，清涼無有漏；
彼時我興發，起意之為惡：「我當持何用，施飼是比丘？」
時停置飯食，令生蟲臭惡，往觀諸作使，然後供養之；
以是所作罪，壽終墮地獄，合會燒炙之，苦痛不可言；
從地獄得出，世世所生處，作若干方便，求飯食難得。

是為最後世，來還生人間，逮見等正覺，無上之導師；
以信故出家，除害諸漏盡，已得無所著，清涼而滅度；
仁者吾於是，神足常自在，求食設方便，若干不能得；
遠行避道路，疲勞不可言，既乃得所僥，飯食諸供具。
承伽迦葉尊，大通名所作，於阿耨達池，自說本所作。

朱利般特品第二十一 八偈

昔我先世時，曾為養猪者，在於江水傍，繫潔眾猪口。
欲濟至江半，身獨由得渡，猪不得喘息，中流皆溺死。
爾時我治生，亡遺無所依，仙人來至彼，從頂有慈哀。
便勸教化我，剃除吾鬚髮，解喻誨善律，行無相三昧。
於彼壽終後，便得生天上，天壽復竟盡，即還為道人。
逮見等正覺，捨家為寂志，所在意曚瞑，受經尋輒忘。

我諷學一偈，三月乃諳知，習讀誦四句，斷絕諸愛欲。
世尊時問之，朱利般特說，從來善惡事，於阿耨達池。

醍醐施品第二十二 二十七偈

迦葉佛滅度，我為後弟子，博聞知三世，常祕惜經法；
不為比丘說，不肯示與人，儻餘乞本知，便當與我等；
設有比丘來，至我所問事，吾則欺詐之，不解意結恨。
眾道人恚還，憂恚罵詈言：何嫉不說法？仁者豈為往？
臨欲壽終時，心即自悔責，未曾講論法，是為大不善；
自知壽向盡，餘過有七日，聚會眾僧類，應時為說法；
晝夜講諸要，蠲除貪嫉妬，說法未竟畢，於彼便命過。
如我所分別，聞者極妙快，受教思惟義，展轉相勸化；
所說法尠少，聚會人七日，用是得生天，天伎以自娛；

天上壽終下，來還受人身，在迦毘羅衛，生釋國王家；
端正見者敬，為眾所愛樂，大財無極寶，普以度無極；
見諸族姓子，來者皆棄家，我羨為寂志，捐家愛欲財。
世尊無等人，慈念愍哀我，屢數率勵我，勸導令出家；
吾便敬遵佛，無上之喜教，唯仁者我身，七年行布施；
於是惠與已，終竟于七歲，然後作寂志，受勝智慧誨；
七年為長久，人命為甚短，今日便布施，誰能保身命？
用尊是往故，即時作寂志，唯仁我七日，出家除鬚髮；
信故為沙門，修行佛法身，二十五歲中，寂定心如水；
於是弊惡道，起念著家事，奉行捐損業，亦不用甘露；
於彼甚慚愧，發求無極利，毀辱于親屬，悉當見仇憎；
作是為不可，亦不所僥恨，已出志守寂，豈復返懷居？
興家種姓意，財利之所欲，當能斷斯著，終不捨離戒。
寧令我身沒，其壽所憎惡，我當捉大刀，安用此命為？

便執利刀劍，除割所因緣，刈截垢濁已，然後心解脫；
一心便解度，稍數令人寂，我於慈果實，速值法光明；
我壽向終時，講說尊妙法，緣是所可行，定意度無極。
釋子大神足，弱根薩波達，於阿耨達池，自說本所作。

阿那律品第二十三 無獵九偈

昔我曾不食，彼世時施與，遭遇見沙門，大通和莅吒；
以故生釋種，號曰阿那律，功德自娛樂，俳伎之所娛；
時見等正覺，即喜慕世尊，覩之心踊躍，捨家為寂志；
宿世行精進，方便常堅彊，已脫三達智，具足如佛教；
自識本宿命，造行所更歷，於忉利天上，積七世在彼；
七返還人間，人間轉勢尊，富貴君子家，金珠寶自然；
於是七彼七，生死凡十四，本悉識知之，前世之所行；

如是所與果，曾無慳嫉意，世世所生處，常求不生死。
時尊阿那律，處于眾僧中，於阿耨達池，自說本所作。

彌迦弗品第二十四

鹿子十四偈

昔我逐勇狗，往詣藥肆上，緣一覺之尊，身體得不豫；
給之以醫藥，瞻養至七日，尊人過七日，便飛昇虛空。
我時見告語，家之僕童客，眾祐已來臻，如是出家學；
我聞僕所說，辟支佛飛行，其志踊躍喜，一意叉手向；
緣是喜悅意，布施醫藥故，在天上人間，功德自然見；
於今最後世，復還得人身，值見等正覺，導師無有上；
於釋師子所，出家為寂志，已得無所著，清涼而滅度；
於昔吾於是，得供甚眾多，衣被及飲食，床臥所安具；
為其縫衣服，從施醫藥故，四方給諸藥，所安無所乏；

天人往告語，蓱沙之國王，卿當以醫藥，施與彌迦弗；
仁國當興利，眾藥大熾盛，遣耆域醫王，挚藥與鹿子；
四面醫藥來，皆悉歸趣我，彼時王蓱沙，施遣大神通；
於是來授我，具足柔軟堂，悉遍比丘僧，千二百五十。
其鹿子比丘，六通大神足，於阿耨達池，自說本所作。

羅雲品第二十五 十偈

我昔曾為王，典主摩竭國，人民甚眾多，決事以義理；
爾時有仙人，飲他溝中水，即來詣我所，前語我如是：
「大王我為賊，乏飲不與水，便當謫罰我，如拷盜竊者。」
我時即報言：「仙人持法藥，我恣聽仁者，便去隨其欲。」
「大王我狐疑，咎結不得除，便當謫罰我，今乃消殃罪。」
即勅著後園，忘之至六日，過六日已後，亦不得飲食；

坐是因緣故，未曾有惡意，墮燒炙黑繩，更歷六萬歲；
畢是有餘殃，於今最後生，處在母腹中，六年乃得生；
未曾起亂意，身口不犯罪，乃值得果實，罪福不可離。
如是羅雲尊，在於比丘僧，於阿耨達池，自說本所作。

難提品第二十六 十四偈

昔惟衛佛世，我施煖浴室，一洗比丘僧，便自發願言：
「令我與是等，尊眾共集會，世世得清涼，離欲無垢塵；
端正常徐好，清淨若妙花。」於彼壽終後，便得生天上；
在天上人間，顏色好端正，世世所生處，所住大勢尊；
於彼壽終後，來還生人間，諸天及人民，見我無厭足；
見辟支佛塔，繕治泥整頓，聖飾令鮮白，於上懸幡蓋。
我時自發願，欲求得相好，金體紫磨色，端嚴無有比；

因是所作福，生波羅栋國，於脂惟尼生，作子無恚害。
見迦葉佛塔，其心為歡喜，輒詣其寺中，豎立承露槃；
用是施塔故，及治聖飾塔，興建剎柱槃，受福不可量；
從彼有餘福，於是最後世，生釋氏王家，便為佛之弟；
我身自然有，大人之相好，莊嚴成羅曆，平等布三十；
佛普見說我，端正最第一，已除盡諸漏，逮得甘露句。
難提父母子，於比丘僧中，於阿耨達池，自說本所作。

颰提品第二十七 十九偈

昔世穀米貴，飢餓大恐懼，比丘有五百，求食則施與；
一切諸長者，惠施眾道術，分衛得飯食，便持來授我；
雖得粗細食，常分以與身，亦不能知我，每隨用我語；
諸人民來趣，行求飯食具，我爾時自力，從彼便出去。

是時各馳走，孚遠相求索，盡力從後追，不能及逮我；
即渡於流河，便却坐一面，周匝四向視，得靜無來人；
「我今日獨食，柔軟美且香，飽滿意盈足，終慕獲安隱。」
於是有比丘，則緣覺世尊，威神大巍巍，生死除無餘；
意慮常念言，窮賤甚苦劇，本不修功德，是故令我貧；
即與清淨心，歡踴意念言，當施與比丘，是本眾祐者；
時世尊便受，則於彼飯食，用憐愍傷我，便飛在虛空；
我時即發願：「莫復令我貧，後生勢富家，端正如妙華；
與如是等尊，世世共會遇，使我承此法，如仁者所得。」
緣是所作德，受安長且久，於天上人間，所作德自見；
亦得為國王，天人無數反，未曾墮惡道，亦無有罪殃；
從彼有餘福，於是最後世，來生勢富家，釋種大姓生；
爾時佛世尊，來詣所生地，我即為寂志，并與親屬俱；
我本所立願，輒如意具足，已得無所著，清涼且滅度。

捨勢為沙門，颰提受佛教，於阿耨達池，自說本所作。

羅槃颰提品第二十八 十四偈

拘樓秦佛時，昔有起塔者，我時在彼住，其寺甚高大；
興造此塔寺，我口呵譴之：「是塔甚太大，何日當成就？
可稍作功德，如是自立辦，既不多勞煩，塔寺亦速訖。」
用口說蹇言，坐犯語罪報，命盡壽終後，便墮地獄中；
從地獄得出，短小身玄醜，世世所生處，為眾所輕邈。
迦葉佛世時，為烏鳥赤嘴，波羅棕中道，翱翔叢樹間；
瞻見世光曜，比丘所圍繞，即順佛為禮，口出悲音聲；
佛世尊所遊，波羅棕國時，每隨行出入，常繞向悲鳴；
緣是所作德，來還得人身，逮見等正覺，無上之導師；
得出為寂志，於釋師子所，已為無所著，清涼而滅度；

羅漢得自在，六通大神足，名曰為持法，正真有辯才；
一切眾聚會，聽聞我音聲，諸天及人民，一切皆歡喜。
我作罪少耳，作福亦不多，皆獲其果實，所為二罪福。
羅槃颰提尊，在於比丘僧，於阿耨達池，自說本所作。

摩頭惒律致品第二十九 二十一偈

昔於惟耶離，身為大獼猴，趣往取佛鉢，比丘見被呵：
「得無壞佛鉢。」世尊告比丘：「比丘勿得呵，是終不壞鉢。」
我時取佛鉢，徐徐持上樹，盛以滿鉢蜜，便則從樹下，
手擎滿鉢蜜，以奉上世尊，蜜中有蟲穢，正覺不肯受；
[1]佛見其鉢中，死蜂與蜜雜，尋好擇出之，復擎重上佛；
時佛世光焱，復更不聽受，我以水淨洗，仍前稽首上；
以水灑其上，更盛異鉢中，供養佛尊已，心踊躍歡喜。

世尊無等人，彼時度死蜂，受此一鉢蜜，服食及弟子。
我時甚踊悅，叉手而向佛，專住法王前，其心常精進；
在彼發願言：「令我得人身，來值世尊世，使得最上義。」
緣是所作德，因用得人身，逮得等正覺，無上之導師；
得出為沙門，給侍釋師子，已為無所著，清涼而滅度；
得自在羅漢，六通大神足，名曰為出蜜，諸比丘亦知。
知前所作福，於今得恭敬，與數百比丘，共遊行周旋；
設在窮乏路，比丘僧飢渴，心適自發願：「我欲得蜜漿。」
知我心所念，眾人即遠來，齎持蜜美食，以用奉上我；
我尋便受之，自然極美多，以施比丘僧，可意甚飽滿。
我應時生已，獼猴所作行，度脫無徑路，便得甘露句；
如我本所願，輒得如其意，供養佛世尊，所求則具足；
唯仁每悉念，我所作功德，悉獲其果實，可意安隱吉。
如是出蜜尊，在比丘僧中，於阿耨達池，自說本所作。

世尊品第三十 五十偈

一切勝普明，一切世間最，得除盡諸垢，降一切眾會；
諸通慧普見，大人一切暢，度諸怨恐懼，法船濟彼岸；
曉了眾所化，欣然愍世間，矜傷脫眾生，以義一切救；
除去一切人，悉解諸繫縛，一切人中最，說法為眾眼；
大人無極慧，大雄極名聞，大光無極法，以度於最法；
大力化無黠，開化大明慧，歡勸大眾人，大醫多所兼；
世尊壞眾恐，無上除諸憂，佛仁為度脫，大牢獄閉繫；
大龍大師子，無著大比丘，大智慧世尊，救濟眾塵勞；
精進有大力，方便大堅彊，降伏眾天民，大道寂靜安；
佛大天中天，一切諸鬼神，悉禮智慧足，佛出哀世間；
恒在大生死，壞決羂羅網，神通無極哀，度脫大牢獄；
大龍大天人，於眾會最先，廣施無極施，已逮弘寂跡；

尊長士仙人，已度諸尊法，成就大弟子，導師德極尊；
眾祐中最上，無上除愁憂，諸所度脫勝，一切相好尊。
斷絕諸色欲，拔濟諸恩愛，時遊在龍王，阿耨達大池；
一切所作辦，踊在虛空中，弟子眾圍繞，寂然有五百。
愍傷有極哀，慈護一切人，觀察比丘眾，便自說是言：
「明聽我所語，前世之所造，身始有所作，今所獲餘殃。
吾昔宿命時，作人名文羅，誹謗無瑕穢，善妙辟支佛；
眾人大來會，縛束善妙士，著杻械閉繫，須出如死囚；
吾時見沙門，得縛束苦惱，其心發慈哀，身則為救解；
用是罪殃故，墮地獄甚久，後來生人間，常為人所謗；
用是有餘殃，於此最後世，須陀利異道，共議誣謗我。
曾為婆羅門，博聞持道術，有五百學志，講術藂樹間；
時有大神力，五通比丘來，我見道人至，誹謗揚其惡；
仙人深愛欲，自高處樹間，諸摩納聞之，便共效我宣；

時一切學志，家家行乞匃，大眾中誹謗，仙人有垢欲；
緣是所犯罪，須陀利女人，佛五百弟子，悉共被誹謗；
佛為一切明，有虛妄之謗，知世吒弟子，是為沙門耶？
犯是罪殃已，便墮惡道中，生在太山獄，勤苦甚酷毒；
以此有餘殃，旃遮摩尼女，在大眾會中，虛妄掩殺佛。
曾為三兄弟，而共諍錢財，推撲墜深谷，石抬以殺之；
以是所犯罪，墮太山地獄，燒炙在黑繩，毒痛甚酷苦；
以此有餘殃，調達石所抬，於是石墮落，中傷佛足指。
乘船入江海，俱欲渡深水，時共載船上，拔刀殺賈人；
用犯此罪故，身墮地獄中，以是餘殃故，鐵刺見佛前。
曾在捕魚肆，生為漁者子，有捕殺魚者，我爾時生心；
從是所犯罪，墮太山地獄，燒炙在黑繩，勤苦甚毒痛。
隨樓勒國王，傷殺釋子時，以是有餘殃，於今得頭痛。
惟衛世尊時，罵詈其弟子，不應食粳米，常令噉生麥；

用是所犯罪，坐口出惡言，墮於黑繩獄，受苦不可計；
以此有餘殃，怨結婆羅門，請我終一時，三月中噉麥。
曾為治病醫，時療尊者子，合藥分倒錯，令疾轉增劇；
用犯此罪故，墮地獄甚苦，以此有餘殃，是故得下利。
吾昔前世時，曾為手搏師，與力士相撲，害殺有佛子；
用犯此罪故，受苦難訾量，以此餘殃故，脅肋為之痛。
謂難提和羅，輕毀迦葉佛，用見此沙門，言不得佛道。」

佛五百弟子自說本起經

註釋

01　「佛見其鉢中」，依上下經文意，應為「我見其鉢中」，然無其他校本可校正，今註釋說明之。

撰集百緣經 卷第六 摘錄

吳月支優婆塞支謙譯

諸天來下供養品第六

(五九)二梵志共受齋緣

佛在舍衛國祇樹給孤獨園。於其初夜，有五百天子，頂戴天冠，著諸瓔珞，莊嚴其身，齎持香花光明赫奕，照祇桓林，來詣佛所。前禮佛足，供養訖已，却坐一面，聽佛說法，心開意解，得須陀洹果，遶佛三匝，還詣天宮。

於其晨朝，爾時，阿難白佛言：「世尊！昨夜光明，照曜祇桓，倍逾於常，為是釋、梵、四天大王、二十八部鬼神大將來聽法耶？」

佛告阿難：「亦非釋、梵、諸神王等來聽法也，乃是過去迦葉佛時，有二婆羅門，隨從國王，來詣佛所，禮拜問訊。

「時，彼*從中，有一優婆塞，勸二婆羅門言：『汝等！今者隨從王來，見佛世尊，因可受齋。』

「婆羅門言：『受此齋法，有何利益？』

「優婆塞言：『受此齋法，隨意所求，必得如願。』

「時，婆羅門，聞是語已，即共受齋，一、求生天，二、求人王。受齋已竟，俱共還歸諸婆羅門聚會之處。

「諸婆羅門言：『汝等飢渴，可共飲食。』

「受齋者言：『我受佛齋，過時不食。』

「諸婆羅門言：『我等自有婆羅門法，何須受彼沙門齋耶？』如是慇懃，數數勸請，不勉其意。求生天者，即便飲食，以破齋故，不果所願，其後命終，生於龍中。第二人者，絕不飲食，以持齋戒故，果其所願得作國王。以其先身共受齋故，生彼國王園池水中。

「時，守園人日日常送種種果蓏，奉上獻王，卒於一日，園池水中得一美果，色香甚好，作是念言：『我雖出入，常為門監所見前却，我持此果，當用與之。』作是念已，尋即持與門監。

「門監得已，復作是念：『我雖出入，復為黃門所見前却，當用與之。』作是念已，尋即持與黃門。

「黃門得已，復作是念：『夫人為我，常向大王，歎譽我德，我持此果，當用與之。』作是念已，即便持與夫人。

「夫人得已，復上大王。王得果已，即便食之，覺甚香美，即問夫人：『汝今何處得是果來？』

「夫人即時如實對曰：『我從黃門得是果來。』

「復問黃門：『汝從何處得是果來？』如是展轉推到薗子，王即召呼：『吾園之中，有是美果，何不見送，乃與他人？』

「園子於是，本末自陳。王不聽言，而告之曰：『自今以後，常送此果，若不爾者，吾當殺汝。』

「園子還歸，入其園中，號嗶涕泣，不能自制。此果無種，何由可得？

「時，彼龍王，聞是哭聲，化作人形，來問之言：『汝今何以涕泣乃爾？』

「園子對曰：『我於昨日，此園池中，得一美果，持與門監；門監得已，復與黃門；黃門得已，復與夫人；夫人得已，復上與王。今見約勅：「自今已後，仰送此果，若不爾者，當見刑戮。」今此園中，無此果種，是以涕哭。』

「於時化人，聞是語已，還入水中，取好美果，著金盤上，持與園子，因復告言：『汝持此果，奉上獻王，并說吾意云：「我及王，昔佛在世，本是親友，俱作梵志，共受八齋，各求所願。汝戒完具，得作國王；吾戒不全，生在龍中。我今還欲奉修齋法，求捨此身。」願語汝王，為我求索八關齋文，送來與我，若其相違，吾覆汝國，用作大海。』

「園子於時，納受果盤，奉獻王已，因復說龍所囑之語。王聞是已，甚用不樂。所以然者，當爾之時，乃至無有佛法之名，況復八關齋文，叵復得耶？若其不獲，恐見危害。思念此理，無由可辨。

「時，彼國王有一大臣，最所敬重，而告之言：『龍神從我，求索八關齋文，仰卿得之，當用持與。』

「大臣答曰：『今世無法，云何可得？』

「王復告言：『汝若不獲見送與者，吾必殺卿。』

「大臣聞已，却退至家，顏色異常，甚用愁惱。時，臣有父，年在耆舊，每從外來，見子顏色，改易異常，尋即問言：『汝有何事？顏色乃爾。』於時大臣，即向父說委曲情理。

「父答子曰：『吾家堂柱，我見有光，汝為施伐，試破共看，儻有異物。』

「於是，大臣隨其父教，尋為施伐，取破看之，得經二卷：一是、十二因緣，二是、八關齋文。大臣得已，甚用歡喜，著金案上奉獻與王。

「王得之已，喜不自勝，送與龍王。龍王得已，甚用歡喜，賚持珍寶，贈遺與王，各還所止。共五百龍子，懃加奉修八關齋法，其後命終，生忉利天，來供養我，是彼光耳。」

佛告阿難：「欲知彼時五百龍子奉修齋法者，今五百天子是。」

佛說是緣時，有得須陀洹者、斯陀含者、阿那含者、阿羅漢者，有發辟支佛心者，有發無上菩提心者。

爾時諸比丘，聞佛所說，歡喜奉行。

撰集百緣經　卷第十　摘錄

吳月支優婆塞支謙譯

諸緣品第十

（九一）須菩提惡性緣

爾時，世尊初始成佛，便欲教化諸龍王故，即便往至須彌山下，現比丘形，端坐思惟。時，有金翅鳥王，入大海中捉一小龍，還須彌頂，*便欲食噉。時，彼小龍命故未斷，遙見比丘端坐思惟，至心求哀，尋即命終，生舍衛國婆羅門家，名曰負梨。端政殊妙，世所希有，因為立字，名須菩提。年漸長大，智慧聰明，無有及者；唯甚惡性，凡所眼見人及畜生，則便瞋罵，未曾休廢。父母、親屬皆共厭患，無喜見者，遂便捨家，入山林中，乃見鳥獸及以草木，風吹動搖，亦生瞋恚，終無喜心。

時，有山神語須菩提言：「汝今何故，捨家來此山林之中，既不修善，則無利益，唐自疲苦？今有世尊，在祇桓中，有大福德，能教眾生修善斷惡。今若至彼，必能除汝瞋恚惡毒。」

時，須菩提聞山神語，即生歡喜，尋問之曰：「今者世尊，為在何處？」山神答曰：「汝但眠眼，我自將汝，至世尊所。」

時，須菩提用山神語，眠目須臾，不覺自然在祇桓中，見佛世尊三十二相、八十種好，光明普曜，如百千日，心懷歡喜，前禮佛足，却坐一面。佛即為說瞋恚過惡，愚癡煩惱，燒滅善根，增長眾惡，後受果報，墮在地獄，備受苦痛，不可稱計。設復得脫，或作龍蛇、羅剎、鬼神，心常含毒，更相殘害。

時，須菩提聞佛世尊說是語已，心驚毛竪，尋自悔責，即於佛前，懺悔罪咎，豁然獲得須陀洹果，心懷喜悅，求入道次。佛即聽許：「善來比丘！」鬚髮自落，法服著身，便成沙門。精懃修習，得阿羅漢果，三明六通，具八解脫，諸天世人，所見敬仰。

時，諸比丘見是事已，白佛言：「世尊！今此須菩提比丘，宿造何業，雖得為人，常懷瞋恚，未曾休息，值佛世尊，出家得道？」

爾時，世尊告諸比丘：「汝等善聽！吾當為汝分別解說。此賢劫中，波羅奈國有佛出世，號曰迦葉。於彼法中有一比丘，常行勸化，一萬歲中，將諸比丘，處處供養。於後時間，僧有少緣，竟不隨從，便出惡罵：『汝等佷戾，狀似毒龍。』作是語已，尋即出去。以是業緣，五百世中，受毒龍身，心常含毒觸嬈眾生。今雖得人，宿習不除，故復生瞋。」佛告諸比丘：「欲知爾時勸化比丘惡口罵者，今須菩提是。由於爾時供養僧故，今得值我，出家得道。」

爾時，諸比丘聞佛所說，歡喜奉行。

雜寶藏經　卷第三　摘錄

元魏西域三藏吉迦夜共曇曜譯

(二九)龍王偈緣

佛在王舍城，提婆達多往至佛所，惡口罵詈。阿難聞已，極生瞋恚，驅提婆達多令出去，而語之曰：「汝若更來，我能使汝得大苦惱。」

諸比丘見已，白佛言：「希有！世尊！如來常於提婆達多生慈愍心，而提婆達多於如來所恒懷惡心。阿難瞋恚，即驅使去。」

佛言：「非但今日，於過去世，亦曾如此。昔於迦尸國，時有龍王兄弟二人，一名、大達，二名、優婆大達，恒雨甘雨，使其國內，草木滋長，五穀成熟，畜生飲水，皆得肥壯，牛羊蕃息。

「時彼國王，多殺牛羊，至於龍所，而祠於龍。龍即現身，而語王言：『我既不食，何用殺生而祠我為？』數語不改，兄弟相將，遂避此處，更到一小龍住處，名屯度脾。屯度脾龍，晝夜瞋恚，惡口罵詈。大達語言：『汝莫瞋恚！比爾還去。』優婆大達，極大忿怒，而語之言：『唯汝小龍，常食蝦蟇；我若吐氣，吹汝眷屬，皆使消滅。』大達語弟：『莫作瞋恚！我等今當還向本處，迦尸國王，渴仰我等。』迦尸國王，作是言曰：『二龍若來，隨其所須，以乳酪祀，更不殺生。』龍王聞已，即還本處。

「於是大達，而作是偈言：

盡共合和至心聽，極善清淨心數法，
菩薩本緣所說事，今佛顯現故昔偈。
天中之天三佛陀，如來在世諸比丘，
更出惡言相譏毀，大悲見聞如此言。
集比丘僧作是說：諸比丘依我出家，
非法之事不應作，汝等各各作麤語，
更相誹謗自毀害。汝不聞知求菩提，

修集慈忍難苦行，汝等若欲依佛法，
應當奉行六和敬。智者善聽學佛道，
為欲利益安眾生，普於一切不惱害，
修行若聞應遠惡。出家之人起忿諍，
猶如氷水出於火；*若欲隨順出家法，
*應斷瞋諍合道行。*我於過去作龍王，
*兄弟有二同處住，第一兄名為大達，
第二者名優婆達，俱不殺生持淨戒，
有大威德厭龍形，恒向善趣求作人。
若見沙門婆羅門，修持淨戒又多聞，
變形供養常親近，八日十四十五日，
受持八戒撿心意，捨己住處詣他方。
有龍名曰屯度脾，見我二龍大威德，
知己不如生嫉恚，恒以惡口而罵詈。

膖頷腫口氣麤出，瞋怒心盛身脹大，
出是惡聲而謗言，幻惑諂偽見侵逼。
聞此下賤惡龍罵，優波大達極瞋恚，
請求其兄大達言：「以此惡語而見毀，
恒食蝦蟇水際住，如此賤物敢見罵？
若在水中惱水性，若在陸地惱害人。
聞惡欲忍難可堪，今當除滅身眷屬，
一切皆毀還本處。」大力龍王聞弟言，
所說妙偈智者讚：「若於一宿住止處，
少得供給而安眠，不應於彼生惡念，
知恩報恩聖所讚。若息樹下少蔭涼，
不毀枝葉及花菓，若於親厚少作惡，
是人終始不見樂。一飡之惠以惡報，
是不知恩行惡人，善菓不生復消滅，

如林被燒而燋兀，後還生長復如故。
背恩之人善不生，若養惡人百種供，
終不念恩必報怨。譬如仙人象依住，
生子即死仙養活，長大狂逸殺仙人，
樹木屋宇盡蹋壞，惡人背恩亦如是。
心意輕躁不暫停，譬如洄澓中有樹，
不修親友無返復，如似白氎甄叔染。
若欲報怨應加善，不應以惡而毀害，
智者報怨皆以慈，擔負天地及山海，
此擔乃輕背恩重。一切眾生平等慈，
是為第一最勝樂，如渡河津安隱過，
慈等二樂亦如是。不害親友是快樂，
滅除憍慢亦是樂。內無德行外憍逸。
實無有知生憍慢，好與強諍親惡友，

名稱損減得惡聲。孤小老者及病人，
新失富貴羸劣者，貧窮無財失國主，
單己苦厄無所依，於上種種困厄者，
不生憐愍不名仁。若至他國無眷屬，
得眾惡罵忍為快，能遮眾惡鬪諍息。
寧在他國人不識，不在己邦眾所輕，
若於異國得恭敬，皆來親附不瞋諍，
即是己國親眷屬。世間富貴樂甚少，
衰滅苦惱甚眾多，若見眾生皆退失，
制不由己默然樂。怨敵力勝自羸弱，
親友既少無所怙，自察如是默然樂。
非法人所貪且慳，不信無慚不受言，
於彼惡所默然樂。瞋恚甚多殘害惡，
好加苦毒於眾生，如此人邊默然樂。

不信強梁喜自高，得逆諂偽詐幻惑，
於如此人默然樂。破戒兇惡無慮忍，
恒作非法無信行，於此人所默然樂。
妄語無愧好兩舌，邪見惡口或綺語，
傲慢自高深計我，極大慳貪懷嫉妬，
於此人所默然樂。若於他處不知己，
亦無識別種性行，不應自高生憍慢。
至餘國界而停住，衣食仰人不自在，
若得毀罵皆應忍。他界寄住仰衣食，
若為基業欲快樂，亦應如上生忍辱。
若住他界仰衣食，乃至下賤來輕己，
諸是智者宜忍受。在他界住惡知友，
愚小同處下賤人，智者自隱如覆火。
猶如熾火猛風吹，炎著林野皆焚燒，

瞋恚如火燒自他，此名極惡之毀害，
瞋恚欲心智者除，若修慈等瞋漸滅。
未曾共住輒親善，恒近惡者是癡人，
不察其過輒棄捨，作如上事非智者。
若無愚小智不顯，如鳥折翅不能飛，
智者無愚亦如是，以多愚小及無智，
不能覺了智有力。以是義故諸賢哲，
博識多聞得樂住，智者得利心不高，
失利不下無愚癡。所解義理稱實說，
諸有所言為遮惡，安樂利益故宣辯，
為令必解說是語。智者聞事不卒行，
思惟籌量論其實，明了其理而後行，
是名自利亦利他。智者終不為身命，
造作惡業無理事，不以苦樂違正法，

終不為己捨正行。智者不慳無嫉恚，
亦不嚴惡無愚癡，危害垂至不恐怖，
終不為利讒搆人。亦不威猛不怯弱。
又不下劣正處中，如此諸事智者相，
威猛生嫌懦他輕，去其兩邊處中行。
或時默然如瘂者，或時言教如王者，
或時作寒猶如雪，或時現熱如熾火。
或現高大如須彌，或時現卑如臥草，
或時顯現猛如王，或時寂滅如解脫。
或時能忍飢渴苦，或時堪忍苦樂事，
於諸財寶如糞穢，自在能調諸瞋恚。
或時安樂縱伎樂，或時恐怖猶如鹿，
或時威猛如虎狼，觀時非時力無力。
能觀富貴及衰滅，忍不可忍是真忍，

忍者應忍是常忍，於羸弱者亦應忍。
富貴強盛常謙忍，不可忍忍是名忍，
嫌恨者所不嫌恨，於瞋人中常心淨。
見人為惡自不作，忍勝己者名怖忍，
忍等己者畏鬪諍，忍下劣者名盛忍。
惡罵誹謗愚不忍，如似雨石著眼中，
能受惡罵重誹謗，智者能忍花雨象。
若於惡罵重誹謗，明智能忍*有慧眼，
猶如降雨於大石，石無損壞不消滅，
惡言善語苦樂事，智者能忍亦如石。
若以實事見罵辱，此人實語不足瞋，
若以虛事而罵辱，彼自欺誑如狂言，
智者解了俱不瞋。若為財寶及諸利。
忍受苦樂惡罵謗，若能不為財寶利，

設得百千諸珍寶，猶應速疾離惡人。
樹枝被斫不應拔，人心已離不可親，
便從異道遠避去，可親友者滿世間。
先敬後慢而輕毀，亦無恭敬不讚歎，
如似白鵠輕飛去，智者遠愚速應離。
好樂鬪諍懷諂曲，喜見他過作兩舌，
妄言惡口亦綺語，輕賤毀辱諸眾生，
更出痛言入心髓，不護身業口與意，
智者遠離至他方。嫉妬惡人無善心，
見他利樂及名稱，心生熱惱大苦毒，
言語善濡意極惡，唯智能遠至他方。
人樂惡欲貪利養，諂曲要取無慚愧，
內不清淨外亦然，智者速遠至他方。
若人無有恭恪心，憍慢所懷無教法，

自謂智者實愚癡，慧者遠離至他方。
此處飲食得臥具，并諸衣被憑活路，
應當擁護念其恩，猶如慈母救一子。
愛能生長一切苦，先當斷愛而離瞋，
悉能將人至惡趣，自高憍慢亦應捨。
富貴親友貧賤離，如此之友當速遠。
若為一家捨一人，若為一村捨一家，
若為一國捨一村，若為己身捨天下，
若為正法捨己身，若為一指捨現財，
若為身命捨四支，若為正法捨一切。
正法如蓋能遮雨，修行法者法擁護，
行法力故斷惡趣，如春盛熱得蔭涼。
修行法者亦復然，與諸賢智趣向俱，
多得財利不為喜，若失重寶不為憂，

不常懃苦求乞索，是名堅實大丈夫。
施他財寶甚歡喜，世間過惡速捨離，
安立己身深於海，是名雄健勝丈夫。
若解義理眾事巧，為人柔軟共行樂，
諸人歎說善丈夫。」優波大達作是言：
「我今於兄倍信敬，假使遭苦極困厄，
終不復作諸惡事。若死若活得財產，
及失財產不造惡。兄今當知我奉事，
願以持戒而取死，不以犯戒而取生。
何故應當為一生，而可放逸作惡行？
生死之中莫放逸，我於生死作不善，
遭值惡友造非法，得遇善友以斷除。」
佛入宿命知了說，告諸比丘是本偈。
「爾時大達是我身，優波大達是阿難，

當知爾時屯度脾，即是提婆達多身。比丘當知作是學，是名集法總攝說，宜廣慎行應恭敬，諸比丘僧修是法。」

(三〇)提婆達多欲毀傷佛因緣

佛在王舍城，告提婆達多言：「汝莫於如來生過患心，自取減損，得不安事，自受其苦。」

諸比丘言：「希有世尊！提婆達多於如來所，常生惡心，世尊長夜，慈心憐愍，柔軟共語。」

佛言：「不但今日，乃往過去，迦尸之國波羅㮈城，有大龍王，名為瞻蔔，常降時雨，使穀成熟，十四日、十五日時，化作人形，受持五戒，布施聽法。

「時，南天竺國，有呪師來，豎箭結呪，取瞻蔔龍王。時天神語迦尸王言：『有呪師將瞻蔔龍王去迦尸國。』王即出軍眾而往逐之。彼婆羅門便復結呪，使王軍眾都不能動。王大出錢財，贖取龍王。婆羅門第二更來呪取龍王，諸龍眷屬興雲降雨，雷電霹靂，欲殺婆羅門。龍王慈心語諸龍眾：『莫害彼命，善好慰喻，令彼還去。』第三復來，時諸龍等即欲殺之。龍王遮護，不聽令殺，即放使去。

「爾時龍王，今我身是也。爾時呪師者，提婆達多是也。我為龍時，尚能慈心，數數救濟，況於今日，而當不慈。」

雜寶藏經　卷第七　摘錄

元魏西域三藏吉迦夜共曇曜譯

（八〇）十力迦葉以實言止佛足血緣

爾時，如來被迦陀羅刺刺其腳足，血出不止，以種種藥塗，不能得差。諸阿羅漢，於香山中，取藥塗治，亦復不降。十力迦葉，至世尊所，作是言曰：「若佛如來，於一切眾生，有平等心，於羅睺羅、提婆達多等無有異者，腳血應止。」即時血止，瘡亦平復。比丘歎言：「種種妙藥，塗治不止，迦葉實言，血則尋止。」

佛言：「非但今日，過去世時，亦復如是。昔有一婆羅門生一子，名曰無害，而白父言：『田中行時，莫害眾生。』父告子言：『汝欲作仙人也？生活之法，云何避虫？』

子言：『我今望得現世安樂、後世安樂，不用我語，用是活為？』即向毒龍泉邊而坐，欲求取死。世有毒龍，見之害人。時，婆羅門子，即見毒龍，毒遍身體，命即欲斷。父時憂惱，不知兒處，尋即求覓。見兒欲死，父到兒所，而作是言：『我子從來，無害心者，此毒應消。』作是語已，毒氣即消，平復如故。

「爾時，父者，十力迦葉是也。爾時子者，我身是也。於過去世中，能作實語，消除我病，於今現世，亦以實言而愈我病。」

（九一）羅漢祇夜多驅惡龍入海緣

昔有尊者阿羅漢，字祇夜多，佛時去世，七百年後，出罽賓國。時，罽賓國，有一惡龍王，名阿利那，數作災害，惱諸賢聖；國土人民，悉皆患之。時有二千阿羅漢，各盡神力，驅遣此龍，令出國界：其中有百羅漢，以神通動地；又有五百人，放大光明；復有五百人，入禪定經行。諸人各各盡其神力，不能使動。

時，尊者祇夜多，最後往至到龍池所，三彈指言：「龍！汝今出去，不得此住。」龍即出去，不敢停住。

爾時，二千羅漢，語尊者言：「我與尊者，俱得漏盡，解脫法身，悉皆平等，而我等各各盡其神力，不能令動。尊者云何以三彈指，令阿利那龍遠入大海耶？」時，尊者答言：「我凡夫已來，受持禁戒，至突吉羅，等心護持，如四重無異，今諸人等，所以不能動此龍者，神力不同，故不能動。」

時，尊者祇夜多，與諸弟子，向北天竺，道中見一烏，仰而微笑。弟子白言：「不審尊者何緣微笑？願說其意。」尊者答言：「時至當說。」於是前行，到石室城，既到城門，慘然變色。食時已至，入城乞食，既得食已，還出城門，復慘然變色。諸弟子等，長跪白言：「不審向者何緣微笑？復慘然變色？」

時，尊者祇夜多，答諸弟子言：「我於往昔九十一劫，毘婆尸佛入涅槃後，作長者子。爾時求欲出家，父母不聽，而語子言：『我家業事重，汝若出家，誰繼後嗣？吾當為汝取婦，產一子胤，聽汝出家。』即便為娶。既娶婦已，復求出家，父母復言：『若生一息，聽汝出家。』其後不久，生一男兒。兒已能語，復白父母言：『願尊先許聽我出家。』

「爾時，父母恐違前言，密教乳母語孫兒言：『汝父若欲出家去時，汝當在門，而捉父言：「既生育我，今欲捨我出家去耶？若欲去者，願父今殺我，然後當去。」』其父即時慘然情變，而語子言：『我今當住，不復更去。』由是之故，流浪生死。我以道眼，觀察宿命，天上人中，及三惡道，相值甚難！相值甚難！今乃一見。向一烏者，即是彼時孫兒也。

「我向所以慘然變色者，我於城邊，見餓鬼子，而語我言：『我在此城邊，已七十年，我母為我，入城求食，未曾一得來。我今飢渴，甚大困厄，願尊者入城，見我母者，願為我語：「速看我來。」』

「時我入城，見餓鬼母，而語之言：『汝兒在外，飢渴甚危，思欲相見。』時餓鬼母，而報之言：『我來入城，七十餘年，我自薄福，加我新產，飢羸無力，雖有膿血涕唾糞穢不淨之食，諸大力者，於先持去，我不能得。最後得一口不淨，欲持出門與子分食，門中復有諸大力鬼，復不聽出。惟願尊者！慈愍將我，使母子相見，食此不淨。』」

時尊者，即將餓鬼母，得出城門，母子相見，分食不淨。爾時尊者，問此鬼言：『汝於此住，為以幾時？』時鬼答言：『我見此城七返成壞。』」時尊者歎言：「餓鬼壽長，甚為大苦。」

時諸弟子，聞說此語，皆厭患生死，即得道迹。

雜寶藏經 卷第八 摘錄

元魏西域三藏吉迦夜共曇曜譯

(九八)輔相聞法離欲緣

佛在王舍城。頻婆娑羅有大輔相，數共其王往至佛所，而聽如來說離欲法。後於婦所，不大往返，婦生惡心，推求毒藥，著飲食中，請佛欲與。夫覺其婦有懷惡意，從索飲食，婦不肯與，更與異食，佛已來至，夫白佛言：「此食不可食。」佛言：「何以不可食？」

答言：「有毒。」

佛言：「世間有毒，不過三毒，我尚消除，有何小毒能中傷我？」佛即食其食，都無有異。時輔相婦，便生信心，佛為說法，夫婦二人，得須陀洹道。諸比丘等，歎未曾有！

佛言：「非但今日，於過去世，亦曾化彼。昔迦尸國王，有一智臣，名比圖醯，常以道法，輔相國王，及諸群臣，悉使修善。

「時有龍王，名曰明相，數數往來比圖醯所，聽受法言，亦於其婦，往返希簡。龍婦瞋恚，而作是言：『得比圖醯心祀火，得血而飲，然後可活。』

「時有夜叉鬼，與此龍王并及其婦，往返親善，聞龍婦語，便即答言：『我能得之。』於龍婦邊，擔如意珠，現作賈客，往詣迦尸國。至於王邊共王樗蒲，賭如意珠，王以國土、庫藏、比圖醯等，復作一分，以對其珠。夜叉得勝，求不用其國土、庫藏，單取比圖醯，以珠與王。

「王問比圖醯：『為欲去不？』答言：『欲去。』夜叉將去，比圖醯問夜叉言：『索我來者，有何意故？』夜叉不答。如是慇懃，更問不已，便語之言：『龍王夫人，欲得汝心，以祀於火，欲得汝血，而用飲之。』比圖醯言：『若其殺我，擔心血去，一切之人，心血一種，知是誰許？汝今莫殺我，為將我去，須我心者，欲得我智，須我血者，欲得我法。』聞此語已，夜叉心念，實是智人，即將至龍所。龍見歡喜，即為說法。龍王夫婦，及諸眷屬，生敬信心，盡受五戒，并夜叉眾，亦受五戒。爾時閻浮提龍與夜叉，大賫珍寶，送比圖醯。比圖醯得是珍寶，用上於王，并與人民。於是閻浮提人及龍鬼，受持五戒，修行十善。

「爾時比圖醯者，我身是也。爾時明相龍王者，善見輔相是也。爾時龍婦者，輔相婦是也。爾時王者，舍利弗是也。爾時夜叉者，目連是也。」

雜寶藏經　卷第九　摘錄

元魏西域三藏吉迦夜共曇曜譯

（一〇四）惡生王得五百鉢緣

昔惡生王，住欝禪延城。時守門者，晨朝開門，門外忽然有五百乘車，各載寶鉢，盛滿金粟，皆有印封題言：「此鉢與惡生王。」

時守門者，告白王言：「外有寶鉢，題鉢言與王，不審今者，為當取不？」

王自思惟：「此寶忽至，或是不祥，我若取者，將不為我家國災害？」作是念已，即往詣尊者迦栴延所，而問之言：「今晨開門，忽見寶鉢，其上印題云與惡生王，未知吉凶，為可取不？」

尊者答言：「是王宿福果報，但取勿疑。」

王白尊者：「我於往因，修何功德而致此報？」

尊者答言：「汝於昔日九十一劫，仙人山中，有一辟支佛，值雨脚跌，即破瓦鉢。時辟支佛，詣瓦師家，從乞瓦鉢。瓦師尋以五器，皆盛滿水，歡喜施與。辟支佛得已，擲鉢空中，踊身騰虛，作十八變，瓦師妻子，并買瓦者，見此神變，咸皆踊悅歡喜無量。爾時瓦師者，王身是也。爾時婦者，尸婆具沙夫人是也。爾時兒者，喬波羅太子是。爾時買瓦者，輔相富盧闌是也。買瓦婦者，輔相婦是。」

王復問言：「不審此鉢，為自然出？為有從來？」

尊者答言：「而此鉢者非自然有，從恒河水龍宮中來。何以知之？乃往過去，羅摩王舅婆羅門，修清淨行，在恒河側。時羅摩王，日以寶鉢，送食與舅。婆羅門法，器不重用，食竟棄鉢於彼恒河中。盲龍收取寶鉢，盛滿金粟，著己宮中。如是所棄，日日漸多，由是獲得五百車鉢。盲龍命終，又無兒子賞領此鉢，天帝知王往昔施鉢因緣，故用遺王。」王聞是語，尋取寶鉢，以用作福，廣修布施，供養三寶，從此因緣，後生善處。

雜譬喻經 卷上 摘錄

失譯人名附後漢錄

（六）

昔有阿育王，拜為政位，二十八萬里盡屬之，陸地龍、閱叉等亦奉獻臣使，無不伏者。唯有一龍王，北界所止之，池廣三百餘里，得佛一分舍利，晝夜供養，獨不降首於阿育王。王即舉四種兵到其池上，龍不出應。龍有威神，王亦不能得前。如是三往，不能得龍。

「所以威神并者，福勝我故也！吾今當大作功德，供養三尊，以往取必，得不疑也！」於是修立塔寺、廣請眾僧，數數不息。欲自試功德，便作一金龍，作一王身，著稱兩頭，稱其輕重，作功德並稱二像，龍重王輕；後復稱之，輕重衡平；復作功德後，王稱日重、龍稱日輕。王知功德日多，興兵往討，未至道半，龍王大小，奉迎首伏，所得佛一分舍利者，獻阿育王，阿育王復興塔寺，廣闡佛法。

雜譬喻經　卷下　摘錄

失譯人名附後漢錄

（一九）

昔天竺國有松寺，中有四道人皆是六通。國中有四居士，各請一道人，長供養之。四道人，各行教化，一人至天帝釋所，一人至海龍王所，一人至金翅鳥所，一人至人王所。於是四道人，所受供養，鉢中之餘，還分檀越食之，百味具足，所未曾見，各問道人：「所從得此？」道人即為各說本末。

於是四居士，各發一願。一人言：「願生天帝釋宮。」一人欲生海中作龍，一人欲生金翅鳥中，一人欲生人王中作子。壽盡皆得往生，為四神王。同時有念，欲八關齋，遍觀靜處，唯摩竭王後園寂寞，皆到園中各坐樹下，慈心奉齋，行六思念意，一日一夜。

明旦事訖，乃相就語，摩竭王曰：「卿等何人也？」一人言：「我是天王。」一人言：「我是龍王。」一人言：「我是金翅鳥王。」一人言：「我是人王。」四人相言本末已，皆大歡喜。

天王便言：「吾等俱齋，誰得福多者？」

人王言曰：「吾之欲近在園外，音樂之響，乃徹聞此，能於中專心，吾福第一。」

天王曰：「吾之天上七寶宮殿，玉女眾妓，衣食自然，不復想念，遠來全齋，福應第一。」

金翅王言：「吾之所好，唯食龍為美，甚於五樂，今共一處，無有惡念，大如毛髮，吾福第一。」

龍王曰：「吾之等類，是金翅糧供也，常恐見食，畏怖藏竄，今在一處，分死全齋，吾福第一。」

摩竭王曰：「吾有智臣，名披陀類，吾當請之，使令決義。」即召已到，具語其意。

披陀類便取青、黃、白、黑四種之繒，懸著空中，問於四王：「四色在空，各自異不？」

四王曰：「異色灼然矣！」

臣曰：「繒影在地，為異無？」答曰：「不異也！」

臣言：「今四種受形各異，譬如繒色質不同也，今之法齋，志趣一味，譬如地影無若干也。今四尊王，發大道意，精進慈齋，得佛之時，相亦一等，無若干像。」四王歡喜，即得道眼。

（三二）

世間人入海採寶，有七難：一者、四面大風同時起，吹船令顛倒；二者、船中欲壞而漏；三者、人欲墮水死，乃得上岸；四者、二龍上岸，欲噉之；五者、得平地，三毒蛇逐，欲噉；六者、地有熱沙，走行其上，爛人腳；七者、仰視不見、日月常冥，不知東西。甚大難也。

佛告諸弟子：「若曹亦有此七事：一者、四面大風起，謂生、老、病、死；二者、六情所受無限，譬船漏；三者、墮水欲死，謂為魔所得；四者、二龍上岸噉者，謂日、月食命；五者、平地三毒蛇者，謂人身中三毒；六者、熱沙剝爛其脚，謂地獄中火；七者、仰視不見日、月者，謂受罪之處，窈窈冥冥，無有出期。」佛語諸弟子：「當識是言，莫與此會，勤行六事，可得解脫。」

舊雜譬喻經　卷上　摘錄

吳天竺三藏康僧會譯

（六）

昔有羅漢，與沙彌於山中行道，沙彌日日至道人家取飯。道經歷堤基上行，崎嶇危嶮，常躃地覆，飯污泥土，沙彌取不污飯著師鉢中，取污飯澡洗食之，如是非一日。師曰：「何因澡棄飯味？」答曰：「行乞去時晴還雨，於堤基躃地覆飯。」

師默然禪思之，知是龍嬈沙彌，便起到堤上，持杖叩擞之。龍化作老翁來，頭面著地。沙門言：「汝何因嬈我沙彌乎？」答曰：「不敢嬈，實愛其容貌耳。」龍言：「何以日見其行？」師曰：「行乞飯。」龍言：「從今日為始，願日日於我室食，畢我壽命。」沙門默然受請。還語沙彌：「汝往乞，止彼食，勿復持飯來。」沙彌日日於彼食，後見師鉢中有兩三粒飯，香美非世間飯，問和上曰：「於天上飯乎？」師默不應。沙彌便伺師知於何許飯？便入床下持床足，和上坐禪定意，床相隨俱飛到龍七寶殿上，龍及婦諸婇女，俱為沙門作禮，復為沙彌作禮。

師乃覺呼出：「正汝心勿動，此非常之像，何因污意？」飯已即將還，語之：「彼雖有殿舍七寶、婦人婇女，故為畜生耳。汝為沙彌，雖未得道，必生忉利天上，勝彼百倍，勿以污意。」語沙彌言：「此百味飯，入口即化成蝦蟆，意惡吐唾，逆反已乃却，飯不復入。二曰婦女端正無比，欲為夫婦禮，化成兩蛇相交。三曰龍背有逆鱗，沙石生其中，痛乃達心胸。龍有此三苦，汝何因欲之？」沙彌不應，遂晝夜思想，於彼不食，得病而死。魂神即生為龍作子，威神致猛，其父命盡，得脫生人中。

師曰：「人未得道，不可令見道及國王內也。」

（二一）

昔龍王女出遊，為牧牛者所縛捶，國王出行界，見女便解之、便使去。龍王問女：「何因啼泣？」女言：「國王枉捶我。」龍王曰：「此王常仁慈，何橫捶人？」龍王冥作一蛇，於床下聽王，王語夫人：「我行見小女兒為牧牛人所捶，我解使去。」龍王明日人現，來與王相見，語王：「王有大恩在我許，女昨行為人所捶，得王往解之，我是龍王也，在卿所欲得。」王言：「寶物自多，願曉百畜獸所語耳。」龍王言：「當齋七日，七日訖來語，慎勿令人知也。」

如是，王與夫人共飯，見蛾雌語雄取飯，雄言：「各自取。」雌言：「我腹不便。」王失笑，夫人言：「王何因笑？」王默然，後與夫人俱坐，見蛾緣壁相逢，諍共鬪墮地，王復失笑。夫人言：「何等笑？」如*是至三，言：「我不語汝。」夫人言：「王不相語者，我當自殺。」王言：「待我行，還語汝。」王便出行。

龍王化作數百頭羊度水，有懷妊牸羊呼羝羊：「汝還迎我。」羝羊言：「我極不能度汝。」牸言：「汝不度我，我自殺。汝不見國王當為婦死。」羝羊言：「此王癡為婦死耳，汝便死，謂我無牸羊也。」王聞之，王念：「我為一國王，不及羊智乎？」王歸，夫人言：「王不為說者，當自殺耳。」王言：「汝能自殺善，我宮中多有婦女，不用汝為。」

師曰：「癡男子坐婦欲殺身也。」

舊雜譬喻經 卷下 摘錄

吳天竺三藏康僧會譯

（四四）

海中有大龍，龍欲雨閻浮利地，恐地無當此水者。龍意念：「地無當我雨者，還自海中雨耳。」

佛慧弟子威德甚大，欲以施外行九十六種道家，恐無能堪者，是故佛弟子展轉自相惠耳，譬如龍自還雨海中也。

（五七）

昔有龍王名曰拔抵，威神廣遠，多所感動，志性急憋，數為暴虐，多合龍共為非法風雨霹靂，雹殺人民、鳥獸、蠕動，積無央數。有尊羅漢萬人，自共議言：「若殺一人墮地獄一劫，百償死罪猶故不畢。今者此龍殘害眾生，前後不訾，遂爾不休，轉恐難度，幸當共往，諫止之耳。」

時佛知之，讚言：「善哉！汝等出家求無為道，欲救一切危厄之命，度有罪者，大快當爾，是為報恩。」

時諸羅漢自相謂言：「不足乃使萬人俱行。」於是一人各各更往，輒被厄害，不能自前，還相謂言：「雖獨行不能降化屈折此龍，使改為善，當更合會萬人功德，俱時共行，即都復往。」龍放風雨、雷雹、霹靂，萬人驚怖不知所至，逆為所辱，頓伏來還。

阿難白佛：「此龍殘殺乃爾所人及諸畜獸，其罪大多已不可計，今復加雹怖萬羅漢，雨其衣被，狀如溺人，其罪深大，叵復勝計。」

是時佛在耆闍崛山，與萬菩薩、萬羅漢俱，往詣異山到龍止所，龍便瞋恚，興暴雨渿、雷雹、霹靂，其放一雹令辟方四十丈，若至地者入地四尺，欲以害佛及菩薩僧。

時雹適下，住於空中化成天花，佛放光明廣有所照，諸在山中射獵行者，遭值雲雨，窈冥迷惑，不識東西，合萬餘人皆尋光來詣佛所住。

龍復霹靂，放下大石方四十丈，若石至地者，陷入地中當四十丈，石於佛上與前華合化成華蓋，小龍雹石各方一丈，亦皆如是。前諸羅漢見龍災變，各懷恐怖前依近佛；龍於雲間，自見雹石化為花蓋，懸於虛空而不下至，復自念言：「我當以身堅自蟠結，令四十丈，欲以*投佛及眾僧上。」即時自撲，無所能中，遍身毒痛，倒地甚久，舉頭開目，仰視見佛：「我之所為皆不如意，疑是尊妙無上神人。」

於是小龍而皆自撲，無所動搖，龍王是時即便命盡，上生為天，諸餘小龍亦皆併命得作天子，皆悉來下，住於佛邊。

佛告阿難：「汝知是天所從生不？」

對曰：「不及。」

佛言：「屬者諸龍興惡意者，汝言罪大不可勝計，自撲在地發一善心，知佛為尊，命盡為天，此者是也。」

天聞佛言，及諸天子皆發無上平等度意。是時獵人諸在山中來詣佛者，皆自念言：「此龍之罪，尚得解脫，我之所害，方之此龍，蓋亦無幾。」欲發道意，心尚猶豫。

佛告阿難：「此萬羅漢欲度諸罪，力所不任，若無我者，為龍所制，不能度惡，還益其罪。欲度一切，當先禪定，思惟可度，然後乃行，汝等！不能度者，怛薩阿竭能度不度。」是時獵人聞說如是，皆發無上平等度意。天龍人民其在會者，佛為說經，皆得阿惟越致。

昔龍王拔抵與釋迦文佛，共為婆羅門，拔抵弟子時有萬人，見釋迦文為人才，猛捨其師事釋迦文，拔抵懷恚罪至為龍。佛德既成，多度一切，弟子萬人皆得羅漢。龍惡遂盛，廣欲為害，萬人愍傷，故欲往度。曾為師故，四道雖足，猶受其辱；若為菩薩，龍欲加惡，終不敢也。

雜譬喻經 摘錄

比丘道略集

（一二）

有龍昇天，降于大雨，雨落天宮，即成七寶；雨落人中，皆為潤澤；落餓鬼身上，變成大火，舉身燒然，俱是一雨，而所墮變異也。

此二事明：眾形無定質，隨罪福之所感也。

（一四）

外國有呪龍師，軍遲盛水，詣龍池邊，一心誦呪，此龍即時便見大火，從池底起，舉池皆然。龍見火怖，出頭望山，復見大火，燒諸山澤，仰視山頂，空無住處，一切皆熱，逃身無地；唯見軍遲中水，可以避難，便滅其火，身作微小形，入軍遲中。彼龍池者，喻欲界也。所望山澤，喻色界也。視山頂者，喻無色界也。呪龍師者，喻菩薩也。軍遲水者，喻涅槃也。彼呪術者，喻方便也。大火然者，喻現無常。龍大身者，喻憍慢也；作小形者，喻謙卑也。言菩薩示現，劫燒欲、色，洞然無常，大火恐怖眾生，令除憍慢，謙卑下下，然後乃悉入涅槃也。

(三五)

有龍能以一滴水，雨一國者，或二、或三，乃至雨一閻浮提者。龍心自念言：「我欲藏此一滴水，使常在而不乾，何處可得耶？」作是思惟：「餘處不得，唯當安著大海中，乃不乾耳。」此喻少施而得大報無窮者，唯當安著佛道中也。此明水滴與龍智合故，所憑得處而不乾也。布施與般若合故，所置得處而不竭也。

眾經撰雜譬喻　卷上　摘錄

比丘道略集
姚秦三藏法師鳩摩羅什譯

（一〇）

行者求道，不得貪著好美色，若貪，破人功德之本。譬如昔有一阿羅漢，常入龍宮食，為龍說法。食已出於龍宮，持鉢授與沙彌，令洗鉢中殘數粒飯。沙彌噉之，大香甚美，便作方便入師繩床下，兩手捉繩床脚。至時，與繩床俱入龍宮。龍曰：「此未得道何以將來？」師言：「不覺不知。」沙彌得飯食，又見龍女身體端正，香妙無比，心大貪著，即作誓願：「我當奪此龍處，居其宮。」龍言：「後更莫復將此沙彌來。」

沙彌還已，一心布施持戒，專求所願：早作龍身。是時遶寺，足下水出，自知必得作龍，徑至師本所入處，大池水邊，以袈裟覆頭而入水中，即死。返為大龍，福德大故，即殺彼王，舉池盡赤。

末爾之前，諸師眾僧，皆呵罵之，沙彌言：「我心已定，諸相已出。」將諸眾僧，就池見之。以是因緣故，不當貪著好香美色，喪失善根，見墮惡道。

衆經撰雜譬喻 卷下 摘錄

比丘道略集

姚秦三藏法師鳩摩羅什譯

（一三）

外國有一呪龍師，澡罐盛水，詣龍池邊，一心讀咒，此龍即時便見大火從池底起，舉池皆然。龍見火怖，出頭望山，復見大火，燒諸山澤，仰視山頭，空無住處，一切皆熱，安身無地；唯見澡罐中水，可以避難，便滅其大身，作微小形，入澡罐水中。

彼龍池者，喻欲界也。所望山澤，喻色界也。視山頂者，喻無色界也。呪龍師者，喻菩薩也。澡罐水者，喻泥洹也。術者，喻方便也。大火燃者，喻現無常也。龍大身者，喻憍慢也；作小形者，喻謙卑也。言菩薩示現，劫燒欲、色，同然無常，大火恐怖眾生，令除憍慢，謙卑下下，然後乃悉入涅槃也。

（三一）

昔有賈客，入海採寶，逢大龍神，舉船欲飜，諸人恐怖。龍曰：「汝等！頗遊行彼國不？」報言：「曾行過之。」

龍與一大卵，如五升瓶：「汝持此卵，埋彼國市中大樹下，若不爾者，後當殺汝。」其人許之。後過彼國，埋卵著市中大樹下。從是以後，國多災疾、疫氣。國王召道術占之，云有蟒卵在國中，故令有災疫。輒推掘燒之，病悉除愈。

賈客人後入海，故見龍神，重問事狀，賈人曰：「昔如神教，埋卵市中，國中多有疾疫，王召梵志占之，推得焚燒，病者悉除。」神曰：「恨不殺奴輩。」

船人問神：「何故乃爾也？」神曰：「卿曾聞某國有健兒某甲不？」曰：「聞之，已終亡矣！」

神曰：「我是也！我平存時，喜陵擽國中人民，初無教呵我者，但獎我，使我墮蟒蛇中，悉欲盡殺之耳！」是以人當相諫，從善相順，莫自恃勢力，陵擽於人，坐招其患三惡道苦，但可聞聲，不可形處。

出曜經　卷第十二　摘錄

姚秦涼州沙門竺佛念譯

信品第十一

比方世利，慧信為智，是財上寶，家產非常。

比方世利者，世利謂閻浮利地人身。何以故說世利？謂閻浮利人，以其閻浮利內出諸佛世尊、辟支佛、阿羅漢、神仙得道者，行度無極，人於此間身行善、口意行善，復於此間信根成就，知有佛、法、僧，無復愚惑，染世塵勞，正使壽終，後無遺患。是故說：「比方世利也。」

慧信為智者，有信、有智則能具足八十千行，信御心本、智瓔珞身；信致大富、智成果證，是故說：「慧信為智也。」

是財上寶者，寶中真者，謂智慧寶也，最勝、最上無有過者，極上微妙，不可譬喻為比，是故說：「是財上寶也。」

家產非常者，世財雖多，會有衰喪者，石室城內，有三居士：一名、闍利異姓人也，二名、哺陀滿，三名、婆波那。此三人親兄弟也，多財饒寶，財產無極，象馬、七珍無所乏短，縣官、盜賊、水火災變，不能侵欺。

有一婆羅門，持伊羅鉢龍齋，冀望富貴，饒財多寶。時，龍現身語婆羅門：「汝今何為勤身苦體，食風飲露，斷穀除味，在此持齋為何所求？」

婆羅門報曰：「所以在神泉與龍齋者，冀望大富，獲致珍寶。」

龍王報曰：「汝不聞乎？吾有二號：一名、伊羅鉢，二名、財無厭。既名無厭，復從吾有所求耶？」

婆羅門報曰：「設不惠者，便於此命終不能徒還。」

龍王即出紫磨好金，以報婆羅門：「石室城內有豪富長者，出自天竺姓某字某，汝往至家，以此金與，從彼求財。」

時，婆羅門得金便去，至彼長者家，出金示之。長者見金告語：「藏之，勿令人見。」將詣內館，召諸五親：「此人遠送斯金與我。」五親飲食、歡娛。藏金庫內，庫中雜物盡沒，入於地還彼龍庫，不但一家左右，七家財物亦復盡沒於地。

聲聞外布，徹彼三居士。復聞龍王與梵志金，至石室城，使七豪貴人庫藏，盡沒入於地，還至龍宮。時，三居士自相謂言：「我等三家資財無數，庫藏充滿，以法獲致，不抂濫人，終不為水、火、盜賊、王法所奪。」

國人聞之，謂為誇談，言與行違，普共聚集，詣彼三家，問居士曰：「七家財寶盡入龍宮，聞卿三人，自相謂言：『家業財寶，以法獲致，不攬人物。』以何為證？可得知不？」

時三居士各出十斤，分為六段，將諸人民及七家亡失財主，往至龍泉，以金投泉，水皆涌沸，猶如鑊湯。龍王驚懼，即遣龍女，出金還歸，報謝使還。順法財者，以理成辦，終不為水、火、盜賊所見侵欺。非義財者，抂濫人物，得以非道，便為盜賊、水、火、王者所奪。彼七家者，即是其義，是故說：「家產非常也。」

出曜經　卷第十三　摘錄

姚秦涼州沙門竺佛念譯

沙門品第十二

慧離諸淵，如風却雲，
已滅思想，是為慧見。

慧離諸淵者，非圖一類，淵有若干，或言風塵，或言深水。塵者，污人身體，老少不別，令人目視不明、衣裳垢坋，上弊日月使無精光，妨人遠視，真偽不別。

時，龍王慈愍、愍世愚惑，欲使離此諸難，便降涼風細雨，掩塵滅霧，曜然大明。是故說：「慧離諸淵，如風却雲也。」彼執行人，專精一意，滅內塵想。想者有三：欲想、恚想、癡想。此三想者，亦不為塵主，生亂念，敗壞智慧，不至究竟，遮智慧目，不覩四諦，垢染法身，使不清明。能制此意，不興諸想，是故說：「已滅思想，是為慧見。」

出曜經 卷第二十三 摘錄

姚秦涼州沙門竺佛念譯

泥洹品第二十七

知生之本末，有為知無為，
生老所纏裹，衰者甚難制。

知生之本末者，如彼契經《中阿含》所說，大愛之本末所說。佛告阿難：「若生無有生者，則不告人說生之法，下至群徒魚水之類，設龍有龍性，鬼有鬼性，天有天性，人有人性。如是阿難！我知有生故說生矣。」是故說曰：「知生之本末也。」有為知無為者，無形無像，不可覩察於變易法，是故說曰：「於有為知無為也。」生老所纏裹者，人之處世，衰老則知死，二事見逼，不免其患，是故說曰：「生老所纏裹也。」衰者甚難制者，斯由眾行，婬欲、瞋恚、愚癡、憍慢、嫉妬、恚癡，為老病所使，由此而起，是故說曰：「衰者甚難制也。」

出曜經 卷第二十七 摘錄

姚秦涼州沙門竺佛念譯

樂品第三十一

善樂於念待，善觀於諸法，
善哉世無害，育養眾生類。
世無欲愛樂，越諸染著意，
能滅己憍慢，此名第一樂。

如來降神，來適王家，觀世非常，万物如幻，捨世王位，深山學道，積年苦行，坐樹王下，成等正覺，七日七夜，觀樹不眴。如來爾時即從坐起，詣文鱗龍王所，至彼宮殿而說斯偈。

龍聞此偈，心開意解，眼目得開，覩如來形，愴然揮淚，自鄙宿釁。是故說曰：

善樂於念待，善觀於諸法，
善哉世無害，育養眾生類。
世無愛欲樂，越諸染著意，
能滅己憍慢，此名第一樂。

出曜經 卷第二十八 摘錄

姚秦涼州沙門竺佛念譯

心意品第三十二

一龍出衆龍，龍中六牙者，

心心自平等，獨樂於曠野。

昔拘深比丘，好喜鬪訟未曾歡樂，不樂山野閑靜之處。爾時，世尊數往呵諫，不受如來言教，如來數與說法，不肯承受，便捨而去。

去彼不遠見有一象，獨在空山閑靜無為，象自念言：「我在大衆中時，為衆象所撓；逐群食草，則得弊惡草食，飲水得濁，今日在此，不為衆象所撓，何乃快哉？」爾時世尊便說斯偈：

一龍出衆龍，龍中六牙者，

心心自平等，獨樂於曠野。

如來說此偈已，便捨而去。

出曜經 卷第三十 摘錄

姚秦涼州沙門竺佛念譯

梵志品之二

仙人龍中上，大仙最為尊，
無數佛沐浴，是謂為梵志。

所謂仙人者，得五通道，在群最尊，無有出上，內外清徹，無有眾瑕。仙者亦名為象，長育形體，獸中最大，執意剛強，能却眾敵。無數沐浴，所謂沐浴者，八解正浴池，去諸塵垢、無有結使。如來舒手，手所及處塵垢不著，伺察惡人，不得其便。是故說曰：

仙人龍中上，大仙最為尊，
無數佛沐浴，是謂為梵志。

法集要頌經 卷第四 摘錄

*尊者法救集

西天中印度惹爛馱囉國密林寺

三藏明教大師賜紫沙門臣天息災奉 詔譯

法集要頌經護心品第三十一

心念七覺意，等意不差違，當捨愚惑意，樂於不起忍。

盡漏無有漏，於世取滅度，當自護其意，若犛牛護尾。

有施於一切，終不離其樂，一龍出眾龍，龍中六牙者，

心心自平等，獨樂於曠野。

法集要頌經梵志品第三十三

自知心解脫，脫欲無所著，三明已成就，是名為梵志。
自識於宿命，知有情因緣，如來覺無著，是名為梵志。
盡斷一切結，亦不有熱惱，如來覺無著，是名為梵志。
仙人龍中上，大仙最為尊，無數佛沐浴，是名為梵志。
所有煩惱盡，度流而無漏，從此越彼岸，是名為梵志。
苾芻塚間衣，觀於欲非真，坐樹空閑處，是名為梵志。
人若無識知，無語無言說，體冷無溫暖，是名為梵志。
棄緣捨居家，出家無所畏，能服甘露味，是名為梵志。
斷絕於世事，口無麤獷言，八正道審諦，是名為梵志。
遠逝獨遊行，隱藏無形影，難降能自調，是名為梵志。
無形不可見，此亦不可見，解知此句者，念則有所由，
覺知結使盡，是名為梵志。能斷生死河，能忍超度世，

自覺出苦塹，是名為梵志。當求截流度，梵志無有欲，
內自觀諸情，是名為梵志。能知如是者，乃名為梵志。
學先去其母，率君及二臣，盡勝諸境界，是名為梵志。
諸有知深法，不問老以少，審諦守戒信，猶祀火梵志，
於己法在外，梵志為最上。

佛說譬喻經

大唐三藏法師義淨譯

如是我聞：一時，薄伽梵在室羅伐城逝多林給孤獨園。

爾時，世尊於大眾中，告勝光王曰：「大王！我今為王略說譬喻，諸有生死味著過患，王今諦聽！善思念之。乃往過去，於無量劫，時有一人，遊於曠野，為惡象所逐，怖走無依，見一空井，傍有樹根，即尋根下，潛身井中。有黑白二鼠，互齧樹根；於井四邊，有四毒蛇，欲螫其人；下有毒龍。心畏龍蛇，恐樹根斷。樹根蜂蜜，五滴墮口，樹搖蜂散，下螫斯人，野火復來，燒然此樹。」

王曰：「是人，云何受無量苦，貪彼少味？」

爾時，世尊告言：「大王！曠野者，喻於無明，長夜曠遠；言彼人者，喻於異生；象喻無常；井喻生死；險岸樹根喻命；黑白二鼠，以喻晝夜；齧樹根者，喻念念滅；其四毒蛇，喻於四大；蜜喻五欲；蜂喻邪思；火喻老病；毒龍喻死。是故，大王！當知生、老、病、死甚可怖畏，常應思念，勿被五欲之所吞迫。」

爾時，世尊重說頌曰：

曠野無明路，人走喻凡夫，大象比無常，井喻生死岸；
樹根喻於命，二鼠晝夜同，齧根念念衰，四蛇同四大；
蜜滴喻五欲，蜂螫比邪思，火同於老病，毒龍方死苦；
智者觀斯事，象可厭生津，五欲心無著，方名解脫人。
鎮處無明海，常為死王驅，寧知戀聲色，不樂離凡夫。

爾時，勝光大王，聞佛為說生死過患，得未曾有，深生厭離，合掌恭敬，一心瞻仰，白佛言：「世尊！如來大慈，為說如是微妙法義，我今頂戴！」

佛言：「善哉！善哉！大王！當如說行，勿為放逸。」

時勝光王及諸大眾，皆悉歡喜，信受奉行。

佛說譬喻經

大般若波羅蜜多經　卷第三百八十一　摘錄

三藏法師玄奘奉　詔譯

初分諸功德相品第六十八之三

「善現！云何如來、應、正等覺三十二大士相？善現！世尊足下有平滿相，妙善安住猶如奩底，地雖高下，隨足所蹈皆悉坦然無不等觸，是為第一。世尊足下千輻輪文，輞轂眾相無不圓滿，是為第二。世尊手足皆悉柔軟，如覩羅綿勝過一切，是為第三。世尊手足一一指間，猶如鴈王咸有鞔網，金色交絡文同綺畫，是為第四。世尊手足所有諸指，圓滿纖長甚可愛樂，是為第五。世尊足跟廣長圓滿與趺相稱，勝餘有情，是為第六。世尊足趺脩高充滿，柔軟妙好與跟相稱，是為第七。世尊雙腨漸次纖圓，如瑿泥邪仙鹿王腨，是為第八。世尊雙臂脩直傭圓，如象王鼻平立摩膝，是為第九。世尊陰相勢峯藏密，其猶龍馬亦如象王，是為第十。世尊毛孔各一毛生，柔潤紺青右旋宛轉，是第十一。世尊髮毛端皆上靡，右旋宛轉柔潤紺青，嚴金色身甚可愛樂，是第十二。世尊身皮細薄潤滑，塵垢水等皆所不住，是第十三。世尊身皮皆真金色，光潔晃曜如妙金臺，眾寶莊嚴眾所樂見，是第十四。世尊兩足、二手掌中、頸及雙肩七處充滿，是第十五。世尊肩項圓滿殊妙，是第十六。

「世尊髆腋悉皆充實，是第十七。世尊容儀圓滿端直，是第十八。世尊身相脩廣端嚴，是第十九。世尊體相縱廣量等，周匝圓滿如諾瞿陀，是第二十。世尊頷臆并身上半，威容廣大如師子王，是二十一。世尊常光面各一尋，是二十二。世尊齒相四十齊平，淨密根深白逾珂雪，是二十三。世尊四牙鮮白鋒利，是二十四。世尊常得味中上味，喉脈直故，能引身中諸支節脈所有上味，風熱痰病不能為雜，由彼不雜，脈離沈浮、延縮、壞損、癰曲等過，能正吞咽；津液通流故，身心適悅，常得上味，是二十五。世尊舌相薄淨廣長，能覆面輪至耳髮際，是二十六。世尊梵音詞韻弘雅，隨眾多少無不等聞，其聲洪震猶如天鼓，發言婉約如頻迦音，是二十七。世尊眼睫猶若牛王，紺青齊整不相雜亂，是二十八。世尊眼睛紺青鮮白，紅環間飾皎潔分明，是二十九。世尊面輪其猶滿月，眉相皎淨如天帝弓，是第三十。世尊眉間有白毫相，右旋柔軟如覩羅綿，鮮白光淨逾珂雪等，是三十一。世尊頂上烏瑟膩沙，高顯周圓猶如天蓋，是三十二。善現！是名三十二大士相。

「善現！云何如來、應、正等覺八十隨好？善現！世尊指爪狹長薄潤，光潔鮮淨如花赤銅，是為第一。世尊手足指圓纖長，傭直柔軟節骨不現，是為第二。世尊手足各等無差，於諸指間悉皆充密，是為第三。世尊手足圓滿如意，軟淨光澤色如蓮華，是為第四。世尊筋脈盤結堅固深隱不現，是為第五。世尊兩踝俱隱不現，是為第六。世尊行步直進庠審如龍象王，是為第七。世尊行步威容齊肅如師子王，是為第八。世尊行步安平庠序，不過不減猶如牛王，是為第九。世尊行步進止儀雅猶如鵝王，是為第十。世尊迴顧必皆右旋，如龍象王舉身隨轉，是第十一。世尊支節漸次傭圓妙善安布，是第十二。世尊骨節交結無隙猶若龍盤，是第十三。世尊膝輪妙善安布、堅固、圓滿，是第十四。世尊隱處其文妙好，威勢具足圓滿清淨，是第十五。世尊身支潤滑柔軟，光悅鮮淨塵垢不著，是第十六。

世尊身容敦肅無畏，常不怯弱，是第十七。世尊身支堅固稠密，善相屬著，是第十八。世尊身支安定敦重，曾不掉動，圓滿無壞，是第十九。世尊身相猶如仙王，周匝端嚴光淨離翳，是第二十。世尊身有周匝圓光，於行等時恒自照曜，是二十一。世尊腹形方正無缺，柔軟不現，眾相莊嚴，是二十二。世尊臍深右旋，圓妙清淨光澤，是二十三。世尊臍厚不窊、不凸，周匝妙好，是二十四。世尊皮膚遠離疥癬，亦無黶點、疣贅等過，是二十五。

「世尊手掌充滿柔軟，足下安平，是二十六。世尊手文深長明直、潤澤不斷，是二十七。世尊脣色光潤丹暉，如頻婆果上下相稱，是二十八。世尊面門不長不短、不大不小如量端嚴，是二十九。世尊舌相軟薄、廣長，如赤銅色，是第三十。世尊發聲威震深遠，如象王吼，明朗清徹，是三十一。世尊音韻美妙具足如深谷響，是三十二。世尊鼻高脩而且直，其孔不現，是三十三。世尊諸齒方整鮮白，是三十四。世尊諸牙圓白光潔，漸次鋒利，是三十五。世尊眼淨，青白分明，是三十六。世尊眼相脩廣，譬如青蓮華葉，甚可愛樂，是三十七。世尊眼睫上下齊整稠密不白，是三十八。世尊雙眉長而不白，緻而細軟，是三十九。世尊雙眉綺靡順次，紺瑠璃色，是第四十。世尊雙眉高顯光潤形如初月，是四十一。世尊耳厚廣大脩長，輪埵成就，是四十二。世尊兩耳綺麗齊平離眾過失，是四十三。世尊容儀能令見者無損無染，皆生愛敬，是四十四。世尊額廣圓滿平正，形相殊妙，是四十五。世尊身分上半圓滿，如師子王威嚴無對，是四十六。世尊首髮脩長，紺青稠密不白，是四十七。世尊首髮香潔細軟，潤澤旋轉，是四十八。世尊首髮齊整無亂亦不交雜，是四十九。世尊首髮堅固不斷，永無褫落，是第五十。世尊首髮光滑殊妙，塵垢不著，是五十一。

「世尊身分堅固充實逾那羅延，是五十二。世尊身體長大端直，是五十三。世尊諸竅清淨圓好，是五十四。世尊身支勢力殊勝，無與等者，是五十五。世尊身相眾所樂觀甞無厭足，是五十六。世尊面輪脩廣得所，皎潔光淨如秋滿月，是五十七。世尊顏貌舒泰光顯，*含笑先言唯向不背，是五十八。世尊面貌光澤熙怡，遠離顰蹙青赤等過，是五十九。世尊身皮清淨無垢，常無臭穢，是第六十。世尊所有諸毛孔中，常出如意微妙之香，是六十一。世尊面門常出最上殊勝之香，是六十二。世尊首相周圓妙好，如末達那亦猶天蓋，是六十三。世尊身毛紺青光淨，如孔雀項，紅暉綺飾，色類赤銅，是六十四。世尊法音隨眾大小不增不減，應理無差，是六十五。世尊頂相無能見者，是六十六。世尊手足指約分明，莊嚴妙好如赤銅色，是六十七。世尊行時，其足去地如四指量而現印文，是六十八。世尊自持不待他衛，身無傾動亦不逶迤，是六十九。世尊威德遠震一切，惡心見喜恐怖見安，是第七十。

「世尊音聲不高不下，隨眾生意和悅與言，是七十一。世尊能隨諸有情類言音意樂而為說法，是七十二。世尊一音演說正法，隨有情類各令得解，是七十三。世尊說法咸依次第，必有因緣，言無不善，是七十四。世尊等觀諸有情類，讚善毀惡而無愛憎，是七十五。世尊所為先觀後作，軌範具足令識善淨，是七十六。世尊相好，一切有情無能觀盡，是七十七。世尊頂骨堅實圓滿，是七十八。世尊顏容常少不老，好巡舊處，是七十九。世尊手足及胸臆前俱有吉祥喜旋德相，文同綺畫，色類朱丹，是第八十。善現！是名八十隨好。

大般若波羅蜜多經　卷第五百七十

摘錄

三藏法師玄奘奉　詔譯

第六分現相品第八

時，舍利子問最勝言：「菩薩修行甚深般若波羅蜜多，方便善巧通達法性，爾時即應坐菩提座，證得無上正等菩提，轉妙法輪度有情眾，何緣先現苦行六年、降伏天魔，後成正覺？」

最勝答曰：「大德！當知菩薩修行甚深般若波羅蜜多，方便善巧通達法性，實無苦行，為伏外道故示現之，而彼天魔是欲界主，稟性調善實不應壞，為化有情故示降伏。

「謂諸外道自稱能修苦行第一，是故菩薩示現能修過彼苦行，謂諸有情或見菩薩屈一膝立；或見菩薩舉兩手立；或見菩薩視日而立；或見菩薩五熱炙身；

或見菩薩倒懸其身；或見菩薩臥於棘刺，或臥牛糞，或坐於石，或復臥地，或臥其板，或臥杵上，或臥灰土；或見菩薩唯著板衣，或著芒衣，或著草衣，或著樹皮，或著茅衣，或復露形，或面向日隨日而轉；或見菩薩唯食稗子，或復食麥，或食草根，或食樹葉，或花或果，或食薯蕷、或芋、或藕、或豆、或穀、或麻、或米，或六日一食，或飲水度日，或於一日食一滴酥、或一滴蜜、或一滴乳，或無所食，或恒熟眠。現如是等種種苦行，經於六年一無虧失；然實菩薩無斯苦行，應度有情而自見有菩薩如是現苦行。時，有六十那庾多諸天人眾，因見此事安住三乘；復有天人宿善根力深樂大乘，則見菩薩坐七寶臺，身心不動舒顏含笑入勝等持，時經六年方從定起；有天人眾深樂大乘欲聽聞者，則見菩薩端坐說法經於六年。

「大德！當知如是菩薩方便善巧行深般若波羅蜜多，能降天魔，伏諸外道，大悲化度一切有情，既經六年從定而起，隨順世法詣無垢河，洗浴出已於河邊立。有牧牛女搆百乳牛以飲一牛，搆此牛乳用作乳糜奉獻菩薩。復有六億天、龍、藥叉、健達縛等，各持種種香美飲食而來奉獻，咸作是言：『大士！正士！惟願受我飲食供養。』菩薩愍之皆悉為受。時，牧牛女、天、龍、藥叉、健達縛等互不相見，各見菩薩獨受其供。時，有無量諸天、人等，因見受供咸得悟道，是故菩薩為示現之。菩薩爾時實不洗浴，亦不受彼人、天等供。

「大德！當知如是菩薩行深般若波羅蜜多方便善巧，示現行詣菩提座。時，有地居天名曰妙地，與天神眾周遍掃飾，灑以香水，散以妙花。時，此三千大千世界四大天王領自天眾，雨天妙花供養菩薩。天主帝釋、時分天王領自天眾，住虛空中奏天樂音讚歎菩薩。喜足天王領自天眾，持七寶網彌覆世界，其網四角懸紫金鈴，皆雨眾寶供養菩薩。善化天王領自天眾，持紫金網彌覆世界，作諸天樂雨種種花供養菩薩。自在天王領自天眾，諸龍、藥叉、健達縛等，各持種種上妙供具供養菩薩。

「堪忍界主大梵天王既見菩薩詣菩提座，即告一切梵天眾言：『汝等！當知今此菩薩堅固甲冑而自莊嚴，不違本誓心無厭怠，諸菩薩行皆已滿足，通達無量化有情法，諸菩薩地皆得自在，於諸有情其心清淨，善知一切根性差別，通達如來甚深祕藏，超覺一切魔之事業，集諸善本不待外緣，一切如來共所護念，普為含識開解脫門，大將導師摧魔軍敵，於大千界獨稱勇猛，善施法藥為大醫王，解脫灌頂受法王位，放智慧光普照一切，八法不染譬如蓮花，諸總持門無不通達，深廣難測猶若大海，安固不動如妙高山，智慧清淨無諸垢濁，內外皎潔如末尼珠，於諸法相皆得自在，梵行清白已到究竟。如是菩薩行深般若波羅蜜多方便善巧，為度有情詣菩提座，結跏趺坐降伏魔怨，為成十力、四無所畏、四無礙解及十八佛不共法等無量無邊諸佛功德，轉大法輪作師子吼，以法普施一切有情，各隨所宜皆令滿足，為諸有情法眼清淨，以無上法降伏外道，欲示諸佛本願成就，於一切法而得自在。汝等可往供養菩薩。』

「大德！當知如是菩薩行深般若波羅蜜多方便善巧，示現行詣菩提座。時，於雙足下千輻輪相各放無量微妙光明，普照地獄、傍生、鬼界，其中有情遇斯光者，即皆離苦身心安樂。

「時，龍宮內有大龍王名迦履迦，遇斯光已生大歡喜，告諸龍言：『此妙光明來照我等，令我等輩身心安樂。我於往昔曾見此光，時有如來出興于世，今既有此微妙光明，定知世間有佛出現，宜共嚴辦種種香花、眾妙、珍財、幢幡、花蓋，作諸伎樂往詣供養。』於是龍王將諸眷屬齎持供具，普興大雲降灑香雨，往詣菩薩作諸伎樂施設供養，右遶菩薩而讚歎言：『微妙光明普令歡樂，決定最勝佛出無疑；種種奇珍莊嚴大地，所生草木悉變成寶，江河皆靜無風浪聲，准此定知佛出於世；釋、梵、日、月光明不現，惡趣清淨，佛出無疑。譬如有人少失父母，年既長大忽然還得，歡喜踊躍不能自勝；一切世間覩佛出現，各共歡喜亦復如是。我等過去曾供養諸佛，今值法王人中師子，是則我等生不空過。』

（略）

「大德！當知如是菩薩行深般若波羅蜜多方便善巧，能作如是種種示現。諸有情類或見菩薩今得菩提，或見菩薩久已成佛，或有但見一世界中四大天王各奉獻鉢，或復有見十方各如殑伽沙界四大天王各奉獻鉢，爾時菩薩為有情故，總受眾鉢重疊掌中，以手按之令合成一；諸四天王各不相見，皆謂世尊獨受我鉢。爾時，便有六萬天子乘宿願力先來獻供，彼於過去作是願言：『若此菩薩當成佛時，願受我等最初供養。』說是法時，三萬菩薩得無生忍，復有三萬六千菩薩皆於無上正等菩提得不退轉，八萬人、天遠塵離垢生淨法眼，無量無邊諸有情類俱發無上正等覺心。

「大德！當知爾時菩薩依深般若波羅蜜多方便善巧，將欲示現轉大法輪。堪忍界主、持髻梵王應時便與六十八萬諸梵天眾，來至佛所頂禮雙足，合掌恭敬右遶七匝，而三請言：『惟願大悲哀愍我等轉大法輪！唯願大悲哀愍我等轉大法輪！唯願大悲哀愍我等轉大法輪！』既三請已，即便化作大師子座，其座高廣四萬二千踰繕那量，種種莊嚴堅固安隱。時，十方界各有無量天主帝釋，皆為如來敷師子座，量及莊嚴亦復如是。

「菩薩爾時現神通力，令彼諸天各見菩薩坐其座上而轉法輪。菩薩既坐此師子座，入無邊境三摩地門，放大光明照十方面各如殑伽沙等世界。復令彼界六種變動，其中有情眾苦暫息身心安樂，亦暫遠離貪、瞋、癡等惡不善法，慈心相向猶如母子。

「時，此三千大千世界靡有間隙如一毛孔，天、龍、藥叉、健達縛、阿素洛、揭路荼、緊捺洛、莫呼洛伽、人非人等充滿其中。若諸有情應聞苦法而受化者聞佛說苦，應聞無我、寂靜、遠離、無常、空法而受化者亦復如是；應聞如幻而受化者聞說如幻，應聞如夢、響、像、光影、陽焰、變化、尋香城法而受化者亦復如是；應聞空、無相、無願解脫門而受化者聞佛說空、無相、無願。時，有情類或聞如來說一切法從因緣生，或聞說蘊，或聞說界，或聞說處，或聞說苦，或聞說集，或聞說滅，或聞說道，或有聞說念住、正斷、神足、根、力、覺支、道支，或有聞說寂止、妙觀，或有聞說諸聲聞法，或有聞說諸獨覺法，或有聞說諸菩薩法。

「如是菩薩行深般若波羅蜜多方便善巧，示現種種轉法輪相，隨諸有情根性差別，各得利樂深心歡喜。」

大般若波羅蜜多經　卷第五百七十六　摘錄

三藏法師玄奘奉　詔譯

第八那伽室利分

如是我聞：一時，薄伽梵在室羅筏住誓多林給孤獨園，為諸大眾宣揚正法。

爾時，妙吉祥菩薩摩訶薩於日初分著衣持鉢，漸次將入室羅筏城。

時，有菩薩名龍吉祥，見已問言：「尊*者何所往？」

妙吉祥曰：「我欲入此室羅筏城巡行乞食，為欲利樂多眾生故，哀愍世間大眾生故，利益安樂諸天、人故。」

龍吉祥言：「唯然！尊者！今於食想猶未破耶？」

妙吉祥曰：「吾於食想都不見有，知何所破？所以者何？以一切法本性空寂，猶若虛空無壞無斷，我何能破？諸天、魔、梵，世間沙門、婆羅門等亦不能破。所以者何？諸法自性等虛空界，畢竟皆空，不可動搖，無能破者。又一切法如太虛空，無有天、魔、梵、沙門等諸有情類可能攝受。所以者何？以一切法性遠離故非所攝受。」

龍吉祥言：「若如所說，云何菩薩與魔戰諍？」

妙吉祥曰：「菩薩未嘗與擊大鼓魔軍戰諍，菩薩爾時亦不見法有少真實可依入定。所以者何？菩薩見彼雖擊鼓等而無怖畏。譬如幻師幻作怨敵，雖現擾惱而不生怖；如是菩薩知法性空皆如幻等，都無怖畏。若時菩薩有怖畏者，非天、人等所應供養，然諸菩薩解空無怖，堪為一切真淨福田。」

龍吉祥言：「頗有能證菩提者不？」

妙吉祥曰：「亦有能證。」

龍吉祥言：「誰為證者？」

妙吉祥曰：「若無名姓、施設、語言，彼為能證。」

龍吉祥言：「彼既如是，云何能證？」

妙吉祥曰：「彼心無生，不念菩提及菩提座，亦不愍念一切有情，以無表心、無見心等能證無上正等菩提。」

龍吉祥言：「若爾，尊者以何心等當得菩提？」

妙吉祥曰：「我無所趣亦非能趣，都無所學。非我當來詣菩提樹，坐金剛座證大菩提，轉妙法輪拔濟生死。所以者何？諸法無動，不可破壞，不可攝受，畢竟空寂。我以如是非趣心等當得菩提。」

龍吉祥言：「尊者所說皆依勝義，令諸有情信解是法解脫煩惱。若諸有情煩惱解脫，便能畢竟破魔羂網。」

妙吉祥曰：「魔之羂網不可破壞。所以者何？魔者不異菩提增語。何以故？魔及魔軍性俱非有都不可得，是故我說魔者不異菩提增語。」

龍吉祥言：「菩提何謂？」

妙吉祥曰：「言菩提者，遍諸時處一切法中。譬如虛空都無障礙，於時處法無所不在，菩提亦爾，無障礙故遍在一切時處法中。如是菩提最為無上，仁今欲證何等菩提？」

龍吉祥言：「欲證無上。」

妙吉祥曰：「汝今應止！無上菩提非可證法，汝欲證者便行戲論。何以故？無上菩提離相寂滅，仁今欲取，成戲論故。譬如有人作如是說：『我令幻士坐菩提座，證幻無上正等菩提。』如是所言極成戲論，以諸幻士尚不可得，豈令能證幻大菩提！幻於幻法，非合非散，無取無捨，自性俱空。諸佛世尊說一切法不可分別皆如幻事，汝今欲證無上菩提，豈不便成分別幻法？然一切法皆不可取亦不可捨，無成無壞。非法於法能有造作及有滅壞，無法於法能有和合及有別離。所以者何？以一切法非合非散，自性皆空，離我、我所，等虛空界，無說無示、無讚無毀、無高無下、無損無益、不可想像、不可戲論，本性虛寂，皆畢竟空，如幻如夢，無對無比，寧可於彼起分別心？」

龍吉祥言：「善哉！尊者！我今由此定得菩提，何以故？由尊為我說深法故。」

妙吉祥曰：「吾於今者，曾未為汝有所宣說若顯若密、若深若淺，云何令汝能得菩提？所以者何？諸法自性皆不可說，汝謂我說甚深法者，為行戲論；然我實非能說法者，諸法自性亦不可說。如有人言：『我能辯說幻士識相，謂諸幻士識有如是如是差別。』彼由此說害自實言。所以者何？夫幻士者尚非所識，況有識相！汝今謂我說甚深法，令汝證得無上菩提，亦復如是。以一切法皆如幻事，畢竟性空尚不可知，況有宣說！」

爾時，無能勝菩薩摩訶薩來至其所，聞已讚言：「善哉！善哉！正士！大士！能共辯說甚深法門。」

時，妙吉祥詰無能勝言：「正士、大士為說何法？夫為菩薩不作是念：『我是菩薩正士、大士，能為有情說甚深法。』作是念者便行戲論。又，無能勝！頗有谷響，自性實有能發語言，生聞者識詮諸法不？」

時，無能勝答曰：「不也！」

妙吉祥言：「如是諸法一切非實，皆如谷響，無名、無相、無所取著，於斯有執，便行戲論，若行戲論，流轉生死。彼於如響一切法中不如實知，起諸乖諍，乖諍起故心則動搖，心動搖時多諸迷謬，迷謬增故諸趣輪迴。是故，世尊親於晝夜教誡教授諸苾芻言：『汝等苾芻勿行戲論，於我所說寂滅法中，常應思惟、審諦觀察、精勤修習無得法忍。』如是能寂大聖法王說諸法空，本性寂靜，無染、無得、無所依住。能如實知，解脫生死，定當證得菩提涅槃。」

時，龍吉祥聞是語已，因即復問妙吉祥言：「尊者從何生死解脫？」

妙吉祥曰：「仁謂如來從何生死而得解脫？十力世尊常說過去、未來、現在為生死法。」

龍吉祥言：「世尊！豈不說一切法皆如幻化，既爾，有情應本已證無上菩提，寧有生死？所以者何？尊者亦說諸法非實皆如幻化。」

妙吉祥曰：「我從昔來於法性相，曾未宣說，亦不分別、取著、造作。所以者何？諸法性相不可表示、不可分別、不可取著、不可造作。

「一切有情設能如實了達諸法皆如幻化，應本已證無上菩提；然由有情於一切法，不能通達皆如幻化故，於諸趣生死輪迴。如工幻師隨依何物，幻作種種所幻化事，所謂世間天、魔、梵、釋、沙門、梵志、諸龍、藥叉、阿素洛等人、非人眾，諸愚癡類迷執實有，智者幻師知無實性，但有種種虛妄相現。如是諸法雖如幻化，而有情類愚癡不了，非有謂有、無常計常，於諸法中種種分別，或分別色或分別心，有為無為、有漏無漏如是等類種種分別，由此分別，於諸法中不如實知皆如幻化，由不知故生死輪迴。設諸有情於一切法如實了知皆如幻化，則於佛法不復增長。所以者何？諸有情類本來皆有，諸佛妙法一切已有，無退佛智故。「諸有情咸可安立於佛妙法覺慧無動，知法性空，無名無相、無依無住、無取無執、無礙無著、猶如虛空，無阿賴耶、無尼延底，無上寂靜、最極寂靜，無生無滅、無染無淨、無成無壞、非有非無。由此於中成甚深忍，常不遠離諸佛妙法。所以者何？諸佛妙法離性離相，不可施設、不可宣說、不可表示，遍有情類猶若虛空。」

時，龍吉祥聞甚深法歡喜踊躍，讚妙吉祥：「善哉！善哉！尊者所說，甚深微妙不可思議，說諸有情常不遠離諸佛妙法，誰能信解？」

妙吉祥曰：「諸佛真子皆能信解，謂隨信行、若隨法行、若第八、若預流、若一來、若不還、若阿羅漢、若諸獨覺、若諸菩薩已得不退，於諸白法無動無轉，已善安住畢竟空法、無所得法，能深信解。所以者何？是諸菩薩妙菩提座已現在前，能對世間天、魔、梵、釋、沙門、梵志、阿素洛等人、非人前大師子吼：『我於此座結跏趺坐，乃至未得無上菩提，終不中間暫解斯坐。』何以故？是諸菩薩已善安住畢竟空法、無所得法，不可動故。譬如帝杙極善安固，諸牛王等不能動搖；如是菩薩已善安住畢竟空法、無所得法，一切有情不能傾動，令離覺、所覺及菩提座處。」

龍吉祥言：「覺、所覺處、菩提座處，何所謂耶？」

時，妙吉祥還詰彼曰：「云何名為如來變化？云何如來變化之處？云何如來變化所依？云何如來變化證法，由此說為如來變化說法示導？」

龍吉祥言：「我尚不見有實如來，況當見有如來變化及變化處、變化所依、變化證法，由此可說如來變化說法示導！」

妙吉祥曰：「善哉！善哉！所說所知甚為如理，汝已起證於一切法無所得忍能作是說，覺、所覺等應知亦然。」

龍吉祥言：「非一切法無所得忍有起有壞。所以者何？以一切法空無自性，自相亦空。如是諸法無相、無對、無色、無見，與虛空等，云何得起於一切法無所得忍？若一切法無所得忍有可起義，則谷響忍、若光影忍、若聚沫忍、若浮泡忍、若陽焰忍、若芭蕉忍、若幻事忍、若夢境忍、若變化忍、若鏡像忍、若尋香城忍、若虛空界忍應有起義。所以者何？虛空等忍有起義者，必無是處。若菩薩摩訶薩聞如是法，不驚、不怖、無惑、無疑、心不沈沒，即是菩薩無上法忍。」

妙吉祥言：「諸菩薩眾無得法忍豈無差別？」

龍吉祥曰：「若菩薩眾於少分法有執著者，是則名為行有所得。若諸菩薩作是念言：『我於甚深悉能解了。』是則名為行有所得。若諸菩薩作是念言：『我於甚深悉能信是成就甚深忍者。』是則名為行有所得。若諸菩薩作是念言：『我於諸義悉能解了。』是則名為行有所得。若諸菩薩作是念言：『我於諸法悉能覺了。』是則名為行有所得。若諸菩薩作是念言：『我能解了諸法本性。』是則名為行有所得。若諸菩薩作是念言：『我能修行諸菩薩道。』是則名為行有所得。若諸菩薩作是念言：『我能嚴淨種種佛土。』是則名為行有所得。若諸菩薩作是念言：『我能成熟諸有情類。』是則名為行有所得。若諸菩薩作是念言：『我於菩提決定當證。』是則名為行有所得。

「若諸菩薩作是念言：『我定能轉無上法輪。』是則名為行有所得。若諸菩薩作是念言：『我能濟拔諸有情類。』是則名為行有所得。若諸菩薩作是念言：『我有所行、我有所證。』是則名為行有所得。若諸菩薩作是念言：『我能修行布施、淨戒、安忍、精進、靜慮、般若波羅蜜多。』是則名為行有所得。若諸菩薩作是念言：『我能修行四念住等三十七種菩提分法。』是則名為行有所得。若諸菩薩作是念言：『我能修行靜慮、無量、等持、等至、陀羅尼門。』是則名為行有所得。若諸菩薩作是念言：『我能趣證如來十力、四無所畏、四無礙解、大慈、大悲、大喜、大捨并十八佛不共法等無量無邊諸佛妙法。』是則名為行有所得。菩薩不行有所得故，無得法忍非有差別。」

妙吉祥言：「若爾，菩薩云何修學趣菩提行？」

龍吉祥曰：「若菩薩眾於諸法中無所取著，是為修學趣菩提行；若菩薩眾於諸法中無所恃怙，是為修學趣菩提行；若菩薩眾現觀諸法依託眾緣、空無自性、離我、我所，是為修學趣菩提行；若菩薩眾雖有所行而無行想，是為修學趣菩提行。」

妙吉祥言：「如是！如是！誠如所說。如人夢中雖謂遊止種種方所，而無去、來、行、住、坐、臥，亦無真實遊止處所。菩薩亦爾，雖住寤時，有所修行而無行想，觀所行行本性皆空，於諸法中無所取著，達一切法無狀、無相、無阿賴耶、無尼延底，與虛空等本性空寂。若諸菩薩能如是行，無所執取、離諸戲論，是天、人等真淨福田，堪受世間恭敬供養。」

爾時，龍吉祥菩薩摩訶薩聞是語已，歡喜踊躍而作是言：「唯然！尊者！我今欲往室羅筏城，為有情故巡行乞食。」

妙吉祥曰：「隨汝意往，然於行時，勿得舉足，勿得下足，勿屈、勿伸，勿起我心，勿興戲論，勿生路想，勿生城邑、聚落之想，勿生小大、男女之想，勿生街巷、園林、舍宅、戶牖等想。所以者何？菩提遠離諸所有想，無高無下、無卷無舒，心絕動搖，言亡戲論，無有數量，是為菩薩所趣菩提。仁今若能如是行者，隨意所往而行乞食。」

時，龍吉祥既承教授教誡威力入海喻定。譬如大海其水廣深，盈滿湛然豐諸珍寶，含育種種水族生命。如是此定威力廣深、神用難思、三業安靜，具功德寶攝養含識。

時，有菩薩名曰善思，為欲令彼速出定故，設大加行觸動其身，雖令三千大千世界諸山、大地六反變動，而龍吉祥身心宴寂，安固不動如妙高山。所以者何？彼由此定，令身、語、意安住無動。後從定起，雨諸香花，向誓多林曲躬合掌，至誠恭敬而作是言：「歸命如來、應、正等覺，所證所說無不甚深，自性皆空無染無得，能令聞者獲斯勝定。」

善思菩薩便問彼言：「仁在定中覺地動不？」

龍吉祥曰：「善思！當知若諸身心有動轉者，見大地等亦有傾搖。諸佛世尊、不退菩薩及大獨覺、大阿羅漢，身心安靜遠離動搖，於諸法中不見不覺有動、有轉、有傾、有搖。所以者何？以常安住無動、無轉、無傾搖法，謂空、無相、無願、寂靜，證相本空、性遠離法，由住此法身心無動。」

時，妙吉祥見聞此已，歡喜讚歎龍吉祥言：「善哉！善哉！能成是事，今者隨意入城乞食。」

龍吉祥曰：「我今已證海喻勝定無上法食，於諸段食不復希求。我今唯求布施、淨戒、安忍、精進、靜慮、般若、方便善巧、妙願、力、智波羅蜜多及餘無邊菩薩勝行，疾證無上正等菩提，轉妙法輪拔有情類生死大苦，令住究竟清淨涅槃。我今欣求棄捨諸行，不欲資養雜穢身心。今我由尊真淨善友，哀愍我力證獲勝定，我今頂禮殊妙吉祥、無邊吉祥、勇猛吉祥、廣大吉祥、妙法吉祥、勝慧吉祥、難思吉祥、大仙善友、真淨善友。」

妙吉祥言：「善哉！仁者！能得如是海喻勝定，了達諸法如響、如像、如夢、如幻、如陽焰、如光影、如變化事、如尋香城。汝今應求如來十力、四無所畏、四無礙解、大慈、大悲、大喜、大捨并十八佛不共法等無量無邊無上法食，用自資益解脫法身。一切如來、應、正等覺皆由此食，能經無量、無數、無邊不可思議殑伽沙等大劫而住。所以者何？如是法食無漏無繫，能永解脫執著世間不出離法，亦能永滅一切憍慢，無阿賴耶、無尼延底，無諸戲論本性空寂。一切菩薩摩訶薩眾皆希此食，汝亦當求，勿求世間下劣法食。」

龍吉祥曰：「我今聽尊所讚如斯無上法食已為充足，況得食耶！我若當來得斯法食，即以無食而為方便，自充足已，復持充足一切有情。」

妙吉祥言：「汝能充足虛空界不？」

答曰：「不能！」

妙吉祥言：「汝能充足響、像、夢幻、陽焰、光影、諸變化事、尋香城不？」

答曰：「不能！」

妙吉祥言：「汝頗能以眾流充足諸大海不？」

答曰：「不能！」

妙吉祥言：「諸法亦爾，云何汝欲充足一切？汝欲一切皆充足者，則欲充足太虛空界，亦欲充足響、像、夢等，亦欲充足一切大海，亦欲充足一切法空、無相、無願、無造、無作、無生、無滅，亦欲充足遠離、寂靜、離染、涅槃、畢竟、解脫，亦欲充足無色、無見、無對、一相與虛空等不可執取真如、法界。」

龍吉祥言：「如尊所說食及食者無不皆空，則諸有情應不資食。」

妙吉祥曰：「如是！如是！一切有情皆不資食。設佛化為殑伽沙等諸有情類無不須食，汝令誰造爾所食耶？」

龍吉祥言：「化無所食，何假為造？」

妙吉祥曰：「法及有情皆如幻化，是故一切無資食者。若諸有情不能如實了達諸法皆如幻化，則於諸趣生死輪迴，虛妄執為有所資持，然彼資持都不可得。如實觀察法及有情，自性俱空無少真實，則於諸食無所資持。」

龍吉祥言：「我今欲住斷除飢渴。」

妙吉祥曰：「飢渴尚無，何有能斷？譬如幻士作如是言：『我今欲求陽焰中水斷除飢渴。』汝今亦然。所以者何？以一切法皆如陽焰，一切有情皆如幻士，云何欲住斷除飢渴？虛妄分別所作法中，能斷、所斷俱不可得，既無飢渴，除斷者誰？諸法本來自性充足都無飢渴，何所除斷？愚夫於此不如實知，謂我飢渴欲求除斷；諸有智者能如實知飢渴本無不求除斷，既能了達諸法性空，不復輪迴生死諸趣，*遠離戲論無所分別，於一切法住無所住，無依、無染，無入、無出，畢竟解脫，分別永無。」

龍吉祥言：「如如尊者說諸法要，如是如是法界出現。」

妙吉祥曰：「非真法界有出、有沒、有屈、有伸。所以者何？真法界者，離相寂然，無出、無沒，不可分別、不可戲論，無依、無住，無取、無捨，無動、無轉，無染、無淨。如虛空界，無動、無轉，無取、無捨，無依、無住，不可戲論、不可分別，無出、無沒；諸法亦爾，自相本空，性亦非有，相不可得。若諸法相有可得者，已般涅槃佛應可得故。

「一切法無阿賴耶、無尼延底，無色、無見、無對、無相，本來寂滅。是故諸佛如殑伽沙，雖已般涅槃而無一法滅，謂無色蘊滅及受、想、行、識蘊滅，亦無眼處滅及耳、鼻、舌、身、意處滅，亦無色處滅及聲、香、味、觸、法處滅，亦無眼界滅及耳、鼻、舌、身、意界滅，亦無色界滅及聲、香、味、觸、法界滅，亦無眼識界滅及耳、鼻、舌、身、意識界滅，亦無眼觸滅及耳、鼻、舌、身、意觸滅，亦無眼觸為緣所生諸受滅及耳、鼻、舌、身、意觸為緣所生諸受滅，亦無地界滅及水、火、風、空、識界滅。如是諸佛雖般涅槃，而無一法般涅槃者。諸有欲令般涅槃位有法滅者，則為欲令太虛空界彼位亦滅。所以者何？一切法性本來寂滅，自性寂靜，最極寂靜，不可更滅。

「諸愚夫類不如實知，般涅槃時方起滅想，謂：『我、我所今時乃滅。』彼由執著我及有情，廣說乃至知者、*見者，及由執有、無自性法、般涅槃時一切永滅，我說彼類皆不能解脫生、老、病、死愁歎苦憂惱。所以者何？彼愚癡類於法本性不知不覺，由不知覺法本性故，與佛世尊及大弟子不退菩薩於甚深法有深信解，恒樂受行無所得行，於過去佛多種善根，有大神通具大勢力，真淨商主、無上天仙常有違諍。以違諍故，彼諸愚夫長夜沈淪不淨臭穢，一切賢聖咸遠避之，智者共訶鄙惡生死。如近城邑村落糞壤，如如晝夜人畜往來，如是如是增長不淨、可惡、臭穢便利等物；如是愚夫於法本性不能覺了，增長極惡、生臭、爛臭、不淨生死，聖賢訶毀，智者遠離，我說彼類不能解脫生老病等種種過患。」

時，龍吉祥問言：「尊者！云何於法能如實知？」

妙吉祥曰：「諸有能以無分別心隨順遠離、趣向遠離、臨至遠離，如是於法能如實知。」

龍吉祥言：「誰於幻事而能遠離？」

妙吉祥曰：「即此能於幻事遠離。」

爾時，善現來到其所，言：「二大士何所談論？」

時，妙吉祥詰言：「大德！今說何法名為大士？我等不見有少實法可名大士而共談論，大聖法王亦未曾說有少實法名大士者。諸法如響皆非真實，其響豈能有所談論？」

具壽善現聞是語已，入無所得三摩地門，經須臾間還從定起，合掌恭敬向誓多林作如是言：「我今歸佛所證所說，無不甚深、微妙、寂靜，難見、難覺，非所尋思、超尋思境，永害執取，斷諸纏、縛，如是妙法不可思議，令諸有情聞獲利樂。若諸菩薩已得不退，曼殊室利而為上首，乃至或有最初發心趣大菩提諸菩薩眾，皆共於此甚深法中，展轉相親作斯談論。」

大般若波羅蜜多經　卷第五百九十四　摘錄

三藏法師玄奘奉　詔譯

第十六般若波羅蜜多分之二

爾時，佛告具壽慶喜：「汝應受持舍利子說，彼如是說與我無異。慶喜！當知增上慢者於此法教不能悟入，以非彼境、非彼地故。慶喜！當知如是法教順諸法性，順佛菩提，於佛菩提能為助伴。下劣信解諸有情類，於此甚深廣大佛法，心不悟入，不能受行。慶喜！當知下劣信解增上慢者，於佛菩提及甚深法違逆而住，諸有所為隨增上慢，不能信受此甚深法。慶喜！當知今此眾會，最勝清淨遠離雜染，曾多佛所發弘誓願，種植無量殊勝善根，奉事無邊過去諸佛，於甚深法久生信解，於甚深行已熟修行。故今如來、應、正等覺委信此眾無所猜疑，所說法門皆悉明了，無所護惜為說法要。慶喜！當知今此眾會，堅固清淨，無如瓦礫、鹹鹵等者，已曾供養多百千佛，於諸佛法堅固安住。慶喜！當知如瓦礫者，即是愚夫異生增語，於甚深法無容納義；鹹鹵等者，當知顯示諸增上慢有情增語，不能生長甚深行故。慶喜！當知今此眾會，離增上慢，廣大善根之所集起，是深法器。

「復次，慶喜！譬如無熱大池龍王，有因緣故，生大歡喜，於自宮中受五欲樂，以歡喜故，復於自宮降澍大雨具八功德。時，彼諸子各往自宮，亦復歡娛受五欲樂，和合遊戲降大甘雨。如是如來、應、正等覺，為諸眾會降大法雨。時，有無量長子菩薩摩訶薩眾聞已結集，或即於此堪忍界中，對自如來、應、正等覺，為諸眾會雨大法雨，或往彼彼自佛土中，對諸如來、應、正等覺，各於自眾雨大法雨。復次，慶喜！如海龍王有時歡悅，於自宮內降澍大雨。宮中所有舊住諸龍，隨所降澍皆歡喜受，於此大雨善知分齊。彼諸龍子亦各歡悅，堪受父王所降大雨。所以者何？有餘龍等，於所降雨不知分齊，亦復不能歡喜忍受。如是如來、應、正等覺，處大眾會雨深法寶。有佛長子大菩薩眾，久植無量殊勝善根，甚深法門之所生長，成就種種廣大意樂，堪受如來大法門雨，聞已歡喜善知分齊。為此義故，今者如來清淨眾中大師子吼，雨大法雨作大饒益。」

大般若波羅蜜多經　卷第六百　摘錄

三藏法師玄奘奉　詔譯

第十六般若波羅蜜多分之八

「善勇猛！若諸菩薩能如是行，速能圓滿一切智法。善勇猛！若諸菩薩能如是行，則為隣近如來十力、四無所畏、四無礙解、大慈、大悲、大喜、大捨、十八佛不共法。善勇猛！若諸菩薩能如是行，則為隣近三十二大士相、八十隨好，身真金色，無邊光明，如龍象視，無能見頂。善勇猛！若諸菩薩能如是行，則為隣近過去、未來、現在無著無礙智見，亦為隣近如來教授、教誡、示導，亦為隣近過去、未來、現在無著無礙智見，決定受記。

（略）

「善勇猛！無有少法可說住者，如四大河無熱池出，未入大海終無住義。如是諸法乃至無造，諸行未盡終無住義。善勇猛！無造行者，謂於此中無住不住、無留難者，一切皆依俗數而說，實無有住、無留難者、無究竟者亦無不住。善勇猛！無造行者依俗數說，如諸有情世俗所見，非實有住或留難者、或究竟者亦無不住。非無造行有實住者，是故可言依俗數說，故一切法皆無住義。

（略）

「善勇猛！譬如大地至雨際時，見上空中密雲含潤，天將昏闇漸降大雨，陂湖池沼處處充溢，大地原隰上下俱潤，密雲垂覆甘雨普洽，令諸藥物、卉木、叢林、枝葉、花果悉皆茂盛，水陸山川香氣芬馥，處處皆有花果泉池，大地于時甚可愛樂，人非人類見已歡娛，採摘花果嗅香嘗味；如是菩薩現得般若波羅蜜多精勤修學，是諸菩薩當知不久一切智智之所潤沃，善能趣入一切智智，當能開顯一切智智，由斯潤洽一切有情，分別開示無上法寶。

「善勇猛！譬如無熱龍王宮內，有情生已出四大河，各趣一方充滿大海；如是菩薩手中得此甚深般若波羅蜜多，復能於中精勤修學，彼皆能出大法流注，以大法施充足有情。

（略）

佛時微笑放大光明，普照三千大千世界。人中、天上兩處有情，因佛光明互得相見。時，此眾會天、龍、藥叉、健達縛、阿素洛、揭路茶、緊捺洛、莫呼洛伽及餘神眾，皆持種種天妙華香，奉散世尊而為供養，復發廣大讚詠聲言：「甚奇！如來！大威神力！護持法藏及修行者，令惡魔軍不能壞滅，斷諸魔羂得大自在，於所修行速至究竟。若有淨信諸善男子、善女人等，於此法門受持、讀誦、為他廣說，不復怖畏諸惡魔軍。若諸菩薩於此法門受持、讀誦、為他廣說，便能降伏諸惡魔軍，一切惡魔不能留難。」

爾時，佛告善勇猛言：「如是！如是！如天等說。善勇猛！如來於此無上法門，為諸惡魔已結壃界，令惡魔眾所有羂網於此法門不能為礙。善勇猛！如來今者依此法門，摧諸惡魔所有勢力。善勇猛！如來今者護此法門，制諸惡魔令不侵損。善勇猛！若有淨信諸善男子、善女人等，於此法門受持、讀誦、廣為他說，一切惡魔不能擾亂，而能降伏諸惡魔怨。若諸菩薩於此法門受持、讀誦、廣為他說，普能降伏一切魔軍，施諸有情利益安樂。善勇猛！如是法門非諸雜染弊有情類手所能得。善勇猛！如是法門非魔羂網所拘縶者之所行地。善勇猛！如是法門是性調善極聰慧者之所行地。善勇猛！如極調柔聰慧象馬，非小王等之所乘御，亦非出現於弊惡時，唯為輪王之所受用；由斯出現於彼世時，如是調柔極聰慧者，方能受用此深法門故，此法門乃墮其手。

「善勇猛！譬如齋戒龍王、善住龍王、哀羅筏拏龍王，彼不為人之所受用及為見故而現在前，亦復不為諸餘天眾所受用故而現在前，唯為調善聰慧天眾所受用故而現前也！如如帝釋思與天眾往遊戲處嚴飾之時，如是如是彼龍現作如是相狀來現其前，為天帝等所受用故。如是若有善士人帝乃能受用此深法門，謂能聽聞、受持、讀誦，為有情類宣示分別。彼於此法為大莊嚴，能大流通，作大法照，成大法喜，受大法樂。

「善勇猛！若於般若波羅蜜多甚深法門，受持一句，尚獲無量無邊功德，況有於此大般若經，能具受持、轉讀、書寫、供養、流布、廣為他說，彼所獲福不可思議！善勇猛！唯性調柔極聰慧者，乃能攝受如是法門，若不調柔極聰慧者，此甚深法非其境界。善勇猛！我為有情斷諸疑惑，故說如是大般若經。」

說此法時，無量無數菩薩摩訶薩得無生法忍，復有無邊諸有情類皆發無上正等覺心。爾時，如來記彼決定當證無上正等菩提。

時，薄伽梵說是經已，善勇猛等諸大菩薩及餘四眾，天、龍、藥叉、健達縛、阿素洛、揭路茶、緊捺洛、莫呼洛伽、人非人等一切大眾，聞佛所說皆大歡喜、信受奉行。

勝天王般若波羅蜜經 卷第四 摘錄

陳優禪尼國王子月婆首那譯

勝天王般若波羅蜜經現相品第七

爾時，大智舍利弗白勝天王言：「菩薩摩訶薩行般若波羅蜜，通達法性，即應坐道場、轉法輪，何因緣故，先修苦行降伏惡魔？」

爾時，勝天王答舍利弗言：「善男子！菩薩摩訶薩行般若波羅蜜，實無苦行。為伏外道故示現之，而彼天魔實不能壞，是欲界主故示降伏化諸眾生。

「舍利弗！外道自謂苦行第一，是故菩薩示現苦行，能超過彼。舍利弗！或有眾生但見菩薩屈一膝立，或見菩薩舉兩手立，或見菩薩視日而立，或見菩薩五熱炙身，或見菩薩倒身而立；或見菩薩臥棘刺床，或臥牛糞，或坐方石，或復臥地，或見臥板，或臥杵上，或臥塵土；或著板衣，或著莣衣，或著草衣，或樹皮衣，或復裸形，或著茅衣；或面向日隨日而轉；或食稗子，或見食麥，或食草根雜諸樹葉，食果食華，或食薯蕷，或見食芋，或見食藕；或六日一食，或見食豆，或食大豆，或食炒穀，或見食廂，或見食米，或見飲水而以度日；或見菩薩食一滴蘇而以度日，或一滴蜜，或一滴乳；或無所食；或見眠熟。

「舍利弗！菩薩摩訶薩示現如是種種苦行，六年之中一事不虧。菩薩實無如是苦行，眾生見有。以諸眾生應以苦行而得度脫，為是等故菩薩示之，有六十那由他人安住三乘。舍利弗！復有天、人，宿世善根深樂大乘，則見菩薩坐七寶臺，身心不動，面門喜笑，入三昧定，如是六年方從定起。舍利弗！復有眾生深樂大乘，欲聽聞者，則見菩薩端坐說法。舍利弗！此是菩薩摩訶薩以方便力行般若波羅蜜，大悲化度一切眾生，能降天魔、伏諸外道。

「菩薩摩訶薩既經六年，從定而起，隨順世法，詣尼連禪河，洗浴出已，於河邊立，有牧牛女搆百乳牛，以飲一牛，搆此牛乳用以作糜，奉獻菩薩。復有六億天、龍、夜叉、乾闥婆，各持飲食而來奉獻，作如是言：『大士！受我供養。正士！受我供養。』菩薩悉受，而彼牛女、天、龍、夜叉各不相見，一一天等各見菩薩獨受其食。舍利弗！是等眾生因見受供而得悟道，是故菩薩為示現之，而此菩薩實不洗浴及受供養。

「舍利弗！菩薩摩訶薩行般若波羅蜜，以方便力示現行詣道場。時，有地居天子，名曰妙地，與諸天神掃此大地，散眾妙華，種種香水而用灑之。三千大千世界須彌山下諸天之眾，四天王天雨諸天華，三十三天及夜摩天，空中讚歎作諸伎樂，兜率陀天珊兜率陀王，以七寶網彌覆世界，四角皆懸閻浮檀金鈴，悉雨眾寶供養菩薩。化樂諸天善化王，以閻浮檀金羅網彌覆世界，作諸伎樂，雨種種華供養菩薩。他化自在諸天子，與諸天、龍、夜叉、乾闥婆、阿修羅、伽樓羅、緊那羅、摩睺羅伽、人非人等，各各施設種種供養。自在天子與娑婆世界主大梵天王，既見菩薩行詣道場，即告一切諸梵天言：『善男子！汝等當知，如此菩薩摩訶薩，堅固大身而自莊嚴，不違本誓心無厭怠，一切菩薩行悉滿足，通達教化無量眾生，菩薩諸地皆得自在；於諸眾生，其心清淨善知根性；通達如來甚深*密藏，過諸魔事，一切善根不隨外緣，無量諸佛之所擁護，能為眾生開解脫門，大將導師摧伏諸魔，大千世界獨為勇猛，善施法藥為大醫王，解脫灌頂受法王位放智慧光，世間八法所不能染如大蓮華，通達一切諸陀羅尼，甚深如海，安住不動如須彌山，智慧清淨無有垢穢，如摩尼珠，於一切法而得自在清淨梵行。善男子！菩薩摩訶薩修般若波羅蜜，以方便力行詣道場，欲降惡魔，坐菩提樹，為成就十力，四無畏，十八不共法，轉大法輪，作師子吼，以法布施，令諸眾生皆悉飽滿；為欲清淨眾生法眼，無上正法降伏外道；欲示諸佛本願成就，於一切法而得自在。善男子！汝等可往供養菩薩。』

「舍利弗！菩薩摩訶薩行般若波羅蜜，以方便力示現行詣道場，足下即現千輻輪相微妙光明。一切地獄、畜生、餓鬼遇斯光明，皆悉離苦而得安樂。及照龍宮時，有加梨加龍王遇此光明，即告諸龍：『此金色光來照龍宮，悉令汝等身心安樂。我於過去曾見此相，有佛出興；今此光明如昔不異，當知必有佛出世間。可*辦種種燒香、塗香、末香，金、銀、真珠、車渠、馬瑙、珊瑚、白玉，*幡華幢蓋，作諸音樂，往詣菩薩宮中，好物悉齎供養。』時加梨加龍王與諸眷屬，普興大雲降注香雨，往詣菩薩，作諸伎樂施設供養，右繞菩薩而讚歎言：『金色光明令人喜悅，決定最勝，佛出無疑。種種雜寶莊嚴大地，凡是因地生諸草木悉變成寶，江河皆靜無風浪聲，推如此瑞，佛出無疑。釋梵日月光明不現，惡趣清淨，佛出無疑。譬如有人少失父母，年既長大忽然還得，心甚歡喜；一切世間覩佛興出，亦復如是。我等已曾供養過去諸佛世尊，今值法王人中師子，則我受生為不空過。』

（略）

「舍利弗！復有六萬天子先來獻供，過去願力：『若菩薩成道，必願先受我等供養。』爾時，菩薩摩訶薩以般若波羅蜜方便力故，示現欲轉法輪。娑婆世界主尸棄梵王，與六十八萬梵天，來世尊所，頭面作禮，右繞七匝而發是言：『唯願大悲，轉無上法輪！唯願大悲，轉無上法輪！』爾時，即現大師子座高四萬二千由旬，種種莊嚴堅固安隱。十方無量釋提桓因，悉為如來敷師子座，亦復如是。爾時菩薩以神通力，一一諸天各見菩薩坐其座上而轉法輪。菩薩摩訶薩既坐此座，十方無量無邊世界，皆悉震動放大光明，即入無邊境界三昧。十方恒河沙世界一切眾生三惡道苦，即得安樂悉離三毒，各各相於猶如母子，無復惡心。

「時，此三千大千世界，靡有間隙如一毛孔，天、龍、夜叉、乾闥婆、阿修羅、伽樓羅、緊那羅、摩睺羅伽、人非人等，悉滿其中。若有眾生應以苦法而受化者，聞佛說苦；應以無我、空、寂靜、離、無常，皆亦如是；應以如幻法而受化者，聞說如幻，應以如夢、水中月、如影、如響，皆亦如是；應以空、無相、無願而受化者，即聞佛說空、無相、無願法；或聞如來說一切法從因緣生；或聞說諸陰，或聞說諸界，或聞說諸入；或聞說苦聲，或聞說集聲，或聞說道聲；或聞說念處，或聞說正勤，或聞說神足，或聞說根，或聞說力，或聞說覺，或聞說道，或聞說奢摩他，或聞說毘婆舍那，或聞說辟支佛法，或聞說大乘法。舍利弗！菩薩摩訶薩行般若波羅蜜，以方便力示現種種轉法輪，令無量眾生隨其根性歡喜利益。」

佛說濡首菩薩無上清淨分衛經　卷上

宋沙門翔公於南海郡譯

一名「決了諸法如幻化三昧經」。

聞如是：一時世尊遊舍衛祇樹給孤獨園，與大比丘五百人俱。舍利弗、摩訶目揵連、摩訶迦葉、須菩提、阿難揵等，率自耆年素行修行，皆棄瑕疵，垢除清淨，宿樹眾德，所作已辦；了厭身弊，解識因緣，覩彼五道受有苦器，漏臙諸患種種之穢，無樂三界，常欲捨離。見諸流轉，縮心畏惡，斷滅求空，志畢泥洹；處往無還，永彼靜安，悉斷生死，結網索盡；都無諸漏，已離重擔，獲四神足，致六通行；能住身命，存亡從志，度於彼岸，坦然為樂。

又與菩薩千人俱，悉尊菩薩摩訶薩，皆一生補處，被大德鎧，顯有佛稱，降現菩薩，班宣道化布諸佛藏；神智異達，已通聖慧，等住大乘，志如虛空；以立廣法過度無極，具足普智明曉權要，總持所覽統攝無限，積眾辯才不可測量；隨俗順導為大橋梁，無上道德而無罣礙，散演深邃無極微妙，悉降魔怨都伏外道，獨步十方周流往還，遊於五道而無去來；如日月殿，若夢、幻、化、影、響、野馬，等無進止，感動一切，濟度生死；三寶之化使永不斷，道普興顯德皆具足。

其諸菩薩悉皆各有，名曰濡首童真菩薩、龍首菩薩、妙首菩薩、大首菩薩、普首菩薩、慧首菩薩、明首菩薩、甘首菩薩、英首菩薩、寶首菩薩，是等菩薩，千人俱也。

是時，坐中英首菩薩，承佛神旨而從坐起，嚴齊法服肅恭已禮，偏袒其肩，右膝著地，而跪白佛：「唯然，世尊！濡首童真者，古今諸佛、無數如來及眾仙聖、有道神通，所共稱讚，去、來、現在諸成大業菩薩之等，導進無由，為一切師。了深覩遠，道度淵懿，明踰日月，智過江海，達越虛空，慧辯無極，德顯無上，四等普育，慈悲利安，仁泰寬濟，弘雅汪洋德無崖邊，如無底泓，憺怕曠定，如無像體，居于靜寂。儀容無量，於十方土現佛廣化，為諸菩薩所見戴奉，一切釋梵及四天王，咸率禮敬委仰尊重，諸天、龍神、阿須倫眾、迦留羅輩，真陀羅、摩睺勒等，莫不供事，覩世帝王所共奉遵。聖相滿具，光好湛然。吾瞻濡首，眾德具備，諸善若斯，為難思議。願常歌詠顯讚無極，諮嗟歎美流著十方，於百千劫永無懈也。」

其時，濡首謂英首曰：「云何，族姓子！法身有煩乎？」曰：「其法身無處無像；又法身者都無煩勞。」

曰：「云何，英首！仁了法身乎？」曰：「法身者，豈有處所、言聲、迹耶？又法身者，無了不了，若響如影，寧所了乎？」

曰：「知法身如幻化影，無了不了，亦無言說。而仁云何舉聲說耶？」曰：「向所言如響之聲，為諸文說著行者耳。」

曰：「如仁言，則其法身，為有內外，有其彼此處于中間。為有數觀，已在二數則有處所。」又曰：「英首！於法身者，都無響應亦無影像，無心無意，無念無識，無言無說，無異無同；無二之趣亦無一歸，於一無一亦無所處。是者，英首！本無法身，微妙印說，極世所歸，無上無比道要之藏。」

於時，佛歎濡首曰：「善哉！善哉！如濡首所言，乃應清淨法身說也。」

時，座中五百比丘、五百比丘尼，聞濡首所說，皆逮無所從生法樂忍。又舍衛國清信士女二千人，本不發心於大乘行，聞此要說，即自堅固於無上正真道意。萬二千天子，意亘踊躍發菩薩心，各在虛空而歌濡首，積德過劫功成無量。

是時，濡首童真菩薩，以其平旦欲入城分衛，整聖無上清淨道服，執御應器，持法錫杖，粗順如佛；機檢典制，度量儼然，庠行安步，進止端嚴，迴旋顧眄光色無量，諸根靜寂常應道定，威儀詠敘禮法肅齊，眾德悉備靡不雅然；如猛師子，如大龍王，景福之祚燿出樹園，威相無量德好卓異，暉顏煒曄光曜炳然。濡首童真方出祇門，即自念言：「今入舍衛，必有十方諸土菩薩普來之眾，應承聖旨所感動者，便當如佛。」尋以其像不移所住，己身一一毛孔之相，出化菩薩。其諸化者，覩於十方，悉現其化，一一國土化所化者，各稱言曰：「濡首菩薩稽首世尊，恭問遊居，佛祚康彊，景福無量乎？」

又諸如來所侍弟子，悅目邉憙，各問其佛：「斯從何方乃來現此？」諸土世尊各告侍曰：「有土名忍，佛號能仁如來、至真、等正覺。彼有菩薩，名曰濡首，道慧難測，權辯無量，悉於諸國博現佛事。今於彼土興顯大道，故身毛相而現其化，唱此感動，進諸疑惑。」

普土菩薩及諸眾生，見所變化，各聞佛語，億姟菩薩悉得無所從生法樂忍。萬億之眾在生死流，聞濡首名又覩化應，皆發無上正真道意。十方菩薩莫不樂喜，願見濡首，聽稟清異上聞之說，微妙法像，得覩其佛及彼菩薩。諸士尋隨無數菩薩，各啟世尊：「欲之忍界覩能仁佛，禮事供養。又見濡首，觀聽變說。」諸佛默然，即應受教。各承聖力遷飛彼土，忽升忍界到濡首所。

諸來菩薩咸懷敬仰，或持天華，或擎明寶，或執垂珠，或直叉手，或作天樂，或列虛空散華末香、吹噭鳴珂，或復歌頌濡首童真道顯普祐無上之德，或欲賓導侍衛濡首，肅恭而行，瞻覩無厭。

是時，釋梵及四鎮王、日月天子，諸龍、鬼神各與所輔，亦尋忽至。釋與四王俱同有念：「今濡首童真與無數菩薩、諸尊天人，當入舍衛顯大感動，宜應盡化向舍衛城道，令其坦平而無高下。俠道兩邊列七寶樹，一樹之間有七玉女，各現半身而作倡伎。女容委靡姿媚，面照華色，目若明珠，端正妙異，清聲美辭以歌濡首大吉祥福、清純道品菩薩眾德。步置熏爐燒天蜜香，處有雜華以為供養。登于爾時，道之左側，含毒螫蟲、蟒蝮、虵蚖、蜂蝎眾類，應時咸然消縮毒氣，吉獸瑞鳥進集嬉翔。」

彼時，濡首，為無數百千菩薩眾及諸天人而所圍衛，特獨堂堂光色無量。譬日始出高山之嶽，若月盛滿在眾星中，又若須彌異於眾山。如猛師子出于深林，暉顏灼然遂而進焉。適側城門，尋足躡閫，盡境震動。登爾之時莫不驚愕，所在伎器率自鼓鳴，咸曰：「此何吉祥大變瑞應之異，乃未曾有！將佛入城所感然乎？」舉國大小靡不驚喜，心豫忻忻肅恭無量，或上樓閣，或攀垣墻，或窺窻牖，或出門戶，競有悅懌，向佛冀覩神異。

時，王波斯匿，與宮正后、美妃、婇女八千人俱，諸子、群臣、眷屬萬人圍衛從行，各懷忻悅惶憙出迎。斯須之頃濡首忽至，為諸菩薩及尊眾天而所衛從，大人相具眾好普備，金顏聖容見皆喜悅，莫不前禮。諸來之眾中有散華，或燒妙香，或散衣寶。檢心恭向，瞻覩無量。於是濡首遂前入城，諸尊菩薩、有勢天神，僉然恭肅追隨所旋，觀見神變又欲稟受道誨故也。

爾時，於是龍首菩薩，見其濡首童真菩薩為無數眾而所圍繞，堂堂祥儀並共入城。曰：「族姓子！為所之耶？」濡首菩薩答龍首曰：「吾適此城欲行分衛，多所愍念廣其慧利，為拯世眾一切天人，度義故現行分衛耳，普為諸眾成大導故。」

龍首問曰：「云何，濡首！仁尊于今分衛想未斷耶？」曰：「族姓子！吾斷矣。於有見分衛想行者，至於無見無斷不斷，斯謂菩薩清淨分衛。所以者何？若此，龍首！一切諸法無斷不斷，譬如虛空無斷不斷。以是言之，為不可斷。普悉是世、盡魔梵界，一切眾寂及諸梵志、王與庶民，亦無能斷也。何則？龍首！以其諸法若如虛空，本無所有，無起無動，無持無獲，空本無獲，亦無所持，亦不可得。以要言之，一切眾類及世餘法、外邪雜術，悉無所有，無持無得亦無能獲。諸法如此，皆不可得，亦不可持，以本空故，故不可斷。」

「云何，濡首！菩薩摩訶薩當與諸魔為敵耶？」

答曰：「龍首！法本無諍，不見菩薩當與諸魔而有戰者。若其菩薩與魔為敵，起見法想而有所諍，是菩薩便為恐怯。何則然者？以彼菩薩自興恐弱也。譬如，龍首！幻師現化，而幻所化了無恐怯。如是，龍首！此菩薩解本空法、無著之行則無恐怖。若有菩薩有恐怖者，是菩薩便不為極世福田也。是菩薩不了空法故，自起恐怯之心耳。」

于時，龍首問濡首曰：「菩薩為可得道乎？」

答曰：「菩薩可得道也。」

龍首又問：「云何，濡首！其誰可得至于道耶？」

曰：「其無名無性，亦無號字，亦無處所，永無所為，亦無得者，斯可至道。」

曰：「云何菩薩當得道乎？」

答曰：「龍首！若有菩薩欲得道者，當以無發心，亦無念道，不想道場，不念人界，心亦無處、無念、無得，亦無識著，以無見心，是行菩薩，可得至道。」

曰：「仁以何心而發道意？」

答曰：「龍首！吾無數心，亦無當發；又無甫發，無發、不發。又吾亦復不至道矣，不念道場不坐佛樹，亦不得道不轉法輪，亦不化過生死之類。所以者何？若此，龍首！以諸法無所有故，無動無搖，無出無入，亦無所持。以本空故，吾以斯法可得至道。」

曰：「濡首！是為正要、無上、無比之至說也。其諸於斯解如是法，彼則長脫一切塵勞；其已脫于塵勞數者，乃至應永脫於魔波旬。」

曰：「非可脫於魔波旬也。何則然者？以其諸魔亦道之數。所以者何？魔及魔天皆悉本無，無取無得，無想無念，以故言之，魔亦道也。」

曰：「何謂為道？」

濡首答曰：「道乎！龍首！在乎一切，一切亦道。道像虛空，道體廣蕩，亘然恢廓，普大含容，靡不周至亦無限礙。如是，龍首！道至一切，一切亦道，斯謂無上真本無道也。」

曰：「仁，龍首！欲得道乎？」

曰：「吾欲得不可獲道。」

曰：「欲得道，寧非戲行耶？所以者何？如龍首言：『欲得不可獲道。』道何可得乎？若道可得，道為有處。譬如有人興念此言：『吾使幻化坐於道樹，然致正覺。』如是言者，豈非響聲耶？其幻化人，亦不可得，亦不與諸法有合有離，亦無所著，以本空故。若，龍首！一切諸法如幻如化，而起有想，念欲得道耶？

又，如來說諸法本無，無念無想無所著。其解是者，斯乃得道。諸法無所入亦無能毀，法不與法有合有離，況法與法當有毀乎？法無附合亦不離散。所以者何？若此，龍首！諸法無合，以其本無都亦無我。又若虛空亦無所有，無像無念，無動無搖，亦無戲行。諸法本無，寂寞如空，如幻如夢，無喻無比。諸法若此，都無等倫亦無像也。」

諸來之眾聽濡首所說微妙，踊躍欣喜各懷無倦，渴仰悚恭專心思受。說是如化深妙法時，八萬菩薩逮得無退轉，無量天人發無上意。

是時，龍首答濡首曰：「善哉！善哉！童真菩薩快說是像深邃妙法，為未曾有。如吾從仁逮聞此要，始今日明，為已得道。」

曰：「族姓子！法無言說亦無見聞，吾不說深又無淺說；仁亦不得，道無得不得。何則然者？如卿，龍首！念欲得道，為想戲行處乎？受者墮有望見，使其云有深淺法耳。吾無所說，法無言說，亦無宣暢，亦無所行，亦無能說諸法本者。又，龍首！譬如有人而言曰：『吾為幻化。』廣說識法。其化無識，言當說識耶？彼則緣此起勞諍想。何則然者？以化無識，不可為所說。如是，龍首！諸法本無，無所有亦無處所。是族姓子，當了如此解，謂具足法行者也。」

爾時，於是妙心菩薩神徹視聽，覩聞濡首在異別處講上要菩薩之談，忽到其所，見大會場，憙而歎曰：「善哉！善哉！諸上正士大士之等普眾會此，為何談講乎？」

濡首答曰：「族姓子！於諸如來深要法中，獲無正士大士之名。又菩薩者，不自名言：『我是菩薩正士大士。』其有想著，住戲行眾，自稱菩薩，復言大士，又云：『吾為法之大講。』又復，妙心！其響者寧有言『聲出』不？響復有耳識所著不？於響法為有所受持不乎？」

龍首答曰：「都無也。」

「如是，龍首！諸法若響，無名無像。其取著者則有戲行，緣戲行故便有流轉。長不解諸法如本無響也，則於生死而行諍想，已起諍行便墮躁動，已在躁動即無生死流於五道，便由不解其無故也。」

於是濡首謂龍首曰：「又，族姓子！如世尊告諸比丘曰：『是比丘！汝等無著戲樂想行，為汝輩說寂寞之行。』念釋師子說法如是，專心一意聽受隨法，入要行忍當無所著。若此族姓子其菩薩解順是說，曉本空淨，於本寂寞明了如是，此乃長脫五道之趣。」

時，龍首曰：「誰於生死而有脫者？」

濡首答曰：「族姓子！何謂如來所化生死為脫者乎？寧復有去、來、今耶？若是，龍首！聖師十力，以此要言化度生死。」

曰：「如世尊常所說教諸法如化，又仁亦說諸法無所有。以是言之，一切眾生為當皆成無上覺道耶？」

答曰：「龍首！若一切解如是者，此乃至道要行之言。故吾不說法，法無說念，無受無持，無得無失，無言無語。何則然者？以諸法為無所持，亦無所有、無念、無識，以無處所故。又若一切，解諸法如幻、如化、無所有者，則眾生類皆至覺道。譬如，龍首！幻師所化，然幻者自了化之本末，為化化耳。於諸法亦無所化，亦無住置。普悉是世天、龍、鬼神、魔，及梵天、沙門、梵志，至於極世，無能令幻者於其所化有堅固想。何則然者？以彼幻士自達所化化本自耳，無幻無化，都無所有。而幻者明知一切為化所惑，於無所有而起有想，無常想常，無我想我，著有想念求無想法，望念無色住無所有，由不解本、不了無故，續流生死。若有明曉諸法本者，彼眾一切則於佛法即無還轉而成正覺。所以者何？若此，龍首！以彼眾生皆在覺道法之數故，故諸一切於佛法而無罣礙，是故眾生悉住佛法也。然眾生等，心亦不寤本空清法，無名無識亦無所住，無戲行，無倚無著，寂如虛空。亦不巢窟無上寂定，亦無所生，又無身法。其有忍於深空法者，此則不離於佛法矣。所以者何？若此，龍首！諸佛之法終不可以想行而至，其有想著，有言有說、有宣有廣，殊不可以得佛道法也。」

於是龍首謂濡首曰：「善哉！善哉！仁乃快說無思議法。誰當信此一切眾生不離佛法？」

濡首答曰：「族姓子！其世尊子堅住信法，八等之地及須陀洹、斯陀含、阿那含、阿羅漢、辟支佛、菩薩阿惟越致無動轉者，斯諸菩薩已住清淨行空法者，是等當信耳。所以者何？此，龍首！其諸菩薩行如是者，便自誓願：『必紹大業！吾升佛樹，結趺定坐，終不動轉，至于得成無上平等覺。必將來一切諸天龍鬼神極世之前，成其大導，當師子吼。』所以者何？若是，龍首！菩薩了空、無想行法，住如門閫、堅喻須彌，無能動者。如是，龍首！其菩薩住空、無想、願法，一切眾生無能動者。又，是菩薩處于佛樹乃至道場，無能動搖。」

問曰：「濡首！何謂佛樹道場之處？」

濡首答曰：「何謂，龍首！如來化處、化所依坐？何謂如來化之覺法及現神變化度說法？誰為如來？其誰化者？」

龍首答曰：「吾尚不見如來之化及法身像處，何況所化復現威神，又所說法及所變化乎？一切如化，本無亦化，其化亦化，亦如化耳。」

濡首曰：「善哉！善哉！龍首菩薩！為吾發遣應慎之法，為如彼諸深妙無著法忍說者，是為無上無比之說也。」

彼時，龍首謂濡首曰：「於斯妙像要法之說，亦無起行又無入忍者。所以者何？若此，濡首！以諸法本淨，其相本空，亦無處所，亦無巢窟，無色無像，諸法悉等如虛空。若此，濡首！其有法當起法忍者，則如來化亦逮法忍，影、響、夢、幻、野馬、泡沫、芭蕉之屬，亦悉當復成其法忍。所以者何？以其忍處悉空如空，都無起法忍之者。又忍者亦無其起，亦不已起，又無當起，亦無甫起。又其忍者，亦無是處，亦非彼處，亦無中處。此乃無上無比要忍，若此菩薩於是慧心，不恐不怖亦無畏懼，是則菩薩摩訶薩便應無上法忍之行。」

十方諸來神通菩薩，其聞濡首所說深妙，咸悉踊躍皆逮此定。

是時，濡首謂龍首曰：「云何，族姓子！其菩薩者，以無著行得入法忍乎？」

答曰：「濡首！若有菩薩想念所向，則為著行，言吾解深，云：『我深忍明達曉了，吾已至道。』其語此言，皆亦著行。」

濡首又問：「菩薩何行，修應得道？」

答曰：「於諸法都無所入，不念諸法，了諸法無。其諸法者，依著因緣，於本為空，獲無所有。是行菩薩，便應道忍。設如此行，為無所行，譬人寢寐於夢所行。」

龍首又曰：「然其夢者，不行方隅亦無所行，亦無去來無住無坐。其寐寤已，則達而信：所夢空身，無持無捨，都無執持，無像無相，亦無處所，亦無所有，其若虛空。如是，濡首！菩薩之行，當無所著亦無所入，如空本無亦無戲行。此則極世無上福田，斯乃應受一切供養，為無量導，是最福地，為應最上法忍之行。」

普來眾會率懷喜敬，各所齎華寶以散濡首，瞻覩欣踊悅豫無量。

於是龍首謂濡首曰：「宜可俱進入城分衛。」

曰：「仁去矣！行分衛時，無念舉足下足躇步，無念動搖，亦當無處無住無遊，無屈無申，無心無念，無所發行，行無所想，亦無城想，遊無路想，又無城郭、縣邑、丘聚想，亦無里巷、無家居想，無門戶念，無想男女，無想幼弱，都無心想，行當無念。所以者何？以其法行當如是故，亦無所著，無色無像，無起無滅，都無諸想。如此行者，乃應菩薩無上分衛，清淨寂寞要道行也。」

爾時，龍首菩薩摩訶薩，忽然於處以如海定三昧正受。其定之德，譬如大海湛然無移，憺怕清澄更無異味，其底深邃不可測度，琦珍英寶普無不有。而海汪洋包羅弘廣，含受萬物淵懿博泰，無邊無崖大水澹滿，諸德神龍而皆居之，眾生巨體所依長育。若此，龍首，其諸菩薩以如海定正受之處，所住要旨無能動搖者。如是龍首，其斯菩薩以法身海，含容一切道寶智慧三十七品，十方依之莫不長育，應無上微妙之法，為無動搖、無言說要行。當知是應如是者，得無退轉定行之地也。

爾時，於是妙心菩薩，欲動龍首大士所坐如海慧定正受之處，盡其神力永不能動。時此三千大千世界，普悉六反乃大震動，而龍首身及所坐處都不動搖。何則然者？以其龍首住無動搖，住無處所，住無所有，住無想念，住無戲行，住無勞靜，住無言辭，住無所住。斯謂道住。

時，龍首菩薩摩訶薩尋從定寤，敬向如來、無所著、平等正覺，雨拘文華，趣散世尊而歎讚曰：「自歸於佛天中之天，乃使一切諸會菩薩、十方來眾、諸大士等，眾尊大天及龍鬼神，咸悉逮聞如是之法，無上要旨深妙慧說，為無倚著無巢窟說，為應本空寂寞故也。」

是時，妙心謂龍首曰：「仁為覺地六反震動乎？」

曰：「族姓子！其有動者當覺地動，地復為之上下四震，唯由其覺動不動故耳。又如十方諸佛世尊、普大菩薩不退轉等，極世都動，豈能動搖此上尊處。觀諸聲聞、緣覺之眾，彼雖離動，未曉本空，在動之地，自謂無動。了本無者，於此諸法永無動搖，無念無著。如是，妙心！其菩薩以空、無想、不願之行清淨法要，逮無動搖，彼乃永靜安無動搖。」

又曰：「龍首！可行分衛？」

答曰：「濡首！吾今已解無上最要分衛之慧。何則然者？緣其逮致如海大定正受之處，始乃自明，為以得無上平等正真覺道，以於生死興顯佛事，為轉法輪以度眾生，為濟因緣離垢根本。唯然，濡首！如吾遇仁，乃為逮值無上善友，遭蒙矜念，心懷悅豫，成立大德喜自光慰。濡首！於吾為覆載首，大無量過度之首，無垢廣普微妙吉首，亦應最上不可議首，願布五體稽首恭禮無上仙聖甘露之首。」

濡首答曰：「善哉！善哉！如仁龍首！已為果達野馬、夢、幻、影、響之行，無名無像無所有法。仁今乃應無上大道不可思議來法之祠，以得如海定正受行，共應如此。當知是輩在一生補處，斯者乃為菩薩辯慧，其致是像深妙定法如海定等，則離諸想也。」

曰：「仁可行，從分衛。」

龍首答曰：「思齊其德，當與仁行。二聖龍遊不亦宜乎！」

濡首曰：「吾無所行亦無去來，又無進止亦無侶遊，不住不坐亦復不行，行無所至來無所由，住無所處，坐無所據，行無所趣。譬若，龍首！如來現化，寧有去、來、坐起、行遊、臥寢、寐寤不耶？」

曰：「化者都無去來、坐寢之處矣。」

「吾於諸法亦復如是，無住不住，無起不起，亦無已起，又無中起，亦無當起，亦無甫起。」

龍首答曰：「如仁所言，此為極世難信之說。誰當信仁此盡要慧耶？」

答曰：「龍首！仁者且聽，豈為無目設舉錠燭乎？夫然炬燎唯為明目耳。如此是像深妙之法，正為向達徹遠菩薩摩訶薩乃能信受是道要耳。其了如此至要之慧，斯則曉解本無行者，此等菩薩為應清淨無上、久修梵行之徒。是曹正士深住於法，信法受法，持法說法之輩也。為在鹿聚已轉法輪，為應賢聖，亦大導師施惠明眼，為應無量雄猛之者，此則無上最妙法者。」

濡首童真發說是時，普大眾中八萬菩薩悉得無所從生法樂忍也。

於是正士妙心菩薩居大眾前，廣然踊躍，掬滿手寶，以恭肅心向散世尊，又散濡首童真菩薩。散訖，忻喜重歎詠曰：「自歸諸佛，為慧聖達，擿霧寤寐、碎散癡本，解眾顛倒釋疑除網，順入道明致無上覺者。自歸於法，法之最法，法治多濟療撈霧龍，援雪生死蕣葝眾穢，盪除心垢通導迷惑，法為無上修蒙永度。其諸菩薩，久履梵行無上清淨，仙聖明類大神通等，弘顯德者，無上之徒。於此乃逮信向是像深妙法眾，今普自歸之。」濡首答曰：「若此，妙心！其無脫者，斯當果致無上等覺。」

曰：「云何，濡首！其誰無脫耶？」

曰：「其有執持，斯當求脫。如是，妙心！法無執持亦無繫著。又，族姓子！法都無脫亦無執持，當誰有脫？無縛無脫諸法，無持無取無捨。譬如人語幻者言：『善男子！為深入人解之脫之所可執持。』幻答人曰：『吾亦非男亦非凡人，吾無所持，當何所脫？』是者，妙心！道無執脫，當觀其無，無本空淨矣。」

佛說濡首菩薩無上清淨分衛經卷上

佛說濡首菩薩無上清淨分衛經　卷下

宋沙門翔公於南海郡譯

時，龍首菩薩謂濡首曰：「去矣，族姓子！東行分衛。」答曰：「龍首！其幻化、野馬寧有東、西、南、北方乎？」

曰：「吾於仁前尚不能言，況敢所說。何則然者？以其諸辯從尊所問。仁即應順如法發遣，一一解散而無罣礙，故吾無辭，莫知所對。」曰：「夫達者都無言取，況共乃復有所說乎？是者諸法之無由矣。」

曰：「何謂為諸法之無？」答曰：「龍首！無所無者，斯諸法無，是諸法要。以此之慧，乃能通彼眾音聲耳。無所宣布乃為要義，是豈非至要義說哉。」

曰：「此續在想行者也。」

曰：「何所行應離諸想？」答曰：「龍首！菩薩不於色、痛、想、行、識界有想，又於法本亦無所行，其本無者亦無所行，以是之行得離諸想。」

說是深邃微妙法時，五千菩薩逮致此慧，二千天人發菩薩心。

時，龍首曰：「吾將退矣！以童真非我侶故。」濡首報曰：「吾無去來，亦非有侶，亦無所俱。何則然者？以道無侶故，亦不想念與諸法侶，又亦不與欲行為侶。於本無法，亦不見而有其侶，復與所俱。又本無者，都不言有吾我性，有人、壽命及身養育法。人物言說，識覺所倚著，及其所作行趣之事。諸法之本，本無如此，當與其誰而為侶俱耶？其有侶者，是欲侶俱也。譬如，龍首！有明達人而念言曰：『如來所化、幻士所化，如是此化，等一無異化。而斯人化，各各言曰：「吾與汝侶，汝與我俱。」』於仁，龍首！意云何？其此人化為有侶無？」

答濡首曰：「化無侶也。所以者何？用化本無，無所有，無形像，不可得故。」

曰：「如是，龍首！於其生死都亦無侶，亦無所俱。其有侶俱，斯則有別。若起侶想，是便與欲俱。明達菩薩當解侶想。何則然者？以其諸法，如幻如化，無侶不侶。欺哉諸法慌忽無信，若夢、影、響，所有如空。想識無安，無處無持無意，無念無所有。已離諸念，於念無念，應本無念。」

曰：「濡首！仁為曾與幻士化人對共語言、行來坐起，又共談會有所思惟不？」濡首答曰：「不見也。」龍首曰：「幻士何像貌？」曰：「其幻者似人像類，幻之化像亦復若此，合同像耳。所以者何？如其幻化，亦不彼脫，亦不此脫。幻化亦不與人而異，人亦不與幻化有異，人便幻化。如幻化者，以幻化法而問幻事，諸法亦爾。」

又問：「濡首！仁為自曾與幻化復共坐起，有所言談交遊講會、相對住不？」曰：「云何，龍首！幻士及化與欲有異耶？至於吾我及人、壽命、養育之法有異乎？吾以此幻化之說，欲試問仁，知大士於斯有異辯才，當敷何法也？」

曰：「仁如所試，為欲試虛空之幻化法耳。仁便念幻化為有想也。幻者本無，無想無念，亦無形像，亦無所有，已離眾念。」濡首曰：「若此，龍首！法亦如幻，幻化本空，其空無像亦不可見。」

曰：「濡首！諸法無像，不可見乎？如仁所言，一切菩薩摩訶薩等當云何受其封拜得成無上正真道意？為誰知度受封拜者？」

濡首答曰：「云何，龍首！曾行山中為聞響聲，於山中為有響聲出不乎？其聲為有所住處不？以何耳識聞其聲耶？彼聲為有所說不？寧有受持響聲者耶？又復誰共誰聞響聲者？」龍首菩薩答曰：「無也。」濡首曰：「如此若菩薩解諸法若如響空者，則一切諸音聲如響，離彼眾聲。其諸菩薩以此封拜於無上正真之道，於斯亦無受封莂者。」

十方諸來大菩薩眾，咸聞濡首童真所說，莫不喜踊歡歌無量。

爾時，龍首謂濡首曰：「宜時侶行，入城分衛。念其日時，得無過耶？」答曰：「龍首！諸法無過亦不有時。其處于想行之者，彼則有時不時之想耳。明達菩薩於本了無，解空法者，豈其有時不時言哉？凡諸餘法有時不時，無時非時，乃應無上如佛法律矣。其在算數計時節者，斯則有過、時之想。如諸世尊、賢聖弟子，常自飽足以道智慧，慧無想識，於想無想，行無諸作，亦無想念，無念不念。以此智慧而常飽足，世尊聖眾都無食念，亦不復想有食之事。其如此食而為食者，是謂賢聖應無雜食；若永服食如此食者，是則長演甘露法食者。彼以此食用之為力，能住身命至於一劫復過一劫。所以者何？其如此者，彼已覺了諸法之行故，都無想念，解空清淨，曉了如此，是不復有求食之識，如其凡夫未達者也。

「又，諸如來無上正覺及普世賢聖之等，有大慈、悲、喜、護之心，惠施仁愛愍念眾生，使興於世耳。唯欲濟度五道勤苦故，現入郡國、縣邑、聚落行受分衛，而彼眾聖已離諸食，不食於食，唯以慧解、諸定正受為常充足。其於雜食而續食者，斯受流轉便數生死。用是之故，諸佛世尊以於諸食而悉明了，都無復雜食之想。慷慨喟然，安和住身，能如恒沙復過是數。從始發意，永常無復諸飢渴雜想念也。至在佛樹明星出時，從始所可受食者，彼因此食，其於正士及大丈夫、英雄、龍猛，又至師子、諸調儒夫及眾華孚、正士、秀異、種種蓮華、男子、無上丈夫、法御、天人師，應所當得，應所明了，應所覺達，悉已了而具足，等於一像，合會智慧，得成無上正真道意也。以是，龍首！一切菩薩普諸如來及賢聖等，唯以此食升致無上正真覺道，便能住壽如恒沙劫，又能*喻此復倍無數，而諸如來永無其勞。所以者何？以其應於無想食故。無念不念，無合不合，亦不想合賢聖之行，恒便隨順，出諸香氣，自然清淨，無想無念，無諸巢窟，亦無戲行，本空自淨。如是，龍首！菩薩摩訶薩當作此食，乃應法食。」

龍首答曰：「善哉，善哉！濡首所說法之微妙，吾已飽足於是上食。但聞此法食之要說，便為已甚具足矣，況其長食無雜食者，豈當復食思欲食哉？」

「云何，龍首！虛空之體，寧當有雜食之食，又言飽足乎？」對曰：「濡首！空無所有也。」

又曰：「龍首！為能飽足幻士所化不？」答曰：「不也。」

「云何，龍首！寧可以食飽足中現像耶？」答曰：「不也。」

又曰：「龍首！夫大海者寧復飽足於眾流乎？」答曰：「不也。」

濡首復曰：「如是，龍首！諸法無厭，若如虛空。而仁向言有飽想乎？諸法如空，無想無願，無起無行，亦無所作、無所造，永然無欲，以定以脫，無色無像，無堅無固，了如虛空，都無所持。諸法如此，云何而起有飽想耶？」

龍首又曰：「若是，濡首！有此行者，一切不復食於食乎？而仁說食本空耶？」

濡首曰：「若此，龍首！則一切眾生而無食也。譬如，龍首！世尊化作恒邊沙人，以食食諸化人。云何，族姓子！彼諸化人以何為食？寧復有食者不乎？」答曰：「化者無想不識，無所有，亦復無食。何況言當有食者耶？」

「若此，龍首！一切諸法有見無見，如幻化也。普諸眾生而不解此，以其不解，便即流轉受生死矣。於中觀之，亦無所有，亦無所得，亦無流轉。解生死無如本無者，則一切無受，亦無生死。不曉本空，便有生死。其生死者亦無生死，於其生死亦無所受，亦無所得，何生死法者乎？」答曰：「濡首！斯言甚善。宜知其時，可共行矣。還於祇樹給孤獨園，吾諸飢渴永為已斷。」

答曰：「龍首！譬如幻士所可化人，而化人言『吾飢渴』，斯寧為飢？野馬法耶！如是，龍首！一切若此。其諸法者，皆如野馬，解此乃解。而族姓子言『吾飢渴以為斷』乎？當食斯食，如諸法食，不斷無壞亦無飢渴，一切諸法本已飽足。以故，彼諸凡夫下士不了其本，則作此言『吾飢我渴』，又言『飽足』。如諸賢聖解其法本，彼無飢渴亦無想足，解諸飢渴亦無生死，亦無戲行，亦無想念，彼已無動亦無倚著。諸法已脫，本無著故。」

龍首又曰：「如仁，濡首！諸所可說彼之要言，但說法界也。」濡首復謂龍首曰：「其法界者，亦無說不說，亦無言趣，無屈無申。所以者何？如是，龍首！法界無所有，言者無說，亦不所說，亦無戲行，無所著，無合偶。彼無想念，亦不有念，亦無所起，亦無滅行。譬如，龍首！虛空之界，無想無念，無起無滅；諸法亦爾，同如虛空，其本相空，本不可得，亦不可知，其相如是，亦不可得。有能得其相，彼諸如來般泥洹者，亦當可得。若此，龍首！一切諸法都無處所，無色無像亦不可見。以是之故，恒邊沙諸如來般泥洹者，其於法中亦復無般泥洹者，亦無地、水、火、風界而般泥洹，亦無空界，亦無識界般泥洹者。泥洹如是，於泥洹中亦無泥洹；若諸法有泥洹想者，則虛空界有泥洹想耶！所以者何？以其諸法本定而空，諸法靜寂，而復寂於此。凡夫下士之類起有泥洹想念者，因便有吾，言我有受、有吾我受、有壽命受、有人物受。有想識共來解真無法者，即起是想，想念泥洹，以此故而不得脫，便生老病死。

「取要言之，十二因緣至於大苦眾患集會，為彼之故，言有泥洹。為諸有二想行者，以其不解諸法本無，已不曉了，不覺悟故，與諸如來諸佛世尊、明解深入權行菩薩，宿樹眾善立不退轉，積累功德有大威神，為極唱導無上大師，與如是等菩薩摩訶薩行而違反，起有諍想；又與聲聞、緣覺之眾，與其相違而起忿諍。與彼諍故當受大罪，以其諍故長流生死，當歸不淨極臭處矣。一切眾聖永所不歎，諸上明達所可遠離。

「譬如，族姓子！有城郭若復聚落，去其不遠積眾臭穢，於其彼處，人眾趣往，晝夜不息，遂增污穢不淨臭處、不潔之物也。諸愚凡夫處於五道，起滅不竟，眾想無斷，廣其生死，如彼增臭也。以其不明又不曉了，不解其元，不達本無，霧籠茷盛癡冥積故，廣受流轉，增長生死五道之趣，或生地獄，或即餓鬼，復歸畜生，或天或人，神變無常，五道勤苦，災患顛倒，痛痒創楚，眾惱之元，諸苦所由，遂增臭穢，流不淨氣。使彼明達賢聖之眾，乃以為滅，所共貪疾。又諸慧士所可遠離，用是雜垢長不解脫，復使斯類是趣其生，是歸有老、生、老苦極，憂惱萬端，是致病死。殃福追之，善則榮樂，罪則禍隨。以要言之，患變猛集，至其痛熱眾苦合會，而彼以故不脫生死。但由未了其本無故，長受生死如其增臭也。」

龍首復謂濡首曰：「云何，濡首！得了其本？」曰：「以無心想，以寂寞行，以起靜定，向入清淨。其住是者，則曉其本。」曰：「云何，濡首！何謂為幻之寂寞？」曰：「其解了如幻者，此則幻之寂寞、清淨也。」

爾時，耆年須菩提至濡首所，覩其大眾，即而問曰：「諸正士等普來會此，為何講乎？」答曰：「賢者！吾於諸言都無所說。又，賢者！寧聞諸幻人有所說不？山中之響、夢、影、野馬，為有言談耶？復聞有其說者不乎？又，賢者！如來所化寧有耳聲？其復有聞者不？為有識，若受持語言名字句說者不？」答曰：「不也。」

時，須菩提爣然於所坐，慌惚之間寂而滅定。

時，舍利弗詣濡首所，覩其普眾大會之場率多菩薩，咸聽濡首所講之說，見須菩提在于彼坐寂而滅定，問濡首曰：「此賢者為何志故，居斯便滅定？」曰：「舍利弗！是須菩提離滅定不與法而有其諍。如是，賢者！此以無諍行，無住無著無巢無處，過諸窟法而三摩越。」

時，須菩提作是滅定，從定寤起而向世尊，即偏袒右肩叉手跪，作是言：「自歸諸佛無上覺者，其有顯演如是深邃微妙法像難見之文，不可議說，已斷所著，等離諸想，已得寂安。其不退轉大士等及諸初發意菩薩，逮聞如此勸發之說，豈不快哉！」

濡首又謂須菩提曰：「不於此法有說、有勸、有彼所向也。何則然者？以諸法無勸無說、無談無識。又此要義，無言無語，無住無動，無去無來，無坐無臥，無倚無處，亦無所有。所以者何？是諸法本空無所有，其本不可得故。」

曰：「何謂，濡首！其本行法？」曰：「惟，賢者！諸法無行，是行之要，當作是行，曉行是行乃為至行也。若此，可共都行求食。」

曰：「濡首！吾不復入於聚落分衛。所以者何？逮聞是要，已離聚落，亦離城想，亦離色想。以要言之，亦離聲、香、味、細滑、法想，都離諸想而無想念。」曰：「唯，須菩提！如此離其想行者，所是云何而進止乎？」

「云何，濡首！何謂如來所化色、痛、想、行、識？以何識法，如來所現化？化以何想而有進止，有所瞻視，復有屈申乎？」曰：「善哉，善哉！須菩提！如世尊所歎，仁為最曉空閑行者。」

濡首又曰：「唯，須菩提！可共詣佛禮事供養。」濡首重曰：「唯，賢者！吾以清淨食而請於仁。」

時，舍利弗謂濡首曰：「於何所與吾等食？為當施設何等之食？」曰：「唯，賢者！其所食者，亦不有食，亦不呑食。又所呑食，亦不色、聲，亦不香、味，亦不細、滑。其所食處，不在欲界，又不色界，亦不無色，不處三界亦不離其中，是則諸佛世尊食處。」

時，舍利弗謂濡首曰：「善哉，善哉！如仁所說，吾已飽足。於時是無上食歎之名，況其已食如此食者？」曰：「唯，賢者！其食不以肉內外眼見，亦不天眼、亦不慧眼處有所見。其食如此，乃應等食也。」

爾時，耆年須菩提及舍利弗并諸眾生，聞是歎食之說，即於其處寂而滅定。時妙心謂濡首菩薩曰：「當以何食食須菩提、舍利弗等？為以何食而三摩越？」曰：「以無漏食，行無倚著食，行無眾食，以此行而行。其作此食者，不復於三界食於食也。」

爾時，賢者須菩提、舍利弗從滅定寤，各行分衛。時須菩提入大長者家分衛，其長者婦為優婆夷，見須菩提默然而住，即*謂：「賢者！為何之乎？」答曰：「姊！來求分衛。」曰：「賢者！仁續分衛想*未止了耶？」曰：「姊！吾從本際已了分衛想。」曰：「須菩提！其本際寧有了未了？言從本際已了分衛想乎？」曰：「姊！如本際空，*末際亦空，悉如本空。」

優婆夷曰：「若此，賢者！已悉空者，奚為復說了不了乎？仁便伸手，當施卿分衛。」須菩提即自伸手。曰：「賢者！是為羅漢不了其本，反取滅證者手非？」須菩提曰：「姊！羅漢手無形，不可見，亦無屈伸。譬如幻士為幻化人作此言：『何所是幻者手乎？』復言：『可伸幻者手耶？』」曰：「姊！幻手為可見不？又可伸乎？」答曰：「不也。」須菩提曰：「若此，姊！世尊說一切諸法如幻本空。」「若是，賢者！世尊說一切空，何為賢者續求食？」

時，優婆夷未尋與須菩提分衛，重曰：「賢者！可前鉢。」適當前鉢，鉢忽然不現。時優婆夷以手索鉢，鉢而無處，手亦不近於須菩提。優婆夷曰：「善哉，善哉！此則無著清淨之身，應佛所歎空閑行者。」優婆夷適作是言，鉢即自出。

時，須菩提便前授鉢，優婆夷取鉢盛滿飯授須菩提，便謂之言：「賢者！是為釋迦文佛所稱歎，處閑居第一者鉢非？」曰：「姊！如佛所說，空閑行者非有鉢矣。」曰：「如賢者！空閑行者非有鉢耶？」曰：「姊！無也。」曰：「又，賢者！閑居尚無鉢，豈當復有受食緣乎？」曰：「賢者！已記閑居，亦當無羅漢取滅證耶。又，賢者！食此飯已，當了知食者如幻、所食如化，又如化人食於幻者，亦當如以野馬飲於渴者。其食所食當了如此。明解是者，乃應如來，達三世本，無分衛之行也。若，賢者！其起施念，有想受者，便造有眾分數也。已受數者則有二見，以有二見，便與凡夫流轉五道生死同歸也。」

時，優婆夷復謂須菩提：「又如，賢者！諸佛要法，不但受食及與施者，當應了如幻如化，為本無，為無有；至於生死與泥洹法，亦當曉了如夢、幻、化、野馬、影、響，亦如本無。於諸法亦悉當爾，諸法清淨都無所有，無施無受，無戒無犯，無忍無諍，無進無懈，無定無亂，無慧無愚。於一切法都無所有，是行乃應世尊如法受食。弟子行法其如此解分衛行者，則於三界無雜食之想，亦復不處泥洹之樂也。」須菩提聞優婆夷所說，即惘漠不知所言。

曰：「賢者！泥洹為寂耶？豈無言而不對乎？」曰：「姊！斯何言乃如此？」須菩提曰，「姊！了幻法耶？」答曰：「賢者！吾了諸法悉如幻化，幻者及化亦皆本無、無所有。」時，須菩提便於所處忽而滅定，欲知優婆夷志求何乘以為其證，勇辯乃爾，敢師子吼，明解幻法，所說自恣而無罣礙。盡力觀察處，優婆夷為阿那含。曰：「姊！已得阿那含乎？」優婆夷曰：「云何，賢者！如來法本寧有阿那含行法乎？又，賢者！法無形色，亦復無來想像之跡，無彼此識，無中間行，亦無所想，無取無證，亦無處所，乃為明了道之行耳。向賢者云：『何處阿那含畢，樂羅漢證法乎？』又，賢者！法無去來，其有去來有所趣向，有所有趣，有起有滅有念有想，皆墮凡夫流轉未解數也。」

是時，優婆夷忽於所處，於須菩提前，化于高廣大人交露之座，普現感動光明相像，顯轉無上阿惟越致法輪，令普舍衛境界之內及十方土，莫不聞見此之所興感變也。

爾時，空中萬二千天，聞彼所說悉逮一生補處。舍衛國內志菩薩行者二萬八千人，承宿眾德皆得不退轉。十方之眾諸來大士，其聞是說，百億菩薩本得無所從生法忍，復聞是上要說即皆逮一生補處。

於是濡首、龍首菩薩，并諸士普來之眾，及舍利弗、須菩提等，俱從舍衛國甫出城門，燿然輕舉忽升虛空。濡首菩薩尋揚身光，威神煒煒照耀暐曄，明影玓瓅踰於日月，普蔽餘光，曷然晃昱乃徹窈冥，如金翅王飛而行焉，一切眾生莫不見者。其所經由彼眾天人，皆聞諸法如夢、幻、化、野馬、影、響、泡沫、芭蕉之要言深邃像說，各懷歡喜慈心相向。一切天人但聞夢幻聲，而化幻法於見無見亦不可得。諸逮聞是像微妙說者，合百千眾得不退轉。

時，所經遊於其中間，有長者子其名善意，宿立德本，亦聞濡首無上幻化之要說言，并復覩見神景變化，即發無上正真道意，尋自誓願：「吾於來世，得為如來無上平等最正覺道時，所現感動亦當如是。」濡首見彼族姓子有決得妙、岐嶷之質，欲紹佛種乃發大志，心在菩薩口詠誓願，聲暢一切如師子吼，即請善意而告之曰：「族姓子！汝解諸法如幻化者，必離勞乘聲聞、緣覺之地也，便當成致無上正真道意，又當曉了諸法夢幻之妙法說，悉為無所有。」時，長者子跪而對曰：「蒙解說諸法如幻如化。」濡首重以諸法要言勸發長者子，長者子忻樂之心遂而踊躍。

時，彼大姓心巨曠解，逮致法忍，八千天人發無上正真道意。時，五千天子在於虛空，聞濡首勸進之說，燿然心解，逮得無從生法樂之忍。咸悉肅然恭敬之至，已禮濡首，忽昇虛空各還本土。

是時，濡首、龍首菩薩，舍利弗、須菩提等，還於祇樹給孤獨園，俱詣世尊，稽首佛足却坐一面。龍首菩薩便從坐起，向佛叉手已，濡首童真諸所講談法要之說，具啟世尊。

時，佛讚曰：「善哉，善哉！濡首童真！善說諸法無上微妙，如夢、如幻，如化、野馬、影、響之聲，則是諸慧深奧之至，是諸佛要。斯乃應如無形無像本無幻說。」

時，佛顧告賢者阿難：「受是濡首諸法要文。」阿難敬前長跪白佛：「唯然，世尊！如教受之。當何名此經？云何奉持？」

時，佛重復敷演濡首、妙心菩薩等所說慧要，及舍衛國長者優婆夷為須菩提所現感動，乃至轉一生補處之輪。佛復告阿難：「當受是上要之慧。又是，賢者！

此名《濡首無上清淨分衛經》，亦名《決了諸法如幻如化三昧》。懃念受持，當廣宣傳普布演說。又是，阿難！若善男子、善女人等，聞斯要，專心信向。是者，阿難！則應面見諸佛世尊；又為濡首童真菩薩必所感，致無上正真之道，會成至佛。況其受持、誦習、諷讀、奉行應者，德極無上。是善男子、善女人等，為逮諸佛之慧藏，為得諸佛最上要鎮，又為諸佛之所擁護，普為十方諸現在佛所授封莂。諸佛為手授其決，當成無上正真道慧。」

佛說是已，濡首童真、龍首、妙心及諸菩薩，舍利弗、須菩提等及眾比丘，一切會者諸天、龍神、阿須倫、人與非人，聞佛所說莫不歡喜，前為佛作禮而退。

佛說濡首菩薩無上清淨分衛經卷下

佛說最上根本大樂金剛不空三昧大教王經卷第一 摘錄

西天譯經三藏朝奉大夫試光祿卿 明教大師臣法賢奉 詔譯

大三昧金剛真實理儀軌分第一

爾時，大毘盧遮那佛，先現微笑，左作高舉勢，戲擲金剛杵。復以金剛杵作鉤召勢，安於本心，說大樂不空金剛本心真理三昧明曰：

吽引

hūṃ

說此明時，所有三界一切佛剎，一切如來及諸菩薩悉皆悅樂，鉤召入大毘盧遮那佛大曼拏羅中，住佛三昧，皆悉敬愛，所有一切成就法皆令成就。

（略）

「若金剛阿闍梨，心所願求最上成就法，現世皆得，乃至菩薩及一切智智，皆能成就。所以者何？是大阿闍梨，觀想金剛手尊常在本心，復從於心鉤召入曼拏羅，安住三昧歡喜悅樂。自圓滿已，召入曼拏羅，現身愛敬，所作皆成。時阿闍梨結金剛印已，作金剛觀視，常持誦心明，作大曼拏羅成就法，後結金剛嬉戲印，持誦心明作頂禮相。阿闍梨先須潔淨，著紅色衣種種莊嚴，作金剛合掌金剛舞勢，手持香花安心入曼拏羅中。又復作嬉戲相持誦心明，然後以金剛視瞻仰於金剛手，敷座而坐，依法求金剛手成就。是時金剛手作大歡喜而現瑞相，眉間微動身遍紅色，面門出大光明，復現種種神通。現神通已，方現本身施最上成就。從是已後，日日得一切法成就。是人若坐若行，諸天不能見，不受諸禁制，具足諸成就，獲一切富樂，通達無上智。如是等事，是金剛手皆令成就。然後自作供養。作供養已，以金剛灌頂法自受灌頂。次當觀想求請金剛手菩薩金剛杵。既求請已，金剛手菩薩即現本身親授與之。是阿闍梨持*此金剛杵求諸最上成就，於一剎那中皆悉獲得。若自持金剛杵持誦作最上成就者，經其六月方得成就，然後亦受如前金剛灌頂，即作供養，隨意所求。當依此儀，應如是常持此大曼拏羅成就法。

（略）

「若欲覺悟諸天者，當用金剛力印。

「若欲降諸龍者，當往龍潭中持誦。

「若欲令諸夜叉*為僕從者，當用金剛旨印。

「若欲令諸部多調伏者，當以足蹋大自在天像，現大忿怒勢持誦心明。

「若欲止雷雹者，當用金剛他囀拏印。

「若欲息除災火者，當用顰眉菩薩印。

「若欲降雨者，當往龍潭中持誦。

「若欲止雨者，當用萎花於水中作護摩。

「若欲起風雲者，當畫龍形以香薰之。

「若欲求晴者，當用金剛虛空佛眼印。

「若欲令枯涸處出泉水者，當用究竟金剛龍印。

「若欲出現伏藏者，當用金剛羯黏多印。

「若欲求諸伏藏者，當用金剛義印。

「若欲成就一切曼拏羅者，當用金剛輪印。

「若欲成就諸印法者，當用大樂金剛三昧印。

「若欲成就諸三昧法者，當用妙樂金剛印。

「若欲成就諸持明天者，當用金剛印。

「若欲成就金剛部菩薩者，當用最上根本金剛印。

「若欲成就諸菩薩者，當用金剛心印。

「若欲成就金剛菩薩者，當用金剛大印。

「若欲求成就諸佛者，當用金剛智拳印。

「如上諸法，皆須以心明加持。」

佛說最上根本大樂金剛不空三昧大教王經卷第二 摘錄

西天譯經三藏朝奉大夫試光祿卿
明教大師臣法賢奉 詔譯

降伏三界金剛三昧大儀軌分第三

復說諸成就法：「若欲破壞諸惡者，當依金剛忿怒明王法。

「若欲破諸邪印者，當現忿怒顧視而持誦之。

「若欲滅壞諸魔者，當持金剛杵，現大忿怒相持誦。

「若欲作禁制者，當現忿怒相持誦，復以金剛杵打其方位。

「若欲作諸離散者，當依微妙金剛尾提鞑尊法。

「若欲鉤召諸惡宿曜者，當現忿怒調伏相旋轉金剛杵。

「若欲令他憎恚者，當以鐵末作護摩法。

「若欲發遣諸藥剎者，當依大笑尊法持誦。

「若欲降諸龍者，當以金剛杵打於地面持誦。

「若欲調伏諸天者，當依金剛儞波多尊法持誦。

「若欲鉤召諸天及降伏破壞者，當依降三界尊法持誦。

「若欲求毘沙門天王成就法者，當以手按毘沙門天像，而作忿怒相持誦。

「若欲求增長天王成就法者，當依金剛補嚕沙法持誦。

「若欲成就欲天者，當於欲天像前作忿怒相持誦。

「若欲成就大梵天者，當用妙樂金剛印。

「若欲成就那羅延天者，當用金剛輪鑠印。

「若欲成就大自在天者，當用金剛戍羅鑠印。

清淨諸煩惱三昧大儀軌分第四

爾時，世尊釋迦牟尼佛復說一切法平等觀自在智印般若波羅蜜多法門。謂：「煩惱清淨故，諸垢亦清淨；一切垢清淨故，一切罪亦清淨；諸法清淨故，一切眾生亦清淨；一切智清淨故，般若波羅蜜多亦清淨。若人於此清淨法門，受持讀誦記念思惟，是人雖常處貪欲法中，離諸煩惱，譬如清淨蓮花不染諸垢，當速得證阿耨多羅三藐三菩提。」

爾時，觀自在菩薩，聞釋迦牟尼佛說此真實理清淨法門已，即現微笑，說此觀照諸法無染一切清淨法門眾色蓮花心明，曰：

紇哩二合、引

hrīḥ

說此心明時，出現一切如來皆如觀自在相，手持蓮花，咸依觀自在菩薩本曼拏羅儀安住。是時觀自在菩薩，即入觀照諸法智自在印三摩地。從定出已，說此調伏一切世間曼拏羅法：「若人作此大曼拏羅成就法者，當於外曼拏羅中畫內曼拏羅，四方四隅列八尊位，依法具足。於其中間畫紅色蓮花，其花八葉，於其花上畫觀自在菩薩。於菩薩前畫大蓮色天，如天魔相，其色紅赤，手持蓮花、俱穌摩花并持弓箭。右側畫大蓮忿怒自在天，色相如大自在天。於其後面畫大蓮黑天，如那羅延天色相。於左側畫大蓮娑婆主，如梵天王色相。東南隅畫大蓮持世天，如持世天色相。西南隅畫大蓮水天，如大海龍王色相。西北隅畫大蓮日天，如大日天色相。東北隅畫大蓮風天，如風天色相。又復外曼拏羅四隅，畫四天像，謂：紇哩二合(hrīḥ)、室哩二合(śrī)、儗引(gi)、提引(dhi)。如是諸天，皆以左手持蓮花，右手持本幖幟，於其四門各安幖幟。一者、悉帝哩尾屹囉賀，二者、薩哩嚩尾屹囉賀，三者、穌葛囉尾屹囉賀，四者、鉢訥摩尾屹囉賀。如是畫曼拏羅已，阿闍梨當令弟子著白衣，以淨帛覆面，即持妙花而結蓮花印，引入於曼拏羅中，令其弟子當至心鄭重以花散擲，花所墮處即是本尊。得本尊已，依蓮花部灌頂之法，當作灌頂。然後誡其弟子曰：『汝觀諸法當如蓮花，諸染煩惱清淨如此。』」即說伽陀曰：

譬如妙色蓮，處泥常清淨，
貪瞋癡本性，無染亦如是。
所有一切法，應如是觀察，
諸法本清淨，當滅諸煩惱。
常在諸三昧，成佛一切智，
證如是法已，是名觀自在。

說是伽陀已，又復告言：「從是已後汝身清淨，所求成就皆隨意願，乃至成佛。」如是弟子欲成就智曼拏羅者，亦依幐像法皆得成就。

復說：「未精熟求成就法者，若欲令悅樂一切人者，當加持蓮花八千遍。

「若欲滅散諸惡者，當用大忿怒王蓮花印。

「若欲令魔魅迷亂者，當用大蓮*花嚩囉賀印。

「若欲淨諸煩惱者，當用大蓮花觀想印。

「若欲降雨者，當畫龍形，行人坐其龍上，持誦一洛叉數。

「若欲去除冥暗者，當用大蓮花日光印。

「若欲起風及止息者，當用蓮花摩嚕多印。」

佛說最上根本大樂金剛不空三昧大教王經卷第四 摘錄

西天譯經三藏朝奉大夫試光祿卿
明教大師臣法賢奉　詔譯

大樂金剛不空三昧大明印相成就儀軌分第十五

爾時，金剛手菩薩復說不空心明法，決定作一切事。此金剛手菩薩是大毘首羯磨，善作諸法，與諸佛等，所作成就，剎那圓滿。

若欲廣為救護一切眾生，息災安樂增長壽命者，當依金剛舞金剛薩埵頂法。

（略）

若欲一切處行住，令作愛敬鉤召及降伏等事者，當依金剛舞法。

若欲作一切成就法，謂出見一切賢聖、降伏諸龍，乃至息除一切藥剎、部多、摩怛哩等者，當依金剛舞最上金剛身法。

若欲堅固成就一切供養，及調伏諸魔、禁縛一切邪印，乃至盡無盡最上成就法者，當依金剛舞不空毘首羯磨最勝法。

金剛手菩薩說此法已，復說一切印成就儀：「行人當於清旦時面東而坐，依法結大印，持誦本心明，即成一切印，然後依法作成就，所作決定，此大金剛手印能成一切印。

「設復有人未入曼拏羅者，結此大印亦皆成就。

「若復阿闍梨欲傳此大印，當觀根性而傳授之。何以故？傳此印已即成菩薩。設不依法而無諸過，設作諸罪業者，結大印時諸業銷除，有所願求皆得圓滿。」

大金剛火焰日輪儀軌分第十七

金剛手菩薩，善作眾事業，降諸有情界，使令得調伏。

如來部所生，常住如來定，以最上成就，寂靜於諸有。
塵沙諸如來，皆起大悲願，欲廣利眾生，令居安樂地。
以眾生諸行，有種種差別，不善之果報，隨業無定止，
縱經無數劫，度脫難窮盡。是故諸如來，勸請金剛手：
「為作調伏故，宣說最勝法。」

（略）

復次宣說最上成就法。所謂：「發遣諸魔，禁伏邪法，印諸有情，調伏眾惡，解脫枷鏁，差諸瘧病，解諸毒藥，散諸宿曜。欲作此等諸法者，皆依降三界尊儀法。

「又復若欲作一切入宿，及動搖嬉戲歌舞書寫旋轉，乃至鉤召三界等，皆依金剛忿怒明王印。

「若欲鉤召一切入於曼拏羅，及破他軍見幻化事，改易時節開敷花果，或令穀稼滋茂，及解諸惡病毒藥宿曜拏吉儞，令戰陣得勝，結界擁護解脫繫縛，乃至敬愛等法，皆依金剛忿怒明王毘首羯磨印。

「若欲成就諸天降伏龍眾，遣諸藥剎而為僕使，令一切囉剎生大驚怖，調伏拏吉儞眾及摩怛哩哥，宿曜執持魔魅軍眾，邪壇呪術悉令破滅，使諸勇猛皆令怖畏，及能成就四大天王、帝釋、大梵、那羅延天、大自在天等，及成就菩薩諸佛敬愛等事，鉤召有情令住三昧，如是等種種之法，皆依金剛忿怒明王最上成就法。」即說頌曰：

如是最上法，若欲成就者，當持誦心明，而見忿怒相。

佛說最上根本大樂金剛不空三昧大教王經卷第五 摘錄

西天譯經三藏朝奉大夫試光祿卿
明教大師臣法賢奉　詔譯

一切儀軌中最上成就儀軌分第二十

爾時金剛手，三界最上尊，欲淨貪等法，為說此成就。

滅此三毒已，世間成甘露，復為攝諸龍，而說曼拏羅。

說此心明曰：

普
phu

當作曼拏羅，四方與四門，畫八大龍形，門各畫其二，
龍首皆向門，引尾至壇隅。曼拏羅中畫，阿難陀龍王，
其龍王八首。於外曼拏羅，畫八族龍王。如是安布已，
即時阿闍梨，作大忿怒相，當想於己身，即為大龍王。
速入曼拏羅，誦鈎召大明，鈎召諸龍王。而彼大明曰：

唵引紇哩二合、引阿儞羅惹嚩吠引誐一

oṃ hrīḥ anirājāvavega

必哩二合體尾埵囉試引沙引夜引呬普二

pritipitaraśaśaya he phu

薩哩嚩二合那引誐酤邏引馳引那野普一

sarvanagakrodhanaya phu

三摩曳引鉢囉二合吠引舍夜引吠引誐野普一

samayaprapiśyavegaya phu

薩哩鑁二合娑引達野普一

sarvaṃsatya phu

薩哩嚩二合那引誐補怛囉二合哥引普一

sarvanaga putrakā phu

誦召請明已，諸龍皆雲集，入於曼拏羅。阿闍梨所有。

三毒諸煩惱。即時皆銷滅。當為彼諸龍，說三昧誓曰：

「世間貪瞋癡，為汝等三毒，安住於三昧，三毒即銷滅。」

爾後阿闍梨，諸惡不能害，設服諸毒藥，而亦成甘露。

具大力勇猛，如和修吉龍，一切諸毒法，亦皆能銷滅。

復次金剛手，為利有情故，說降諸宿曜，諸惡宿曜等，以三毒所惱，不能利眾生，為執持等害，諸罪業皆生。降伏惡曜故，即說心明曰：

吽引

hūṃ

ॡ

佛說仁王般若波羅蜜經　卷上　摘錄

姚秦三藏鳩摩羅什譯

仁王般若波羅蜜護國經菩薩教化品第三

時，諸大眾聞月光王歎*十四王無量功德藏，得大法利，即於坐中，有十恒河沙天王、十恒河沙梵王、十恒河沙鬼神王，乃至三趣得無生法忍；八部阿須輪王現轉鬼身，天上受道，三生入正位者，或四生、五生，乃至十生得入正位，證聖人性，得一切無量報。

佛告諸得道果實天眾：「善男子！是月光王已於過去十千劫中，龍光王佛法中，為四住開士，我為八住菩薩；今於我前大師子吼。如是，如是！如汝所言，得真義說，不可思議，不可度量，唯佛與佛，乃知斯事。

佛說仁王般若波羅蜜經　卷下　摘錄

姚秦三藏鳩摩羅什譯

仁王般若波羅蜜護國經受持品第七

佛告波斯匿王：「我當滅度後法欲滅時，受持是般若波羅蜜，大作佛事。一切國土安立，萬姓快樂，皆由般若波羅蜜。是故付囑諸國王，不付囑比丘、比丘尼、清信男、清信女。何以故？無王力故，故不付囑。汝當受持、讀誦，解其義理。

「大王！吾今所化百億須彌，百億日月，一一須彌有四天下。其南閻浮提，有十六大國，五百中國，十千小國。其國土中有七可難，一切國王為是難故，講讀般若波羅蜜，七難即滅，七福即生，萬姓安樂，帝王歡喜。

「云何為難？日月失度，*時節返逆，或赤日出、黑日出，二三四五日出，或日蝕無光，或日輪一重、二三四五重輪現，當變怪時，讀說此經，為一難也。二十八宿失度，金星、*彗星、輪星、鬼星、火星、水星、風星、刀星、南斗、北斗、五鎮大星，一切國主星，三公星，百官星，如是諸星各各變現，亦讀說此經，為二難也。大火燒國，萬姓燒盡，或鬼火、龍火、天火、山神火、人火、樹木火、賊火，如是變怪，亦讀說此經，為三難也。大水漂沒百姓，時節返逆，冬雨夏雪，冬時雷電霹靂，六月雨氷霜雹，雨赤水、黑水、青水，雨土山、石山，雨沙礫石，江河逆流，浮山流石，如是變時，亦讀說此經，為四難也。大風吹殺萬姓，國土、山河、樹木一時滅沒，非時大風、黑風、赤風、青風、天風、地風、火風，如是變時，亦讀此經，為五難也。天地國土亢陽炎火洞燃，百草亢旱，五穀不登，土地赫然，萬姓滅盡，如是變時，亦讀此經，為六難也。四方賊來侵，國內外賊起，火賊、水賊、風賊、鬼賊，百姓荒亂，刀兵劫起，如是怪時，亦讀此經，為七難也。

「大王！是般若波羅蜜，是諸佛、菩薩、一切眾生心識之神本也，一切國王之父母也；亦名神符，亦名辟鬼珠，亦名如意珠，亦名護國珠，亦名天地鏡，亦名龍寶神王。」

佛告大王：「應作九色幡，長九丈；九色華，高二丈；千支燈，高五丈；九玉箱，九玉巾，亦作七寶案，以經置上。若王行時，常於其前足一百步，是經常放千光明，令千里內，七難不起，罪過不生。若王住時，作七寶帳，中七寶高座，以經卷置上，日日供養，散華燒香，如事父母，如事帝釋。

「大王！我今五眼明見，三世一切國王皆由過去侍五百佛，得為帝王主；是故一切聖人羅漢，而為來生彼國，作大利益。若王福盡時，一切聖人皆為捨去。若一切聖人去時，七難必起。

「大王！若未來世有諸國王護持三寶者，我使五大力菩薩往護其國：一、金剛吼菩薩，手持千寶相輪往護彼國；二、龍王吼菩薩，手持金輪燈往護彼國；三、無畏十力吼菩薩，手持金剛杵往護彼國；四、雷電吼菩薩，手持千寶羅網往護彼國；五、無量力吼菩薩，手持五千劍輪往護彼國。五大士五千大神王，於汝國中大作利益，當立形像而供養之。

仁王護國般若波羅蜜多經 卷上 摘錄

開府儀同三司特進試鴻臚卿肅國公 食邑三千戶賜紫贈司空謚大鑒正號
大廣智大興善寺三藏沙門不空奉 詔譯

仁王護國般若波羅蜜多經菩薩行品第三

爾時，百萬億恒河沙大眾，聞佛世尊及波斯匿王說十四忍無量功德，獲大法利，聞法悟解，得無生忍，入於正位。

爾時，世尊告大眾言：「是波斯匿王，已於過去十千劫龍光王佛法中為四地菩薩，我為八地菩薩；今於我前大師子吼。如是，如是！如汝所說。得真實義不可思議，唯佛與佛乃知斯事。

「善男子！此十四忍，諸佛法身、諸菩薩行，不可思議，不可稱量。何以故？一切諸佛，皆於般若波羅蜜多中生、般若波羅蜜多中化、般若波羅蜜多中

滅；而實諸佛，生無所生、化無所化、滅無所滅。第一無二，非相非無相，無自無他，無來無去，如虛空故。（略）

仁王護國般若波羅蜜多經二諦品第四

爾時，波斯匿王白佛言：「世尊！勝義諦中有世俗諦不？若言無者，智不應二；若言有者；智不應一。一二之義，其事云何？」

佛言：「大王！汝於過去龍光王佛法中已問此義，我今無說，汝今無聽，無說無聽是即名為一義二義。汝今諦聽，當為汝說。」

爾時，世尊即說偈言：

無相勝義諦，體非自他作，因緣如幻有，亦非自他作。
法性本無性。勝義諦空如。諸有幻有法。三假集假有。
無無諦實無，寂滅勝義空，諸法因緣有，有無義如是，
有無本自二，譬如牛二角，照解見無二，二諦常不即。

解心見無二，求二不可得，非謂二諦一，一亦不可得，
於解常自一，於諦常自二，了達此一二，真入勝義諦。
世諦幻化起，譬如虛空花，如影如毛輪，因緣故幻有。
幻化見幻化，愚夫名幻諦，幻師見幻法，諦幻悉皆無。
若了如是法，即解一二義，遍於一切法，應作如是觀。

大乘理趣六波羅蜜多經　卷第八　摘錄

罽賓國三藏般若奉　詔譯

靜慮波羅蜜多品第九之一

爾時，佛薄伽梵處種種摩尼寶王師子之座，為無量無數大菩薩摩訶薩眾之所圍遶。是諸菩薩，或現天身天眾圍遶，或現龍身龍眾圍遶，乃至或現非人身非人眾圍遶，或現菩薩身菩薩眾圍遶，光明晃曜普及大會靡不周遍。時慈氏菩薩摩訶薩即從座起，偏袒右肩右膝著地，合掌恭敬而白佛言：「大聖世尊以大慈悲，利益安樂諸菩薩眾，已說精進波羅蜜多。唯願哀愍，宣說靜慮波羅蜜多，令諸有情起大乘行。云何思惟、云何修習如是靜慮波羅蜜多而得圓滿？唯願宣說？我等樂聞。」

爾時，薄伽梵告慈氏菩薩摩訶薩言：「善哉！善哉！善男子！汝今能問如是深義，利益安樂一切有情。汝等諦聽！善思念之，吾當為汝分別解說。若善男子、善女人，發阿耨多羅三藐三菩提心，應作如是諦念思惟：『佛道懸遠無人能到，唯有一法饒益有情，所謂正定。若諸菩薩未獲此定，其心未得清淨不動，生死涅槃無有二相。』由此義故，為度眾生，以巧方便精勤修習，相應靜慮無相正智，猶如虛空清淨無垢，常住不變。復觀此定猶如滿月，一切妄想猶若浮雲，又此正定如清涼風，能除虛空一切雲翳，朗然清淨光明照曜，一切有情見皆生喜。如是滿月光明莊嚴，能施有情清涼安樂。如是靜慮清涼之風，能除性空妄想雲翳。正定滿月出現世間大悲光明，能除有情諸煩惱熱，使得清淨安樂涅槃。」

妙法蓮華經　卷第四　摘錄

後秦龜茲國三藏法師鳩摩羅什奉　詔譯

妙法蓮華經提婆達多品第十二

爾時，佛告諸菩薩及天人四眾：「吾於過去無量劫中，求法華經，無有懈惓。於多劫中常作國王，發願求於無上菩提，心不退轉。為欲滿足六波羅蜜，勤行布施，心無悋惜，象、馬、七珍、國、城、妻、子，奴婢、僕從，頭、目、髓、腦，身、肉、手、足，不惜軀命。時世人民壽命無量，為於法故，捐捨國位，委政太子，擊鼓宣令四方求法：『誰能為我說大乘者，吾當終身供給走使。』時有仙人來白王言：『我有大乘，名妙法華經。若不違我，當為宣說。』王聞仙言，歡喜踊躍，即隨仙人，供給所須，採菓、汲水、拾薪、設食，乃至以身而為床座，身心無惓，于時奉事。經於千歲，為於法故，精勤給侍。令無所乏。」

爾時，世尊欲重宣此義，而說偈言：

我念過去劫，為求大法故，雖作世國王，不貪五欲樂；
搥鍾告四方，誰有大法者，若為我解說，身當為奴僕。
時有阿私仙，來白於大王：「我有微妙法，世間所希有，
若能修行者，吾當為汝說。」時王聞仙言，心生大喜悅，
即便隨仙人，供給於所須；採薪及菓蓏，隨時恭敬與，
情存妙法故，身心無懈惓。普為諸眾生，勤求於大法，
亦不為己身，及以五欲樂；故為大國王，勤求獲此法，
遂致得成佛，今故為汝說。

佛告諸比丘：「爾時王者，則我身是；時仙人者，今提婆達多是。由提婆達多善知識故，令我具足六波羅蜜、慈悲喜捨、三十二相、八十種好、紫磨金色、十力、四無所畏、四攝法、十八不共神通道力，成等正覺，廣度眾生，皆因提婆達多善知識故。」

告諸四眾：「提婆達多却後過無量劫，當得成佛，號曰天王如來、應供、正遍知、明行足、善逝、世間解、無上士、調御丈夫、天人師、佛、世尊，世界名天道。時，天王佛住世二十中劫，廣為眾生說於妙法，恒河沙眾生得阿羅漢果，無量眾生發緣覺心，恒河沙眾生發無上道心，得無生忍，至不退轉。時，天王佛般涅槃後，正法住世二十中劫。全身舍利起七寶塔，高六十由旬，縱廣四十由旬，諸天人民，悉以雜華、末香、燒香、塗香、衣服、瓔珞、幢幡、寶蓋，伎樂、歌頌，禮拜供養七寶妙塔。無量眾生得阿羅漢果，無量眾生悟辟支佛，不可思議眾生發菩提心，至不退轉。」

佛告諸比丘：「未來世中，若有善男子、善女人，聞妙法華經提婆達多品，淨心信敬不生疑惑者，不墮地獄、餓鬼、畜生，生十方佛前；所生之處，常聞此經。若生人天中，受勝妙樂，若在佛前，蓮華化生。」

於時，下方多寶世尊所從菩薩，名曰智積，白多寶佛：「當還本土。」釋迦牟尼佛告智積曰：「善男子！且待須臾。此有菩薩，名文殊師利，可與相見，論說妙法，可還本土。」

爾時，文殊師利，坐千葉蓮華，大如車輪，俱來菩薩亦坐寶蓮華，從於大海娑竭羅龍宮自然踊出，住虛空中，詣靈鷲山，從蓮華下，至於佛所，頭面敬禮二世尊足。修敬已畢，往智積所，共相慰問，却坐一面。

智積菩薩問文殊師利：「仁往龍宮，所化眾生，其數幾何？」

文殊師利言：「其數無量，不可稱計，非口所宣，非心所測，且待須臾，自當有證。」所言未竟，無數菩薩坐寶蓮華，從海踊出，詣靈鷲山，住在虛空。此諸菩薩，皆是文殊師利之所化度，具菩薩行，皆共論說六波羅蜜。本聲聞人，在虛空中說聲聞行，今皆修行大乘空義。文殊師利謂智積曰：「於海教化，其事如是。」

爾時，智積菩薩，以偈讚曰：

大智德勇健，化度無量眾，今此諸大會，及我皆已見。
演暢實相義，開闡一乘法，廣導諸眾生，令速成菩提。

文殊師利言：「我於海中，唯常宣說妙法華經。」

智積問文殊師利言：「此經甚深微妙，諸經中寶，世所希有。頗有眾生，勤加精進，修行此經，速得佛不？」

文殊師利言：「有娑竭羅龍王女，年始八歲，智慧利根，善知眾生諸根行業，得陀羅尼，諸佛所說甚深祕藏，悉能受持；深入禪定，了達諸法，於剎那頃發菩提心，得不退轉，辯才無礙；慈念眾生，猶如赤子，功德具足，心念口演，微妙廣大，慈悲仁讓，志意和雅，能至菩提。」

智積菩薩言：「我見釋迦如來，於無量劫難行苦行，積功累德，求菩提道，未曾止息。觀三千大千世界，乃至無有如芥子許非是菩薩捨身命處，為眾生故，然後乃得成菩提道。不信此女於須臾頃，便成正覺。」

言論未訖，時龍王女忽現於前，頭面禮敬，却住一面，以偈讚曰：

深達罪福相，遍照於十方，微妙淨法身，具相三十二，
以八十種好，用莊嚴法身。天人所戴仰，龍神咸恭敬，
一切眾生類，無不宗奉者。又聞成菩提，唯佛當證知，
我闡大乘教，度脫苦眾生。

時，舍利弗語龍女言：「汝謂不久得無上道，是事難信。所以者何？女身垢

穢，非是法器。云何能得無上菩提。佛道懸曠經無量劫，勤苦積行，具修諸度，然後乃成。又女人身猶有五障：一者、不得作梵天王，二者、帝釋，三者、魔王，四者、轉輪聖王。五者、佛身。云何女身速得成佛？」

爾時，龍女有一寶珠，價直三千大千世界，持以上佛，佛即受之。龍女謂智積菩薩、尊者舍利弗言：「我獻寶珠，世尊納受，是事疾不？」

答言：「甚疾。」

女言：「以汝神力，觀我成佛，復速於此。」

當時眾會，皆見龍女忽然之間變成男子，具菩薩行，即往南方無垢世界，坐寶蓮華，成等正覺，三十二相、八十種好，普為十方一切眾生演說妙法。

爾時，娑婆世界，菩薩、聲聞、天龍八部、人與非人，皆遙見彼龍女成佛，普為時會人天說法，心大歡喜，悉遙敬禮。無量眾生，聞法解悟，得不退轉；無量眾生，得受道記。無垢世界，六反震動；娑婆世界，三千眾生住不退地，三千眾生發菩提心而得受記。智積菩薩及舍利弗，一切眾會，默然信受。

正法華經 卷第六 摘錄

西晉月氏國三藏竺法護譯

正法華經七寶塔品第十一（諸本此中加梵志品，各分為二十八品云）

時，能仁佛告諸眾會：「吾往無數難稱限劫，求《法華經》未曾懈惓。時作國王，遵修大法六度無極，布施金銀水精、琉璃琥珀、珊瑚珠玉、車璖馬碯，頭目肌肉、手足支體、妻子男女、象馬車乘，不惜軀命，時人壽長不可計會。吾用法故，捐棄國位委正太子，行求大典，擊鼓振鐸宣令華裔：『有能為吾演大典者，吾當為僕供給走使。』時，有梵志而報之曰：『我有大典《正法華經》，若能為僕吾當慧報。』」

佛告比丘：「吾聞其言，歡喜從命奉侍梵志，給所當得水漿飲食，掃灑應對趨走採果，儲畜資糧未曾懈廢，奉侍千歲使無僥渴。」

佛時頌曰：

擊鼓振鐸，宣令遠近，欲求大典，《正法華經》。
若見賜者，吾當為僕，趨走役使，給所當得。
甘心樂聞，不敢疲倦，所當供養，不惜身力。
趣欲聞受，《正法華經》，願及十方，不適為己。
其王精進，未曾休懈，衣食供命，不求甘奇。
愍念眾生，諸未度者，尋時即獲，《正法華經》。

佛告諸比丘：「時，國王則吾身也。梵志者，調達是。今吾具足六度無極大慈大悲，成四等心、三十二相、八十種好紫磨金色，十種力、四無所畏、四事不護、十八不共，威神尊重度脫十方，皆由調達恩德之力。調達却後無央數劫，當得作佛，號曰天王如來、至真、等正覺、明行成為、善逝、世間解、無上士、道法御、天人師，為佛、眾祐，世界名天衢。時，天王佛廣說經法，如江河沙眾生得無著證，無數不可計人志在緣覺，如江河沙無量烝民，皆發無上正真道意至不退轉。其佛當壽二十中劫，滅度之後，正法當住二十中劫，不散身骨合全舍利起七寶塔，高六十里，周八十里，普天下人悉往供養，香華伎樂歌頌功德，繞塔作禮，不可計人得無著證，無央數人志緣覺乘，不可思議無量天人，發無上正真道意，志不退轉。若族姓子、族姓女，逮得聞是正法華經，心中燿然而無狐疑，杜塞三趣，不墮地獄、餓鬼、畜生，便當得生十方佛前諮受正法，若在天上世間豪貴，若在佛前自然化生七寶蓮華。」

於時，下方多寶世尊所從菩薩，號曰智積，自啟其佛，當還本土。時，能仁佛告智積曰：「吾有菩薩，名溥首童真，且待斯須，可與相見，宜敘闊別，諮講經典，乃還本土。」

於是溥首坐七寶蓮華，有千葉大如車輪，與諸菩薩俱坐蓮華，從龍王宮踊出大海。溥首童真，皆退下華，禮二佛已，與智積菩薩對相問訊。

智積菩薩問溥首曰：「所詣海淵，化度幾何？」

答曰：「其數無量不可稱限，非口所宣，非心所計，如今不久自當有應。」

所說未竟，尋有蓮華從海踊出在虛空中，無數菩薩皆坐其上，此皆溥首在海之所化，悉發大意。其志無上正真道者，普在空中講大乘事；本發聲聞意者，在於虛空說弟子行，解知大乘。溥首前謂智積曰：「在海所化，其現若茲。」

智積菩薩以頌問曰：

至仁慧無量，化海眾寶數，唯為露聖旨，分別說其意。

溥首答曰：「在於海中，惟但敷演正法華經。」

智積又問：「其法甚深，尊妙難及，能有尋時，得佛者乎？」

溥首答曰：「龍王有女厥年八歲，聰明智慧與眾超異，發大道意，志願弘廣，性行和雅而不倉卒，便可成佛。」

智積又問：「我覩能仁，是仁大師，本求佛道為菩薩時，積功累德，精進不懈，歷劫難計，乃得佛道；不信此女，便成正覺。」

言語未竟，女忽然現，稽首作禮，繞佛三匝，却住讚曰：

功祚殊妙達，現相三十二，諸天所敬侍，神龍皆戴仰。

一切眾生類，莫不宗奉者，今我欲成佛，說法救群生。

時，舍利弗即謂女言：「汝雖發意，有無極慧，佛不可得。又如女身，累劫精進，功積顯著，尚不得佛。所以者何？以女人身未階五位：一曰、天帝，二曰、梵天，三曰、天魔，四曰、轉輪聖王，五曰、大士。」其女即以一如意珠，價當是世時，孚供上佛，佛輒受之。女謂舍利弗及智積曰：「吾以此珠供上世尊，佛授疾不？」

答曰：「俱疾。」

女曰：「今我取無上正真道成最正覺，速疾於斯。」於斯變成男子菩薩，尋即成佛，相三十二、眾好具足，國土名號眾會皆見，怪未曾有，無央數人、天、龍、鬼神，皆發無上正真道意，三千世界六反震動，三萬道迹得不退轉，皆當逮成無上正真道。舍利弗、智積菩薩，默然無言。

添品妙法蓮華經　卷第四　摘錄

隋天竺三藏闍那崛多共笈多譯

添品妙法蓮華經見寶塔品第十一

佛告諸比丘：「未來世中，若有善男子、善女人，聞此《妙法蓮華經》品，聞已淨心信敬，不生疑惑者，不墮地獄、餓鬼、畜生，生十方佛前；所生之處，常聞此經；若生天人中，受勝妙樂；若在佛前蓮華化生。」

於時，下方多寶世尊所從菩薩，名曰智積，白多寶佛：「當還本土。」釋迦牟尼佛告智積曰：「善男子！且待須臾，此有菩薩名文殊師利，可與相見論說妙義，可還本土。」

爾時，文殊師利坐千葉蓮華，大如車輪，俱來菩薩亦坐寶華，從於大海娑竭羅龍宮，自然踊出，住虛空中，詣靈鷲山；從蓮華下至於佛所，頭面敬禮二世尊足，修敬已畢，往智積所，共相慰問，却坐一面。智積菩薩問文殊師利：「仁者！往詣龍宮所化眾生其數幾何？」

文殊師利言：「其數無量不可稱計，非口所宣，非心所測，且待須臾，自當有證。」所言未竟，無數菩薩，坐寶蓮華，從海踊出，詣靈鷲山，住在虛空。此諸菩薩，皆是文殊師利之所化度，具菩薩道行，皆共論說六波羅蜜；本聲聞人，在虛空中說聲聞行，今皆修行大乘空義。文殊師利謂智積曰：「於海所化其事如此。」

爾時智積菩薩以偈讚曰：

大智德勇健，化度無量眾，今此諸大會，及我皆已見。

演暢實相義，開闡一乘法，廣度諸群生，令速成菩提。

文殊師利言：「我於海中，唯常宣說妙法華經。」

智積問文殊師利言：「此經甚深微妙，諸經中寶，世所希有；頗有眾生，勤加精進修行此經，速得佛不？」

文殊師利言：「有娑竭羅龍王女，年始八歲，智慧利根，善知眾生諸根行業，得陀羅尼，諸佛所說甚深祕藏悉能受持，深入禪定，了達諸法，於剎那頃發菩提心，得不退轉，辯才無礙；慈念眾生，猶如赤子，功德具足，心念口演，微妙廣大，慈悲仁讓，志意和雅，能至菩提。」

智積菩薩言：「我見釋迦如來，於無量劫難行苦行，積功累德求菩提道，未曾止息，觀三千大千世界，乃至無有如芥子許，非是菩薩捨身命處，為眾生故，然後乃得成菩提道；不信此女於須臾頃便成正覺。」言論未訖，時龍王女忽現於前，頭面禮敬卻住一面，以偈讚曰：

深達罪福相，遍照於十方，微妙淨法身，具相三十二，
以八十種好，用莊嚴法身。天人所戴仰，龍神咸恭敬，
一切眾生類，無不宗奉者。有聞成菩提，唯佛當證知；
我闡大乘教，度脫苦眾生。

爾時，舍利弗語龍王女言：「汝謂不久得無上道，是事難信。所以者何？女身垢穢，非是法器，云何能得無上菩提？佛道玄曠，經無量劫，勤苦積行，具修諸度，然後乃成。又女人身，猶有五障：一者、不得作梵天王，二者、不得作帝

釋，三者、魔王，四者、轉輪聖王，五者、佛身。云何女身速得成佛？」

爾時，龍王女有一寶珠，價直三千大千世界，持以上佛，佛即受之。龍女謂智積菩薩、尊者舍利弗言：「我獻此寶珠，世尊納受，是事疾不？」

答言：「甚疾。」

女言：「以汝神通力觀我成佛，復速於此。」當時眾會，皆見龍女，忽然之間，變成男子具菩薩行，即往南方無垢世界，坐寶蓮花，成等正覺，三十二相、八十種好，普為十方一切眾生演說妙法。

爾時，娑婆世界菩薩、聲聞、天龍八部、人與非人，皆遙見彼龍女成佛，普為時會人、天說法，心大歡喜悉遙敬禮。無量眾生聞法解悟，得不退轉，無量眾生得授道記，無垢世界六種振動，娑婆世界三千眾生住不退地，三千眾生發菩提心，而得授記。智積菩薩及舍利弗，一切大會，默然信受。

薩曇分陀利經 一卷

失譯人名今附西晉錄

聞如是：佛在羅閱祇耆闍崛山中，與大比丘眾四萬二千人俱。三慢陀颰陀、文殊師利菩薩等，八萬四千人；彌勒菩薩等，拔陀劫中千人。釋王等，與忉利諸天不可復計；梵王，與諸梵不可復計。阿闍世王，與閻浮提人王眾多不可復計。佛在四輩弟子，比丘、比丘尼、優婆塞、優婆夷中，說薩曇分陀利（漢言法華），佛說無央數偈。

是時，七寶浮圖，涌從地出上至梵天。浮圖中央，有七寶大講堂，懸幢幡華蓋，名香清潔。姝好講堂中有金床，床上有坐佛，字抱休羅蘭（漢言大寶），歎釋迦文佛言：「善哉！善哉！我般泥洹已來，過恒邊沙劫、恒邊沙佛剎，止於空中。恒邊沙佛以過去，我歷爾所劫，初不還彼剎。我見釋迦文佛，精進求佛道，用人民故，布施無厭足，不惜手、不惜眼、不惜頭、不惜妻子象馬車乘、不惜珍寶，無有貪愛心。我故來出，欲供養釋迦文佛并度諸下劣，願釋迦文佛，坐我金床，更說薩曇分陀利經。」

於是，釋迦文佛上講堂就於金床而坐，便說薩曇分陀利經，復說無央數偈言：

聞樂寶佛，知名字者，不畏生死，不復勤苦；
聞藥王佛，知字名者，*可得愈病，自識宿命。

於是，釋迦文佛說無央數阿僧祇劫，復說無央數阿僧祇劫。

「我行菩薩道時，求索薩曇分陀利經布施與人，在所求索，飯食、衣被、七寶、妻子，初無愛戀心。

「我為有國王時，是世極長壽，我便立太子為王，棄國事，撾鼓搖鈴，自衒身言：『誰欲持我作奴者？我求索薩曇分陀利經，我欲行供養。』時，有一婆羅門語我言：『與我作奴來，我有薩曇分陀利經。』我便隨婆羅門去，一心作奴，汲水、掃地、採花菓，飲食婆羅門，千歲不懈息。」

佛於是說偈言：

撾鼓搖鈴願，自衒言誰欲？持我作奴者，我欲行供養，奴心善意行。

佛言：「是時，王者，我身是也；時，婆羅門者，調達是。誰恩令我得滿六波羅蜜者、三十二相八十種好？皆是調達福恩。調達是我善師，善師恩令我得滿六波羅蜜、三十二相八十種好，威神尊貴度脫十方，一切皆是調達恩。調達却後阿僧祇劫，當得作佛，號名提和羅耶漢言天王佛，當得十種力，三十二相八十種好。天王佛國，名提和越漢言天地國。天王佛當為人民說法，盡劫不懈止。第一說法，當度恒邊沙人得羅漢道，恒邊沙人辟支佛道，恒邊沙人發阿耨多羅三藐三菩提心。

「爾時，天王佛壽二十劫，乃般泥洹後，法住二十劫。天王佛般泥洹後，不散舍利，起作一七寶塔，廣六十里，長八十里，一切閻浮人，悉往供養佛舍利。是時，無央數人得羅漢道，無央數人發辟支佛心，無央數人發阿耨多羅三藐三菩提心。

「善男子！善女人！聞是法華之經，信不誹謗，除滅過去當來罪，閉三惡道門，開三善道門，生天上常第一，生人中常第一，生十方佛前，自然七寶蓮華中化生。」

於是，下方佛所從菩薩，名般若拘，自白其佛，早還本土。釋迦文佛謂：「般若拘！我有菩薩，字文殊師利，可與相見乃還本土。」

即時，文殊師利，從沙曷龍王池中涌出，坐大蓮華，華如車輪，其華千葉，從諸菩薩其數甚多。文殊師利下大蓮華，為二佛作禮，還與般若拘菩薩相問訊。

般若拘問文殊：「所入池中度云何數多少？」

文殊答曰：「其數甚多，無能計者；若當口說，非心所信，自當有證。」其池即時涌華從下而出，盡是池中一切所散。本發菩薩心者，其華在空中，但說摩訶衍事；本發聲聞者，其華在空中，但說斷生死事。

文殊師利見華如是，以偈答般若拘菩薩言：「以仁者之意，自分別其數。」

般若拘菩薩復問文殊師利：「說何等法，所度乃爾？」

文殊答曰：「於是池中，但說《薩曇分陀利》。」

般若拘復問：「其法甚尊，無能及者，為有便可得佛者不？」

文殊答曰：「沙曷龍王有女年八歲，智慧甚大，意願不輕，便可得佛。」

般若拘菩薩謂文殊師利言：「我見仁者之師，求佛勤苦，積累功德，劫數甚多，不信此女便可得佛。」

池中有女即時涌出，遶佛三匝，叉手而白佛言：「佛相好端正，功德巍巍，為諸天所奉，為一切龍、鬼神、人民、薩和薩所敬，所說法甚尊，今我立願，便欲得佛。」

舍利弗即謂女：「雖發是願，佛不可得，又汝女，行積功累，行未應菩薩。」

女自持一摩尼珠，其價當一大國，女疾過與佛，佛亦疾受。

女謂舍利弗及般若拘菩薩：「我與佛珠為遲疾？」

答曰：「甚疾！」

女復言：「佛受我珠為遲疾？」

答曰：「甚疾！」

女言：「我與佛珠為遲，佛受我珠復遲，我今取佛疾。」於是，即時女身變為菩薩，眾會皆驚，即變為佛身，相種好皆具足。國土、弟子，如佛所為。

一切眾會，天龍、鬼神、無央數人，皆發無上正真道意；三千大千國土，六反震動；三萬須陀洹，得阿惟越致。

薩曇分陀利經　一卷

大薩遮尼乾子所說經　卷第四　摘錄

元魏天竺三藏菩提留支譯

王論品第五之二

王言：「大師！何者根本罪？」

答言：「大王！有五種罪，名為根本。何等為五？一者、破壞塔寺，焚燒經像，或取佛物、法物、僧物，若教人作、見作助喜，是名第一根本重罪。若謗聲聞、辟支佛法及大乘法，毀呰留難、隱蔽覆藏，是名第二根本重罪。若有沙門信心出家，剃除鬚髮，身著染衣，或有持戒、或不持戒，繫閉牢獄、枷鎖打縛，策役驅使、責諸發調；或脫袈裟，逼令還俗；或斷其命，是名第三根本重罪。於五逆中，若作一業，是名第四根本重罪。謗無一切善惡業報，長夜常行十不善業，不畏後世，自作教人堅住不捨，是名第五根本重罪。

「大王！當知若犯如是根本重罪，而不自悔，決定燒滅一切善根，趣大地獄，受無間苦。大王！當知以王國內，行此不善極重業故，梵行羅漢、諸仙聖人出國而去，諸天悲泣，一切善鬼、大力諸神不護其國，大臣相殺，輔相爭競，四方逆賊，一時俱起；天王不下，龍王隱伏，水旱不調，風雨失時。諸龍皆去，泉流河池，悉皆枯涸，草木焦然，五穀不熟；人民饑餓，劫賊縱橫；迭相食噉，白骨滿野；瘦毒疫病，死亡無數。時諸人民，不知自思所作是過，而怨諸天，訴諸鬼神，是故行法行王，為救此苦，行治罪法。」

大方廣佛華嚴經 卷第二 摘錄

東晉天竺三藏佛馱跋陀羅譯

世間淨眼品第一之二

復有毘樓波叉龍王，於一切龍趣中除滅熾然恐怖救濟法門，而得自在；海龍王，於一念中能轉一切不可思議龍身法門，而得自在；雲樂妙幢龍，於一切有趣轉清淨輪聞聲法門，而得自在；須彌普幢龍，於一切眾生示大功德海法門，而得自在；德叉伽龍，於離恐怖清淨法門，而得自在；無量步龍，於示現一切眾生無量雲、超度無量劫、住壽法門，而得自在；焰眼善住龍，於安立一切世界分別無量佛法示現方便法門，而得自在；離垢勢色龍，於一切眾生離垢、歡喜、知足入方便法門，而得自在；普行廣聖龍，於一切善惡音聲具滿平等觀法門，而得自在；阿那婆達多龍王，於大悲雲蔭覆一切眾生離苦法門，而得自在。

爾時，毘樓波叉龍王承佛神力，遍觀龍眾，以偈頌曰：

觀見一切最勝法，救濟十方群生類，
惡趣眾生常輪轉，以大悲力能濟拔。
隨諸眾生所樂色，佛一毛孔皆悉現，
神足境界無有量，佛功德海清淨現。
最勝妙法無限量，譬如大海深無底，
隨其所樂令得聞，妙聲柔軟發雷音。
一切眾生瞋恚心，蔭蓋障覆愚癡海，
如來無上大慈悲，以神足力度脫之。
於如來身一毛孔，眾生功德皆悉現，
入深無量功德海，須彌山幢功德現。
眾生種種恐怖苦，法王智光悉救濟，
最勝毛孔演妙音，無量眾生開淨眼。
十方三世諸如來，於佛身中現色像，

無量劫中淨佛土，是名無上大龍地。
佛一毛中皆悉現，無量神變莊嚴土，
佛與眷屬圍遶坐，為眾生說微妙法。
佛為菩薩求道時，恭敬供養諸佛海，
種種無量方便門，度脫一切眾生海。
如來演說正法時，充滿一切眾生樂，
佛音能起歡悅心，普令眾生得法喜。

大方廣佛華嚴經　卷第七

摘錄

東晉天竺三藏佛馱跋陀羅譯

賢首菩薩品第八之二

「又放光名法清淨，一一毛孔無量佛，
各說妙法難思議，悉令眾生得歡喜。
因緣所生非生性，如來法身非是身，
湛然常住如虛空，因此化導成法光。
如是等比光明門，無量無邊恒沙數，
悉從大仙毛孔出，一切業果皆悉現。
如一毛孔所放光，無量無邊恒沙數，
一切毛孔亦如是，是大仙定自在力。

隨其本行得光明，宿世同行有緣者，
如其所應放光明，是名大仙智自在。
所修行業有同者，及行隨喜功德分，
聞見菩薩清淨行，彼人得見此光明。
若修無量諸功德，恭敬供養無數佛，
心常樂求無上道，彼人覺悟是光明。
譬如生盲不見日，非為無日出世間，
諸有目者悉覩見，各隨所務修其業。
大聖光明亦如是，或有眾生見不見，
邪見惡害所不覩，勝智慧者乃能見。
摩尼寶殿上輦*乘，眾寶香味莊嚴具，
有功德者自然備，非無德者所能獲。
大聖光明亦如是，隨其行業見不見，
聞是分別諸光明，精勤恭敬信向者。

滅除一切諸疑惑，速成無上功德幢，
出生微妙勝三昧，諸佛眷屬大莊嚴。
神力於此得自在，悉能顯現示眾生，
三千大千妙莊嚴，化一蓮華滿世界，
結跏趺坐悉充滿，是名自在三昧力。
十方世界微塵剎，化作七寶大蓮華，
佛子眷屬共圍遶，是名自在勝三昧。
宿世成就善因緣，具足功德求佛道，
彼等眾生遶菩薩，一切合掌觀無厭。
彼大仙人法如是，甚深正受三昧力，
菩薩處彼清淨眾，如月在星獨明耀。
如此一方所示現，諸佛子等為眷屬，
一切十方亦如是，示現三昧自在力。
十方世界有緣故，往返出入度眾生，

或見菩薩入正受，或見菩薩從定起，
或東方見入正受，或西方見三昧起，
或西方見入正受，或東方見三昧起，
如是出入遍十方，或異方見入正受，
或異方見三昧起，是大仙定自在力。
東方世界無有餘，佛剎如來難思議，
菩薩常現彼佛前，是名寂靜三昧力。
東方一切諸佛前，常見安住入正受，
西方一切諸佛前，常見菩薩供養佛，
西方世界無有餘，佛剎如來難思議，
於彼一切諸佛前，常見菩薩入正受。
西方見彼入正受，東方佛剎無有餘，
於彼佛前三昧起，恭敬供養一切佛。
如是十方諸佛前，出入三昧無有餘，

或見菩薩入正受，或見恭敬供養佛。
於眼根中入正受，於色法中三昧起，
示現色法不思議，一切天人莫能知，
於色法中入正受，於眼起定念不亂，
觀眼無生無自性，說空寂滅無所有。
於耳根中入正受，於聲法中三昧起，
分別一切諸音聲，諸天世人莫能知，
於聲法中入正受，於耳起定念不亂，
觀耳無生無自性，說空寂滅無所有，
於鼻根中入正受，於香法中三昧起，
分別一切諸香法，諸天世人莫能知，
於香法中入正受，於鼻起定念不亂，
觀鼻無生無自性，說空寂滅無所有，
於舌根中入正受，於味法中三昧起，

分別一切諸味法，諸天世人莫能知，
於味法中入正受，於舌起定念不亂，
觀舌無生無自性，說空寂滅無所有，
於身根中入正受，於觸法中三昧起，
分別一切諸觸法，諸天世人莫能知，
於觸法中入正受，於身起定念不亂，
觀身無生無自性，說空寂滅無所有。
於意根中入正受，於諸法中三昧起，
分別一切諸法相，諸天世人莫能知，
於諸法中入正受，於意起定念不亂，
觀意無生無自性，說空寂滅無所有。
現童子身入正受，於壯年身三昧起；
現壯年身入正受，於老年身三昧起；
現老年身入正受，於善女人三昧起；

現善女人入正受，於善男子三昧起；
現善男子入正受，比丘尼身三昧起；
比丘尼身入正受，於比丘身三昧起；
現比丘身入正受，於學無學三昧起；
現學無學入正受，於緣覺身三昧起；
現緣覺身入正受，於如來身三昧起；
現如來身入正受，於諸天身三昧起；
現諸天身入正受，於龍神身三昧起；
現龍神身入正受，於大鬼神三昧起；
現大鬼神入正受，一切鬼神三昧起；
一切鬼神入正受，一毛孔中三昧起；
一毛孔中入正受，一切毛孔三昧起；
一切毛孔入正受，一毛端頭三昧起；
一毛端頭入正受，一切毛端三昧起；

一切毛端入正受，一微塵中三昧起；
一微塵中入正受，一切微塵三昧起；
一切微塵入正受，於金剛地三昧起；
現金剛地入正受，摩尼寶樹三昧起；
摩尼寶樹入正受，諸佛光明三昧起；
諸佛光明入正受，於大海水三昧起；
現大海水入正受，於大盛火三昧起；
現大盛火入正受，於風起定心不亂；
現於風大入正受，於地大中三昧起；
現地大中入正受，於天宮殿三昧起；
現天宮殿入正受，於虛空中三昧起。
是名無量功德者，三昧自在難思議，
十方一切諸如來，不思議劫說不盡。
一切諸佛皆共說，眾生業報難思議，

諸龍神變佛自在，禪定三昧亦難思，
今說聲聞自在力，無可為之作譬諭，
智慧明了聰達者，乃能解是甚深義。
得八解脫心自在，一身能作無量身，
以無量身作一身，於虛空中入火定，
身上出水身下火，身上出火身下水，
行住坐臥虛空中，於一念中自在變。
彼不具足大慈悲，不為衆生求佛道，
尚能示現難思議，況大饒益自在力，
現作日月遊虛空，普照十方諸世界，
或作河池井泉水，或作大海衆寶器。
如是等比難思議，普現十方諸世界，
深達三昧諸解脫，唯有諸佛能證知。
如淨水中四兵像，各各別異皆明了，

刀劍輪戟衆兵器，如是等仗皆悉現，
隨其器仗本形相，悉現於彼淨水中，
水影四兵無憎愛，是名大仙定自在。
海中有天名妙音，其中衆生若干種，
解彼一切諸音聲，皆悉令得大歡喜。
彼有貪欲瞋恚癡，猶能分別一切音，
況復總持自在力，而不能令衆生喜？

（略）

摩醯首羅智自在，大海龍王降雨時，
悉能分別數其渧，於一念中皆明了。
無量億劫勤修學，得是無上菩提智，
云何當於一念中，不知一切衆生心？
衆生業報難思議，因大風輪起世界，
巨海諸山天宮殿，衆寶光明萬物種，

亦能興雲降大雨，亦能散滅諸雲氣，
亦能成熟一切穀，亦大饒益群生類。
風不能學波羅蜜，亦不學佛諸功德，
猶成不可思議事，何況具足諸願者？
男子女人諸異類，海龍雷震大音聲，
悉能了知皆如響，逮無障礙無盡辯，
為一切眾說妙法，其有聞者悉歡喜。
如海奇特未曾有，印現一切眾像類，
大身眾生妙寶藏，眾流悉入無增損。
如是眾生平等印，無盡功德禪解脫，
一切智慧諸功德，增長眾善無厭足。
龍王示現自在時，從金剛際至他化，
興雲充遍四天下，其雲種種莊嚴色。
第六他化自在天，於彼雲色如黃金，

化樂天上雲赤色，兜率陀天白寶色，
夜摩天上瑠璃色，三十三天碼碯色，
四王天上玻瓈色，於大海上金剛色，
緊那羅中妙香色，諸龍住處蓮華色，
微密天中白鵝色，阿脩羅中狀如山，
欝單越中金野馬，閻浮提境雲青色，
餘二天下雜種色，隨眾所樂以應之。
又復他化自在天，雲中電耀如日光，
化樂天上如月光，兜率天上閻浮金，
夜摩天上白寶色，釋處金雲如野馬，
四王天上最妙色，於大海上赤寶色，
緊那羅中青瑠璃，諸龍住處寶藏色，
微密天中玻瓈色，阿脩羅中瑪瑙色，
欝單越境火珠色，閻浮提界青寶色，

餘二天下雜莊嚴，隨眾所樂以應之。
他化雷震如梵音，化樂天上妙音聲，
兜率天上妓樂音，夜摩天上天女音，
於彼忉利諸天上，緊那羅女妙音聲，
四王天上乾闥聲，緊那羅中簫笛聲，
於彼一切大海中，猶如兩山相擊聲，
諸龍住處頻伽聲，微密天中龍女聲，
阿脩羅中天鼓聲，於人道中海潮聲。
又復他化自在天，雨妙香華為莊嚴，
化樂天上薝蔔華，曼陀羅華及澤香，
兜率天上摩尼珠，無上種種莊嚴寶，
明淨髻珠如月光，上妙細衣鍊金色，
夜摩幢蓋幡莊嚴，華鬘塗香勝莊嚴，
赤真珠衣金絞絡，種種微妙眾妓樂，

三十三天如意珠，堅固殊妙栴檀香，
種種欝金諸天華，雨雜清淨華香水，
四王天雨上味膳，眾味具足生氣力。
又雨不可思議寶，龍王降是種種雨，
又復於彼大海中，一一雨渧如車軸，
無量眾寶不可盡，又雨種種莊嚴寶，
緊那雨華青寶衣，摩利妙華細末香，
種種妓樂悉具足，如是無量妙莊嚴。
諸龍住處赤真珠，微密天中火珠寶，
阿脩羅中雨兵仗，摧伏一切諸怨敵。
欝單無價寶瓔珞，弗婆俱耶二天下，
婆師波利薝蔔華，清淨妙寶解脫華，
閻浮提雨清淨水，柔軟悅澤常應時。
長養眾果香華樹，隨時成熟益眾生，

如是無量難思議，興雲雷震種種雨，
自於宮殿身不動，能現自在不思議。
於彼海中為尊主，示現神變難思議，
況入法海盡源底，云何不能大神變？
如我所說諸譬諭，為深智慧菩薩故，
無畏大士無倫匹，逮得自在諸解脫，
微妙無量勝智者，能說如是解脫門，
諸未曾有奇特法，一切不能報其恩，
聞是甚深勝解脫，信解受持為他說，
世間一切諸凡夫，信是法者甚難得，
思惟無量諸善法，本有因力故能信，
一切世界諸群生，鮮有欲求聲聞道，
求緣覺者轉復少，求大乘者甚希有，
求大乘者猶為易，能信是法為甚難，

況能受持正憶念，如說修行真實解，
若以三千大千界，頂戴一劫身不動，
彼之所作未為難，信是法者為甚難，
大千塵數眾生類，一劫供養諸樂具，
彼之功德未為勝，信是法者為殊勝，
若以掌持十佛剎，於虛空中住一劫，
彼之所作未為難，信是法者為甚難。
十佛剎塵眾生類，一劫供養諸樂具，
彼之功德未為勝，信是法者為殊勝。
十剎塵數諸如來，一劫恭敬而供養，
若能受持此品者，功德於彼為最勝。
賢首說此品竟時，十方世界六返動，
諸魔宮殿如聚墨，光照十方惡道滅。
一切十方諸如來，悉皆普現賢首前，

各伸右手摩其頂，賢首菩薩德無量。
以其右手摩頂已，一切如來讚歎言：
「善哉善哉真佛子，快說是法我隨喜。」

大方廣佛華嚴經 卷第二十七 摘錄

東晉天竺三藏佛馱跋陀羅譯

十地品第二十二之五

「佛子！菩薩住法雲地，如實知欲界集、色界集、無色界集；如實知世間性集、眾生性集、識性集、有為性集、無為性集、虛空性集、法性集、涅槃性集、邪見諸煩惱性集；如實知諸世間法成壞集、聲聞道集、辟支佛道集、菩薩道集；諸佛力、無畏、不共法、色身、法身集；一切智集，得佛道、轉法輪、示滅度集。舉要言之：如實知一切法差別集。是菩薩以如是智慧隨順菩提行，如實知眾生化、業化、煩惱化、諸見化、世界化、法界化、聲聞化、辟支佛化、菩薩化、如來化、一切化、分別無分別化。是菩薩如實知佛力持、法持、業持、煩惱持、時持、願持、先世持、行持、劫壽持、智持。

「是菩薩住十地，諸佛所有微細智，所謂：行微細智、命終微細智、受胎微細智、出生微細智、出家微細智、得道微細智、神力自在微細智、轉法輪微細智、持壽命微細智、示涅槃微細智、法久住微細智、如是等微細智，皆如實知。又諸佛密處，所謂：身密、口密、意密、知時非時密、與菩薩授記密、攝伏眾生密、諸乘差別密、八萬四千諸根差別密、業如實所作密、行得菩提密，如是等密，皆如實知。

「是菩薩諸佛所有入劫智，所謂：一劫攝阿僧祇劫、阿僧祇劫攝一劫；有數劫攝無數劫、無數劫攝有數劫；一念攝劫、劫攝一念；劫攝非劫、非劫攝劫；有佛劫攝無佛劫、無佛劫攝有佛劫；過去、未來劫攝現在劫，現在劫攝過去、未來劫；未來、過去劫攝現在劫，現在劫攝未來、過去劫；長劫攝短劫、短劫攝長劫；諸劫攝相，皆如實知。是菩薩諸佛所入微塵智、國土智、眾生身心智、眾生身心得道智、眾生行智、至一切處智、遍行佛道智、順行智、逆行智、不可思議智；一切世間、聲聞、辟支佛、菩薩所不能知，皆如實知。

「佛子！諸佛智慧廣大無量，菩薩住是地，則能得入如是智慧。是菩薩摩訶薩隨是地行，得菩薩不可思議解脫、無礙解脫、淨行解脫、普門明解脫、如來藏解脫、隨無礙論解脫、入三世解脫、法性藏解脫、明解脫、勝進解脫。是菩薩十解脫為首，得如是等無量無邊百千萬億阿僧祇解脫、百千萬無量阿僧祇三昧、百千萬無量阿僧祇陀羅尼、百千萬無量阿僧祇神通，亦復如是。

「是菩薩成就如是智慧，隨順菩提，成就無量念力，能於一念頃，至十方無量佛所，無量法明、無量法雨，皆能受持。譬如娑伽羅龍王所澍大雨，唯除大海，餘不能受；菩薩摩訶薩亦復如是，如來微密雨、大法雨，一切眾生、聲聞、辟支佛乃至九地菩薩所不能受，唯此菩薩住法雲地，悉能受持。譬如大海，一龍王起大雲雨皆能堪受，若二若三，乃至無量無邊諸大龍王所起雲雨，一時澍下，皆能受持。菩薩摩訶薩亦如是，住法雲地，於一佛所，能受大法明雨，二佛三佛，乃至不可說不可說佛，於一念中，皆能堪受如是諸佛大法雲雨，是故此地名法雲地。」

大方廣佛華嚴經　卷第二十九　摘錄

東晉天竺三藏佛馱跋陀羅譯

大方廣佛華嚴經菩薩住處品第二十七

爾時，心王菩薩摩訶薩復告諸菩薩言：「佛子！東方有菩薩住處，名仙人起山，過去諸菩薩常於中住；彼現有菩薩，名金剛勝，於其中止，有三百菩薩眷屬，常為說法。南方有菩薩住處，名勝樓閣山，過去諸菩薩常於中住；彼現有菩薩，名法慧，有五百菩薩眷屬，常為說法。西方有菩薩住處，名金剛焰山，過去諸菩薩常於中住；彼現有菩薩，名無畏師子行，有三百菩薩眷屬，常為說法。北方有菩薩住處，名香聚山，過去諸菩薩常於中住；彼現有菩薩，名香象，有三千菩薩眷屬，常為說法。

「東北方有菩薩住處，名清涼山，過去諸菩薩常於中住；彼現有菩薩，名文殊師利，有一萬菩薩眷屬，常為說法。東南方有菩薩住處，名枝堅固，過去諸菩薩常於中住；彼現有菩薩，名天冠，有一千菩薩眷屬，常為說法。西南方有菩薩住處，名樹提光明山，過去諸菩薩常於中住；彼現有菩薩，名賢首，有三千菩薩眷屬，常為說法。西北方有菩薩住處，名香風山，過去諸菩薩常於中住；彼現有菩薩，名香光明，有五千菩薩眷屬，常為說法。

「四大海中有菩薩住處，名枳怛，過去諸菩薩常於中住；彼現有菩薩，名曇無竭，有萬二千菩薩眷屬，常為說法。海中有菩薩住處，名功德莊嚴窟，過去諸菩薩常於中住。毘舍離城南有菩薩住處，名善住，過去諸菩薩常於中住。巴連弗邑有菩薩住處，名金燈僧伽藍，過去諸菩薩常於中住。摩瑜羅國有菩薩住處，名長養功德，過去諸菩薩常於中住。拘陳那耶國有菩薩住處，名法座，過去諸菩薩常於中住。清淨彼岸國有菩薩住處，名牟真隣陀功德，過去諸菩薩常於中住。風地內有菩薩住處，名無礙龍王所造，過去諸菩薩常於中住。

「甘菩國有菩薩住處，名最上慈，過去諸菩薩常於中住。真旦國土有菩薩住處，名那羅延山，過去諸菩薩常於中住。邊夷國土有菩薩住處，名牛頭山，過去諸菩薩常於中住。罽賓國土有菩薩住處，名鬱提尸山，過去諸菩薩常於中住。難提拔檀那城有菩薩住處，名梯羅浮訶，過去諸菩薩常於中住。菴浮梨摩國有菩薩住處，名正治邪曲，過去諸菩薩常於中住。乾陀羅國有菩薩住處，名寂靜窟，過去諸菩薩常於中住。」

大方廣佛華嚴經卷第二十九

大方廣佛華嚴經 卷第三十四 摘錄

東晉天竺三藏佛馱跋陀羅譯

寶王如來性起品第三十二之二

「復次，佛子！譬如阿耨達龍王，興大重雲，滿閻浮提，普降大雨，百穀草木，皆悉滋長，江河池泉，一切盈滿，此大雨水，不從龍王身、心中出，而能饒益無量眾生；如來、應供、等正覺亦復如是，興大悲雲，遍滿世間，普雨無上甘露正法，令一切眾生皆大歡喜，出生善根，長養正法，具足諸乘。如來音聲，不從外來，亦不內出，而能饒益一切眾生。佛子！是為菩薩摩訶薩第七勝行，知、見如來微妙音聲。

「復次，佛子！譬如摩那斯龍王，將欲降雨，先興重雲，彌覆虛空，凝停七日，而未降雨，先令眾生，究竟諸業。何以故？彼大龍王，慈悲心故，過七日已，漸降微雨，普潤大地；如來、應供、等正覺亦復如是，將雨法雨，先興法雲，普覆眾生，未便即雨甘露正法，先令眾生，成熟諸根，諸根熟已，然後漸降甘露法雨。若即說深法，眾生恐怖。是故，如來漸漸微雨，一切種智，甘露法味。佛子！是為菩薩摩訶薩第八勝行，知、見如來微妙音聲。

「復次，佛子！譬如海中，有大龍王，名大莊嚴。或連雨十日、或二十日、或百日、或千日、或百千日。佛子！雨不作是念：『我雨十日、乃至百千日。』但彼龍王有不可思議自在力故，或十日雨、乃至百千日雨；如來、應供、等正覺亦復如是，欲雨微妙甘露正法，或十種音聲、或二十、或百、或千、或百千、或八萬四千行種種音聲，乃至無量億那由他聲，分別說法，令一切眾生，皆悉歡喜。如來妙音，不作是念：『我能演說種種諸法。』又法界清淨，無有差別，化眾生故，所說不同。佛子！是為菩薩摩訶薩第九勝行，知、見如來微妙音聲。

「復次，佛子！譬如娑伽羅龍王，欲現龍王大自在力，為欲饒益群生類故，從四天下，乃至他化自在天處，興大重雲，遍覆六天，有種種色：或有處，如閻浮檀金色，或有處，如瑠璃色，或有處，如白銀色，或有處，如玻瓈色，或有處，如玫瑰色，或有處，如碼碯色，或有處，如勝寶藏色，或有處，如赤真珠色，或有處，如妙香色，或有處，如種種衣色，或有處，如清淨水色，或有處，如種種雜色，如是等無量色雲，覆四天下，乃至六天覆已。

「出諸電光，所謂：閻浮檀金色雲出瑠璃電光，瑠璃色雲出閻浮檀金電光，白銀色雲出玻瓈電光，玻瓈色雲出白銀電光，玫瑰色雲出碼碯電光，碼碯色雲出玫瑰電光，勝寶藏色雲出赤真珠電光，赤真珠色雲出勝寶藏電光，妙香色雲出種種衣色電光，種種衣色雲出妙香色電光，淨水色雲出種種雜色電光，種種雜色雲出淨水電光，廣說乃至一種色雲出種種色電光，種種色雲出一種色電光。又震種種大雷音聲，令眾生歡喜，所謂：天女歌音、天娛樂音、龍女歌音、乾闥婆女歌音、緊那羅女歌音、大地音、大海音、鹿王音、或有異類奇妙種種鳥音、或種種歌音。

「爾時，龍王起若干風，降微細雨，饒益安樂無量眾生，從四天下，上至六天，普雨種種無量異雨。所謂：於大海中，雨名洪澍，無有斷絕；於他化自在天，普雨歌頌娛樂音聲；於化自在天，普雨解脫明淨光寶；於兜率陀天，普雨頂髻明月神珠；於夜摩天，普雨種種眾莊嚴具；於三十三天，普雨妙香；於四天王，普雨寶衣；於龍王宮，普雨赤明真珠；於阿脩羅處，普雨兵仗，名伏怨敵；於鬱單越，普雨眾華；如是廣說，遍四天下，雨種種雨。

「然彼龍王，其心平等，無有彼此，但以眾生根不同故，雨有差別。如來、應供、等正覺無上法王亦復如是，將欲應現無量大法，先以清淨身雲，普覆一切法界，隨其所應，示現身雲。或有眾生，應見如來生身之雲；或有眾生，應見如來神力住持身雲；或有眾生，應見如來色身之雲；或有眾生，應見如來種種身雲；或有眾生，應見如來功德身雲；或有眾生，應見如來智慧身雲；或有眾生，應見如來不壞身雲；或有眾生，應見如來無畏身雲；或有眾生，應見如來法界身雲。」

大方廣佛華嚴經　卷第三十五　摘錄

東晉天竺三藏佛馱跋陀羅譯

寶王如來性起品第三十二之三

「復次，佛子！菩薩摩訶薩知、見如來音聲十種無量；何等為十？所謂：知、見虛空等無量，無處不至故；知、見法界等無量，無處不徹故；知、見眾生界等無量，令一切眾生悉歡喜故；知、見行業等無量，廣說一切果報故；知、見煩惱等無量，究竟寂滅故；知、見種種音聲等無量，隨應受化無不聞故；知、見欲樂等無量，悉分別說諸解脫故；知、見三世等無量，無分際故；知、見智慧等無量，深入一切法故；知、見佛境界不退等無量，隨順如如法界故。

「佛子！菩薩摩訶薩知、見如來、應供、等正覺音聲，有如是等十種無量阿僧祇。」

爾時，普賢菩薩欲重明此義，以偈頌曰：

世界欲壞時，於彼虛空中，眾生福報力，自然出四聲。
於彼四禪中，寂樂離眾苦，眾生聞是已，厭離欲界身。
十力亦如是，自然出四聲，充滿於法界，無處而不聞。
眾生因緣力，佛應四種聲，其有聞音者，永度生死海。
譬如因山谷，出生呼聲響，從外一切音，響聲隨應對。
種種因緣起，聞者亦不同，響不作是念，我出種種音。
如來聲如是，出生無量音，隨應受化者，一切無不聞。
皆悉令歡喜，調伏諸眾生，音聲亦無念，我出種種音。
譬如天妙音，於彼虛空中，自然而演出，覺悟諸天子。
諸天子聞此，正法妙音聲，修習不放逸，厭離於五欲。
十力亦如是，出生微妙聲，法雲音充滿，一切諸世界。
令眾生覺悟，彼音無生滅，若有得聞者，皆悉證菩提。
如自在天王，寶女名善口，於一音聲中，出生百千聲。

復於一一音，出生百千聲，諸天若聞者，一切皆悅樂。
十力亦如是，於彼一音中，隨應一時演，眾生數等音。
眾生聞音已，除滅諸煩惱，音聲不作念，我能有所滅。
譬如大梵王，出清淨梵音，一切梵天眾，無有不聞者。
一一梵音聲，令梵眾歡喜，遍滿梵天眾，音聲不出外。
功德大梵王，安處如來座，演出一妙音，充滿諸法界。
隨應受化者，一切無不聞，聲不出眾外，以無信心故。
譬如諸水性，皆悉同一味，清淨離垢濁，具足八功德。
所因地不同，眾器各別異，隨彼因緣故，水味有差別。
佛子應當知，一切智音聲，如來微妙音，悉同解脫味。
眾生所造行，若干差別故，善逝隨應化，所聞各不同。
譬如阿耨達，自在大龍王，興雲覆世間，普雨潤大地，
長養諸叢林，百穀藥草等，彼所降雨水，不從身心出。
如來亦如是，初興大法雲，普覆諸法界，雨大甘露法。

令眾增善根，除滅煩惱熱，而彼甘露法，不從身心出。
譬如大龍王，名曰摩那斯，七日起重雲，凝停不降雨。
普令一切眾，究竟諸事業，漸降微細澤，然後乃大雨。
十力興法雲，普覆諸法界，雨大甘露法，饒益諸群生。
隨應受化者，為彼說深法，聞者不恐怖，究竟成菩提。
譬如大龍王，名曰大莊嚴，先布密重雲，然後降大雨。
或十二十日，乃至百千日，雨水等一味，眾生故不同。
究竟至如來，大辯之彼岸，或說十法門，乃至百千門。
或說八萬四，乃至無量行，如來不生念，我分別法界。
譬如海龍王，名曰娑伽羅，先興密重雲，彌覆四天下。
普雨一切處，各各悉不同，龍王心平等，亦無有憎愛。
最勝亦如是，無上法龍王，興起大悲雲，普覆於一切。
為道場菩薩，雨大甘露法，隨其所應化，如來心平等。

「佛子！云何菩薩摩訶薩知、見如來、應供、等正覺心？此菩薩摩訶薩知心意識，非即如來，但知如來智無量故，心亦無量。佛子！譬如虛空悉為一切萬物所依，而彼虛空無所依止；如來智慧亦復如是，悉為一切世間智慧、離世間智之所依止，而如來智無所依止。佛子！是為菩薩摩訶薩最初勝行，知、見如來、應供、等正覺心。

「復次，佛子！譬如清淨法界，悉為一切聲聞、緣覺、菩薩解脫之所依止，而清淨法界無增無減；如來智慧亦復如是，為一切世間、出世間智，算數巧術一切眾智之所依止，而如來智無增無減。佛子！是為菩薩摩訶薩第二勝行，知、見如來、應供、等正覺心。

「復次，佛子！譬如四大海水，悉能澤潤四天下地，八十億小洲，若有眾生於彼諸處方便求水，無往不得，而彼大海不作是念：『我能資給諸眾生水。』如來智慧大海亦復如是，悉能澤潤一切眾生心，彼諸眾生各於法門修習善根，皆得智慧光明，而如來不作是念：『我能悉與眾生智慧。』佛子！是為菩薩摩訶薩第三勝行，知、見如來、應供、等正覺心。

「復次，佛子！譬如大海有四種寶珠；此四種寶悉生海中，一切眾寶若無此寶，海中眾寶悉皆滅失。何等為四？一名、眾寶積聚，二名、無盡寶藏，三名、遠離熾然，四名、一切莊嚴聚，是為四寶。佛子！此四種寶，一切阿脩羅、迦樓羅、諸龍神等悉不得見，何以故？娑伽羅龍王密置深寶藏故，此四種寶端嚴方正；如來、應供、等正覺海亦有四種大智寶珠，出生一切聲聞、緣覺、學、無學智、及諸菩薩智慧大寶。何等為四？一名、無染巧妙方便清淨智寶，二名、分別演說有為無為清淨智寶，三名、分別演說一切諸法而不壞法界清淨智寶，四名、應化眾生未曾失時清淨智寶，是為如來大海四種清淨智寶。佛子！此如來四種清淨智寶一切眾生無能見者，何以故？此四種智慧大寶安置如來微密法寶藏故，菩薩慧光端嚴殊特。佛子！是為菩薩摩訶薩第四勝行，知、見如來、應供、等正覺心。

「復次，佛子！譬如大海有四熾然光明大寶，此四種寶悉能消竭大海無極之水。何等為四？一名、日藏光明大寶，二名、離潤光明大寶，三名、火珠光明大寶，四名、究竟無餘光明大寶。佛子！若大海中無此四寶，四域天下、金剛圍山乃至非想、非非想處皆悉漂沒。佛子！此日藏光明大寶能變海水悉成為酪，離潤光明大寶能變酪海悉成為酥，火珠光明大寶能悉熾然酥海，究竟無餘光明大寶悉然酥海永盡無餘；如來、應供、等正覺海，亦有四種智光摩尼大寶，照諸菩薩具足修習一切眾行，乃至成佛平等智慧。何等為四？一者、永息一切不善波浪智光大寶，二者、滅一切法愛智光大寶，三者、大慧智光大寶，四者、與如來等無量智光大寶。

「佛子！彼菩薩摩訶薩修集菩提時，起無量生死不善波浪，一切諸天、阿脩羅等悉無能止，如來以息一切不善波浪智光大寶，照耀菩薩不善波浪，令永止息，堅固安住無上三昧；以滅一切順法愛智光大寶，滅一切三昧難捨味著；以大慧智光大寶，滅一切無明淨慧通達；以與如來等無量智光大寶，以少方便出生如來智慧之地。佛子！若無如來四種智光大寶，乃至一菩薩得如來地，無有是處！佛子！是為菩薩摩訶薩第五勝行，知、見如來、應供、等正覺心。

「復次，佛子！譬如從水輪際，上至非想、非非想天一切三千大千世界，依虛空住，謂無色界眾生處、色界眾生處、欲界眾生處。此三界處悉依虛空，而彼虛空無有迫迮；如來智慧亦復如是，一切聲聞、緣覺、菩薩知有為法智慧，知無為法智慧，如是等一切智慧，悉依如來智慧而起，悉依如來智慧而住，如來智慧無有迫迮，何以故？如來智慧無所不至故。佛子！是為菩薩摩訶薩第六勝行，知、見如來、應供、等正覺心。

「復次，佛子！譬如雪山頂有藥王樹，名非從根生非不從生，彼藥王樹從六百八十萬由旬，下極金剛地，水輪際生。佛子！此藥王樹若生根時，閻浮提樹一切根生；若生莖時，閻浮提樹皆悉生莖，若生枝葉華果時，閻浮提樹一切悉生枝葉華果。此藥王樹，根能生莖，莖能生根，是故名曰不從根生非不從根。佛子！此藥王樹一切諸處，皆悉生長，唯除二處，所謂地獄深阬及水輪中不得生長，而大藥王樹亦不捨生性；如來智慧大藥王樹亦復如是，從一切如來種姓中生，於過去世修習大慈悲等無量無邊功德。堅固正住，不可傾動。三世無量善根智慧，皆悉普覆一切世間，除滅一切惡道眾難，巧方便莖，淨法界枝，諸禪三昧解脫之葉，七覺意華無上解脫果，陀羅尼持初無增減。

「佛子！如來智慧大藥王樹，復有異名，名根堅固不壞。何以故？不捨不斷菩薩眾行，是故其根名曰不壞。彼如來智慧大藥王樹初生根時，一切菩薩悉生大慈悲根，未曾捨離一切眾生；初生莖時，一切菩薩皆悉生長堅固精進正直心莖；初生枝時，一切菩薩生長一切波羅蜜枝；初生葉時，一切菩薩生長一切淨戒威儀頭陀功德之葉；初生華時，一切菩薩善根莊嚴相好華敷；初生果時，一切菩薩得無生忍受佛記果。佛子！如來智慧大藥王樹，唯除二處不得生長，所謂：聲聞、緣覺、涅槃、地獄、深阬及諸犯戒、邪見、貪著、非法器等，而如來樹非不生長，其餘一切應受化者皆悉生長，而如來智慧大藥王樹不增不減。佛子！是為菩薩摩訶薩第七勝行，知、見如來、應供、等正覺心。

「復次，佛子！譬如火劫起時，三千大千世界，一切所有大地草木金剛圍山，皆悉熾然燒盡無餘。設有一人若以乾草投彼火中，寧得不然？答言：『不也，無不燒盡。』佛子！彼所投草猶可不盡。如來智慧於一切眾生、一切佛剎、一切劫數、一切諸法無不悉知，若有不知，無有是處。何以故？如來智慧不可破壞悉明達故。佛子！是為菩薩摩訶薩第八勝行，知、見如來、應供、等正覺心。

「復次，佛子！譬如風災壞世界時，有大風起，名曰壞散，悉能壞散磨滅大千世界金剛圍山一切萬物。爾時，三千大千世界外復有風起，名障壞散風災，不令風災得至餘方。佛子！若無此障風，十方無量無邊阿僧祇世界無不散滅；如來、應供、等正覺亦復如是，有大智風，名曰散滅一切煩惱，悉能散滅一切菩薩煩惱習氣。如來復有巧方便智風，能持一切菩薩，不令究竟盡滅墮於聲聞、辟支佛地。菩薩摩訶薩得此巧方便智風力故，能過聲聞、辟支佛地，究竟佛地。佛子！是為菩薩摩訶薩第九勝行，知見如來、應供、等正覺心。

「復次，佛子！如來智慧無處不至。何以故？無有眾生無眾生身、如來智慧不具足者。但眾生顛倒，不知如來智遠離顛倒，起一切智、無師智、無礙智。佛子！譬如有一經卷如一三千大千世界，大千世界一切所有無不記錄。若二千世界等，悉記二千世界中事。小千世界等，悉記小千世界中事。四天下等，悉記四天下事。須彌山王等，悉記須彌山王事。地天宮等，悉記地天宮殿中事。欲天宮等，悉記欲界天宮殿中事。色天宮等，悉記色界天宮殿中事。若無色天宮等，悉記無色界天宮殿中事。彼三千大千世界等經卷在一微塵內，一切微塵亦復如是。

「時，有一人出興於世，智慧聰達，具足成就清淨天眼，見此經卷在微塵內，作如是念：『云何如此廣大經卷在微塵內而不饒益眾生耶？我當勤作方便，破彼微塵，出此經卷，饒益眾生。』爾時，彼人即作方便，破壞微塵，出此經卷，饒益眾生。佛子！如來智慧無相，智慧無礙，智慧具足，在於眾生身中，但愚癡眾生顛倒想覆，不知不見，不生信心。

「爾時，如來以無障礙清淨天眼觀察一切眾生。觀已，作如是言：『奇哉！奇哉！云何如來具足智慧在於身中而不知見？我當教彼眾生覺悟聖道，悉令永離妄想顛倒垢縛，具見如來智慧在其身內，與佛無異。』如來即時教彼眾生修八聖道，捨離虛妄顛倒；離顛倒已，具如來智，與如來等，饒益眾生。佛子！是為菩薩摩訶薩第十勝行，知見如來、應供、等正覺心。

「佛子！菩薩摩訶薩有如是等無量無數諸勝妙行，知見如來、應供、等正覺心。」

爾時，普賢菩薩欲重明此義，以偈頌曰：

欲知如來心，應解最勝智，如來智無量，最勝心亦然。
十方諸世界，一切眾生類，皆悉依虛空，虛空無所依。
一切法界中，眾生種種樂，方便巧智術，依最勝智起。

一切諸智慧，悉依善逝智，如來最勝智，寂然無所依。
聲聞緣覺乘，解脫智慧果，悉從法界起，法界無增減。
最勝智如是，能起一切智，學智無學智，了達有無智。
善逝無上智，出生一切智，非生非不生，皆悉無增減。
譬如大海水，澤潤一切地，眾生善方便，求水無不得。
大海地無念，我與眾生水，大海無增減，方便求悉得。
十方諸世界，一切群生類，善逝智慧海，皆悉能潤澤。
各各勤方便，修習諸法門，一切修行者，疾得智慧光。
如娑伽龍王，有四妙寶珠，密置深寶藏，眾生無能見。
端嚴而方正，常住於大海，因此四摩尼，生出一切寶。
最勝四種智，無量不可稱，出生一切眾，無量諸智慧。
安住大乘藏，無量德莊嚴，除受記菩薩，一切莫能見。
譬如大海中，有四摩尼寶，光焰甚猛熱，能消大海水。
若無此四寶，天地悉漂沒，大海無增減，四域皆安住。

如來四種智，無量不可稱，能止諸菩薩，不善根波浪。
一切三世間，欲色無色界，離我及我所，安住於虛空。
善逝智亦然，一切智根本，聲聞學無學，及諸緣覺智。
菩薩普饒益，無量甚深智，悉依如來智，如來智無依。
如彼雪山頂，有大藥王樹，名不從根生，非不從根生。
由此藥王樹，生長因緣故，悉生閻浮提，一切諸樹林。
彼樹根生時，一切樹根生，莖枝葉華實，一切亦如是。
清淨甚深智，如來性中生，依因如來智，出生修行智。
一切菩薩行，無量諸功德，如來智樹王，平等心地生。
譬如劫盡時，猛盛大火災，設人投乾草，猶可燒不盡。
善逝清淨智，無量無有邊，悉能分別知，三世眾生類。
又知一切劫，一切諸佛剎，如是無量法，如來悉了知。
譬如劫盡時，風災名壞散，能壞諸大地，金剛及須彌。
剎外有風起，名曰障散壞，若無此風者，十方悉磨滅。

十力亦如是，智慧風無量，皆悉能散滅，菩薩諸煩惱。
如來方便智，攝取諸菩薩，過聲聞緣覺，安住如來地。
譬如微塵內，有一大經卷，三千世界等，無益眾生類。
爾時有一人，出興於世間，破塵出經卷，饒益一切世。
如來智如是，眾生悉具有，顛倒妄想覆，眾生不知見。
如來教眾生，修習八聖道，除滅一切障，究竟成菩提。

「佛子！云何菩薩摩訶薩知、見如來、應供、等正覺境界？此菩薩摩訶薩成就無量無邊無礙智慧，知一切眾生，是如來境界。一切世間、一切剎、一切法、一切眾生行，如如不壞境界、無礙法界境界、實際無際境界、無量虛空境界、非境界境界，是如來境界。佛子！一切眾生無量故，如來境界無量；一切世間無量故，如來境界無量；乃至非境界境界無量故，如來境界無量；非境界至一切處而無所至，如來境界亦復如是。

「佛子！菩薩摩訶薩知心境界是如來境界。如心境界無量故，如來境界無量。何以故？隨心無量，出生智慧亦復如是。

「佛子！譬如大龍隨心降雨，雨不從內亦不從外；如來境界，亦復如是，隨心所念，於念念中出生無量不思議智，彼諸智慧，悉無來處。佛子！一切大海水，皆從龍王心願所起；如來智海亦復如是，悉從大願力起。佛子！如來智海無量無邊，不可言說、不可思議。我說小諭，汝今諦聽：佛子！此閻浮提內流出二千五百河水，悉入大海。俱耶尼內流出五千河水，悉入大海。弗婆提內流出八千四百河水，悉入大海。欝單越內流出一萬河水，悉入大海。佛子！此四天下內如是二萬五千九百河水，悉入大海。佛子！於意云何？此水多少？」

答言：「甚多。」

「佛子！復有十光明龍王，雨大海中，悉過前水。百光明龍王，雨大海中，復悉過前。大莊嚴龍王，雨大海中，復悉過前。摩那斯龍王，雨大海中，復悉過前。大雷龍王，雨大海中，復悉過前。難陀跋難陀龍王，雨大海中，復悉過前。無量光明龍王，雨大海中，復悉過前。流注不斷龍王，雨大海中，復悉過前。大勝龍王，雨大海中，復悉過前。金剛光明龍王，雨大海中，復悉過前。佛子！如是等八十億龍王，各雨大海，展轉過前。娑伽羅龍王太子，名曰佛生，雨大海中，復悉過前。

「佛子！彼十光明龍王所住淵池，流入大海，復悉過前。百光明龍王所住淵池，流入大海，復悉過前。大莊嚴龍王所住淵池，流入大海，復悉過前。摩那斯龍王所住淵池，流入大海，復悉過前。大雷龍王所住淵池，流入大海，復悉過前。難陀跋難陀龍王所住淵池，流入大海，復悉過前。無量光明龍王所住淵池，流入大海，復悉過前。流注不斷龍王所住淵池，流入大海，復悉過前。大勝龍王所住淵池，流入大海，復悉過前。金剛光明龍王所住淵池，流入大海，復悉過前。如是等廣說，乃至娑伽羅龍王太子所住淵池，流入大海，復悉過前。

「佛子！如彼十龍王及八十億龍王，乃至娑伽羅龍王太子，雨大海中及其淵池，皆悉不及娑伽羅龍王所雨大海；娑伽羅龍王所住淵池，涌出流入大海倍復過前。彼涌流水青瑠璃色，盈滿大海，涌出有時，是故，海潮常不失時。佛子！如是大海，其水無量、珍寶無量、眾生無量、大地無量。佛子！於意云何？彼大海水為無量不？」

答言：「實爾。其水深廣，不可為諭。」

「佛子！如是海水深廣無量，於如來無量智海，百分不及其一，乃至不可為譬；但隨所應化，為作譬諭。佛子！菩薩摩訶薩知、見如來智海，深廣無量。從初發心乃至不斷菩薩無量行故，知、見道品寶無量不斷三寶故，知、見無量眾生歡喜長養一切聲聞、學、無學及緣覺故，知、見大地無量從歡喜地乃至究竟無礙智地故。佛子！是為菩薩摩訶薩知、見如來、應供、等正覺境界，無量饒益一切眾生無量智慧故。」

爾時，普賢菩薩欲重明此義，以偈頌曰：

離垢淨境界，無量不可稱，殊勝願力故，一切無有量。
譬如心境界，無量無有邊，一切諸十力，境界亦如是。
譬如大龍王，不離於本處，以心願力故，其雨無有量。
雨水無從來，亦無有去處，龍王願力故，隨心雨無量。
一切十方剎，十力亦如是，本無所從來，去亦無所至。
無量諸境界，悉從心緣起，一切諸法界，皆入一毛道。
譬如大海水，無量無有邊，眾生及珍寶，大地亦無量。

海水常湛然，皆悉同一味，隨眾生受用，其味各不同。
最勝亦如是，智慧海無量，三寶最勝故，是故寶無量。
聲聞學無學，辟支佛無量，具修無上道，故說地無量。

「佛子！云何菩薩摩訶薩知、見如來、應供、等正覺行？此菩薩摩訶薩知見如來無礙行、如如行，是如來行如如，過去不滅，未來不至，現在不起，如來行亦如是，不滅、不至、不起。佛子！譬如法界無量無縛。何以故？法界無身故。如來行亦如是，無量無縛。何以故？如來行無身故。佛子！譬如鳥飛虛空，經百千年所遊行處不可度量，未遊行處亦不可量。何以故？虛空無分齊故。如來、應供、等正覺行亦復如是，若使有人於百千億那由他劫，分別解說如來之行；已解說者不可限量，未解說者亦不可量。何以故？如來行無分齊故。

「佛子！如來、應供、等正覺，住如來住，無所住故，而能普為一切眾生，示現開導如來之行，眾生見已，出過一切諸障礙道。佛子！譬如金翅鳥王，飛行虛空，安住虛空，以清淨眼觀察大海龍王宮殿，奮勇猛力，以左右翅博開海水，悉令兩闢，知龍男女有命盡者，而撮取之。如來、應供、等正覺金翅鳥王亦復如是，安住無礙虛空之中，以清淨眼觀察法界諸宮殿中一切眾生，若有善根已成熟者，奮勇猛十力止觀兩翅，博開生死大愛海水，隨其所應出生死海，除滅一切妄想顛倒，安立如來無礙之行。

「佛子！譬如日月周行虛空，不作是念：『我行虛空從何所來？去至何所？』如來亦復如是，周行無礙解脫虛空，分別一切法界，饒益一切眾生，廣作佛事，如來不作是念：『我有去來。』佛子！菩薩摩訶薩以如是等無量無邊勝行，知、見如來、應供、等正覺行。」

爾時，普賢菩薩欲重明此義，以偈頌曰：

譬如如無盡，無生亦無滅，亦無有方處，求之不可見。
如來亦如是，境界不可量，遠離於三世，其性悉如如。
譬如諸法界，非界非不界，非有亦非無，非量非無量。
功德持如是，所行不可量，非有亦非無，其身本無故。
如鳥飛虛空，經由百千年，行處未行處，皆悉不可量。
若人百千劫，演說如來行，已說及未說，皆悉不可量。

譬如金翅鳥，安住於虛空，觀察龍王宮，撮取其男女。
十力亦如是，安住如來行，善根純熟者，令出煩惱海。
譬如淨日月，周行於虛空，安樂一切眾，不念我能爾。
如來亦如是，遊行諸法界，度脫一切眾，不念我能度。

大方廣佛華嚴經　卷第五十　摘錄

東晉天竺三藏佛馱跋陀羅譯

入法界品第三十四之七

「善男子！我唯知此至一切趣菩薩淨行莊嚴法門、無依無作神通之力。諸大菩薩具足成就諸神通明佛剎等身，得普眼地，知語言道，神力自在，具足智慧，離諸諍訟，逮得大人廣長舌相，出微妙音，無能壞者，分別一切三世諸佛，亦無二想，明淨智慧，照三世法，境界無量，淨如虛空，我當云何能知、能說彼功德行？善男子！於此南方，有一國土名曰難忍，城名迦陵伽婆提，有比丘尼名師子奮迅，汝詣彼問：『云何菩薩學菩薩行、修菩薩道。』」

爾時，善財童子漸漸遊行至彼國城，周遍推問彼比丘尼。時，有無量男女大眾答善財言：「此比丘尼今在王園日光林中，以法饒益一切眾生。」

爾時，善財詣彼園林，周遍觀察，見一大樹名曰滿月，放大光明，照百由旬；復見大樹名曰普覆，其形如蓋，放青光明；復見華樹名曰華藏，高如雪山，雨眾華雲，如天帝釋波利質多羅樹；復見大樹名曰柔軟，光明普照，常有果實；復見大樹名曰明淨，不可譬諭摩泥莊嚴，出阿僧祇清淨妙寶；復見衣樹，出阿僧祇妙寶衣藏；復見歡喜樹，自然演出微妙音聲；復見普莊嚴香熏樹，出一切香，普熏十方，無所障礙；復見彼園泉流淵池，栴檀行樹周匝圍遶，七寶欄楯以為莊嚴，黑栴檀泥凝渟其底，布以金沙，八功德水充滿其中，優鉢羅、鉢曇摩、拘牟頭、分陀利華，敷榮鮮茂遍覆其上。寶樹周遍，端嚴殊妙，一一樹下各敷無量師子之座，布以寶衣，熏以眾香，張眾寶帳，白淨寶網羅覆其上，金鈴網中出妙音聲；或有樹下敷蓮華藏師子之座，或有樹下敷香藏座，或有樹下敷龍莊嚴藏座，或有樹下敷寶聚師子座，或有樹下敷明淨普照藏座，或有樹下敷師子樂藏座。

彼一一座各有十萬寶師子座眷屬圍遶，無量莊嚴，散無量寶，充滿其中，如海寶洲。寶衣布*地，柔軟妙好，蹈則沒足，舉則還復；異類眾鳥出和雅音，超越帝釋歡喜之園；種種華樹常雨華雲，超勝帝釋照明之園；妙香普熏，超於帝釋善法講堂；寶樹樂樹出微妙聲，超過善口天女歌音；無量百千樓閣莊嚴，觀者無厭，超逾帝釋善現大城。此園一切諸莊嚴具如梵天宮，眾生樂見。爾時，善財見此園林皆是菩薩業行所成，出諸世間善根所起，供養不可思議諸佛所得，無能壞者；此皆師子奮迅比丘尼了法如幻，長養功德藏善根所成，三千大千世界，天龍八部，無量眾生悉入此園而不迫迮；何以故？此比丘尼不可思議威神力故。

爾時，善財見比丘尼遍處一切寶師子座，端嚴姝妙，威儀庠序；其心寂靜，調伏諸根，譬如龍象，如澄淨淵如意寶珠；五欲不染，猶如蓮華；心無所畏，如師子王；安住淨戒不可傾動，如須彌山；滅除眾生諸煩惱熱，如涼香王；滅除眾病，如良藥王；見者不虛，如婆樓那天；長養善根，猶如良田。見處一座淨居天眾眷屬圍遶，為說無盡法門；又見處座悅樂梵等梵眾圍遶，為說普妙音聲法門；又見處座無量他化自在天王等，天子、天女眷屬圍遶，為說菩薩清淨自在法門；又見處座化自在天王等，天子、天女眷屬圍遶，為說清淨一切莊嚴法門；又見處座刪兜率天王等，天子、天女眷屬圍遶，為說心藏旋復法門；又見處座夜摩天王等，天子、天女眷屬圍遶，為說無量莊嚴法門；又見處座釋天王等，天子、天女眷屬圍遶，為說厭離法門。

又見處座娑伽羅龍王、十光明龍王、難陀跋難陀龍王、摩那斯龍王、伊那槃那龍王、阿耨達龍王等，龍子、龍女眷屬圍遶，為說善方便救護眾生法門；又見處座提頭賴吒天王等，乾闥婆男女眷屬圍遶，為說無盡法門；又見處座摩睺羅伽、阿脩羅王等眷屬圍遶，為說法界方便智莊嚴法門；又見處座大勢力迦樓羅王等眷屬圍遶，為說於生死海無畏法門；又見處座屯緊那羅王等眷屬圍遶，為說佛行光明法門；又見處座雲山摩睺羅伽王等眷屬圍遶，為說佛喜法門；又見處座無量男子、女人、童男、童女眷屬圍遶，為說勝趣法門；又見處座常奪眾生命羅剎王等眷屬圍遶，為說起大慈大悲法門。

又見處座樂聲聞者眷屬圍遶，為說勝智光明法門；又見處座樂緣覺者眷屬圍遶，為說明淨如來功德光明法門；又見處座樂大乘者眷屬圍遶，為說普門三昧智慧光明法門；又見處座初發心菩薩眷屬圍遶，為說一切佛大願法門；又見處座二地菩薩眷屬圍遶，為說離垢三昧法門；又見處座三地菩薩眷屬圍遶，為說寂靜莊嚴法門；又見處座四地菩薩眷屬圍遶，為說一切智勢力境界法門；又見處座五地菩薩眷屬圍遶，為說淨心華藏法門；又見處座六地菩薩眷屬圍遶，為說明淨藏法門；又見處座七地菩薩眷屬圍遶，為說普地藏法門；又見處座八地菩薩眷屬圍遶，為說法界法身境界法門；又見處座九地菩薩眷屬圍遶，為說無有無著莊嚴法門；又見處座十地菩薩眷屬圍遶，為說無礙三昧法門；又見處座金剛力士眷屬圍遶，為說智慧金剛法門。

見處如是等一切諸座，一切諸趣，一切眾生眷屬圍遶。種善根者為說善根；長善根者為說增長一切善根，隨其所應而為說法，乃至於阿耨多羅三藐三菩提得不退轉。何以故？此比丘尼成就百萬阿僧祇般若波羅蜜門故，所謂：普眼般若波羅蜜門，說一切佛法般若波羅蜜門，分別法界般若波羅蜜門，壞散一切障礙般若波羅蜜門，出生長養一切眾生善法般若波羅蜜門，勝莊嚴般若波羅蜜門，無礙藏般若波羅蜜門，法界圓滿般若波羅蜜門，清淨心藏般若波羅蜜門，一切眾生樂藏般若波羅蜜門；得如是等百萬阿僧祇般若波羅蜜門。於此園中，所有眾生皆於阿耨多羅三藐三菩提得不退轉。

爾時，善財見師子奮迅比丘尼諸奇特事，所謂：園林資生之具，經行威儀寶師子座，大眾眷屬，諸妙功德，神力自在，微妙音聲，如是一切諸奇特事；又聞微妙清淨音聲，宣揚讚歎不思議法。無量法雲之所潤澤，身心柔軟，五體投地，恭敬禮已，將欲遶旋；見比丘尼遍一切座，自見己身及無量眾，樹木園林皆悉右旋，遶無數匝；如是見已，合掌恭敬，於一面住，白言：「大聖！我已先發阿耨多羅三藐三菩提心，而未知菩薩云何學菩薩行、修菩薩道，唯願大聖為我解說。」

「善男子！我成就菩薩一切智底法門。」

「大聖！如此法門體性云何？」

「善男子，此法門者智光莊嚴，於一念中普照三世。」

「大聖！此智光莊嚴法門境界云何？」

「善男子！入此法門，現前正受一切法林三昧時，十方一切世界諸佛處兜率天者，於彼一一佛所，從其自身出生不可說不可說佛剎微塵等摩醯摩身，恭敬禮拜；又齎不可說不可說佛剎微塵等華、香、纓珞、諸妙寶鬘、末香、塗香、衣蓋、幢幡種種寶華雲，乃至一切莊嚴具雲，寶網、寶帳、莊嚴網等種種寶座，以如是等諸供養具供養如來，如兜率天所興供養，降神母胎，出生在宮，捨家學道，詣菩提樹，成最正覺，轉淨法輪，在諸天上、人、非人中乃至般涅槃所興供養，亦復如是。若有眾生知我供養，皆於阿耨多羅三藐三菩提得不退轉。其有眾生來至我所，即為彼說般若波羅蜜。我不起眾生想；不取眾生相；知一切語言，而不著語言；見一切佛，不取佛相，深解法身故；受持一切諸佛法輪，而亦不取法輪之相，解了諸佛真實相故；於念念中悉能充滿一切法界，而亦不取法界之相，了一切法猶如幻故。

「善男子！我唯知此菩薩一切智底法門。諸大菩薩究竟法界，一切無著，一身結跏趺坐充滿法界；於自身內，悉能顯現一切佛剎；於一念中，悉能往詣一切佛所；於自身內，悉能顯現諸佛神力；能以一毛，舉不可說不可說諸佛世界；於一毛孔，現不可說不可說世界成敗；於一念中，攝取不可說不可說眾生；於一念中，攝取不可說不可說劫；我當云何能知、能說彼功德行？善男子！於此南方，有一國土名曰險難，城名寶莊嚴，有一女人名婆須蜜多，汝詣彼問云何菩薩學菩薩行、修菩薩道。」

時，善財童子頭面敬禮比丘尼足，遶無數匝，眷仰觀察，辭退南行。

大方廣佛華嚴經　卷第一

摘錄

于闐國三藏實叉難陀奉　制譯

世主妙嚴品第一之一

如是我聞：一時，佛在摩竭提國阿蘭若法菩提場中，始成正覺。其地堅固，金剛所成；上妙寶輪，及眾寶華、清淨摩尼，以為嚴飾；諸色相海，無邊顯現；摩尼為幢，常放光明，恒出妙音，眾寶羅網，妙香華纓，周匝垂布；摩尼寶王，變現自在，雨無盡寶及眾妙華分散於地；寶樹行列，枝葉光茂。佛神力故，令此道場一切莊嚴於中影現。其菩提樹高顯殊特：金剛為身，瑠璃為幹，眾雜妙寶以為枝條；寶葉扶疎，垂蔭如雲；寶華雜色，分枝布影，復以摩尼而為其果，含輝發焰，與華間列。其樹周圍咸放光明，於光明中雨摩尼寶，摩尼寶內，有諸菩薩，其眾如雲，俱時出現。又以如來威神力故，其菩提樹恒出妙音，說種種法，無有盡極。

如來所處宮殿樓閣，廣博嚴麗充遍十方，眾色摩尼之所集成，種種寶華以為莊校；諸莊嚴具流光如雲，從宮殿間萃影成幢。無邊菩薩道場眾會咸集其所，以能出現諸佛光明不思議音摩尼寶王而為其網，如來自在神通之力所有境界皆從中出；一切眾生居處屋宅，皆於此中現其影像。又以諸佛神力所加，一念之間，悉包法界。其師子座，高廣妙好：摩尼為臺，蓮華為網，清淨妙寶以為其輪，眾色雜華而作瓔珞。堂榭、樓閣、階砌、戶牖，凡諸物像，備體莊嚴；寶樹枝果，周迴間列。摩尼光雲，互相照耀；十方諸佛，化現珠玉；一切菩薩髻中妙寶，悉放光明而來瑩燭。復以諸佛威神所持，演說如來廣大境界，妙音遐暢，無處不及。

爾時，世尊處于此座，於一切法成最正覺，智入三世悉皆平等，其身充滿一切世間，其音普順十方國土。譬如虛空具含眾像，於諸境界無所分別；又如虛空普遍一切，於諸國土平等隨入。身恒遍坐一切道場，菩薩眾中威光赫奕，如日輪出，照明世界。三世所行，眾福大海，悉已清淨，而恒示生諸佛國土。無邊色相，圓滿光明，遍周法界，等無差別；演一切法，如布大雲。一一毛端，悉能容受一切世界而無障礙，各現無量神通之力，教化調伏一切眾生；身遍十方而無來往，智入諸相，了法空寂。三世諸佛所有神變，於光明中靡不咸覩；一切佛土不思議劫所有莊嚴，悉令顯現。

有十佛世界微塵數菩薩摩訶薩所共圍遶，其名曰：普賢菩薩摩訶薩、普德最勝燈光照菩薩摩訶薩、普光師子幢菩薩摩訶薩、普寶焰妙光菩薩摩訶薩、普音功德海幢菩薩摩訶薩、普智光照如來境菩薩摩訶薩、普寶髻華幢菩薩摩訶薩、普覺悅意聲菩薩摩訶薩、普清淨無盡福光菩薩摩訶薩、普光明相菩薩摩訶薩、海月光大明菩薩摩訶薩、雲音海光無垢藏菩薩摩訶薩、功德寶髻智生菩薩摩訶薩、功德自在王大光菩薩摩訶薩、善勇猛蓮華髻菩薩摩訶薩、普智雲日幢菩薩摩訶薩、大精進金剛齊菩薩摩訶薩、香焰光幢菩薩摩訶薩、大明德深美音菩薩摩訶薩、大福光智生菩薩摩訶薩。如是等而為上首，有十佛世界微塵數。

此諸菩薩，往昔皆與毘盧遮那如來共集善根，修菩薩行；皆從如來善根海生，諸波羅蜜悉已圓滿；慧眼明徹，等觀三世；於諸三昧，具足清淨；辯才如海，廣大無盡；具佛功德，尊嚴可敬；知眾生根，如應化伏；入法界藏，智無差別；證佛解脫，甚深廣大；能隨方便，入於一地，而以一切願海所持，恒與智俱盡未來際；了達諸佛希有廣大祕密之境，善知一切佛平等法，已踐如來普光明地，入於無量三昧海門；於一切處，皆隨現身；世法所行，悉同其事；總持廣大，集眾法海；辯才善巧，轉不退輪；一切如來功德大海，咸入其身；一切諸佛所在國土，皆隨願往；已曾供養一切諸佛，無邊際劫，歡喜無倦；一切如來得菩提處，常在其中，親近不捨；恒以所得普賢願海，令一切眾生智身具足；成就如是無量功德。

復有佛世界微塵數執金剛神，所謂：妙色那羅延執金剛神、日輪速疾幢執金剛神、須彌華光執金剛神、清淨雲音執金剛神、諸根美妙執金剛神、可愛樂光明執金剛神、大樹雷音執金剛神、師子王光明執金剛神、密焰勝目執金剛神、蓮華光摩尼髻執金剛神。如是等而為上首，有佛世界微塵數，皆於往昔無量劫中恒發大願，願常親近供養諸佛；隨願所行，已得圓滿，到於彼岸；積集無邊清淨福業，於諸三昧所行之境悉已明達；獲神通力，隨如來住，入不思議解脫境界；處於眾會，威光特達，隨諸眾生所應現身而示調伏；一切諸佛化形所在，皆隨化往；一切如來所住之處，常勤守護。

復有無量主河神，所謂：普發迅流主河神、普潔泉　主河神、離塵淨眼主河神、十方遍吼主河神、救護眾生主河神、無熱淨光主河神、普生歡喜主河神、廣德勝幢主河神、光照普世主河神、海德光明主河神，如是等而為上首，有無量數，皆勤作意利益眾生。

復有無量主海神，所謂：出現寶光主海神、成金剛幢主海神、遠塵離垢主海神、普水宮殿主海神、吉祥寶月主海神、妙華龍髻主海神、普持光味主海神、寶焰華光主海神、金剛妙髻主海神、海潮雷聲主海神，如是等而為上首，其數無量，悉以如來功德大海充滿其身。

復有無量主水神，所謂：普興雲幢主水神、海潮雲音主水神、妙色輪髻主水神、善巧漩澓主水神、離垢香積主水神、福橋光音主水神、知足自在主水神、淨喜善音主水神、普現威光主水神、吼音遍海主水神，如是等而為上首，其數無量，常勤救護一切眾生而為利益。

（略）

復有無量諸大龍王，所謂：毘樓博叉龍王、娑竭羅龍王、雲音妙幢龍王、焰口海光龍王、普高雲幢龍王、德叉迦龍王、無邊步龍王、清淨色龍王、普運大聲龍王、無熱惱龍王。如是等而為上首，其數無量，莫不勤力興雲布雨，令諸眾生熱惱消滅。

復有無量鳩槃荼王，所謂：增長鳩槃荼王、龍主鳩槃荼王、善莊嚴幢鳩槃荼王、普饒益行鳩槃荼王、甚可怖畏鳩槃荼王、美目端嚴鳩槃荼王、高峯慧鳩槃荼王、勇健臂鳩槃荼王、無邊淨華眼鳩槃荼王、廣大天面阿脩羅眼鳩槃荼王。如是等而為上首，其數無量，皆勤修學無礙法門，放大光明。

大方廣佛華嚴經 卷第三 摘錄

于闐國三藏實叉難陀奉 制譯

世主妙嚴品第一之三

復次，毘樓博叉龍王，得消滅一切諸龍趣熾然苦解脫門；娑竭羅龍王，得一念中轉自龍形示現無量眾生身解脫門；雲音幢龍王，得於一切諸有趣中以清淨音說佛無邊名號海解脫門；焰口龍王，得普現無邊佛世界建立差別解脫門；*焰龍王，得一切眾生瞋癡蓋纏如來慈愍令除滅解脫門；雲幢龍王，得開示一切眾生大喜樂福德海解脫門；德叉迦龍王，得以清淨救護音滅除一切怖畏解脫門；無邊步龍王，得示現一切佛色身及住劫次第解脫門；清淨色速疾龍王，得出生一切眾生大愛樂歡喜海解脫門；普行大音龍王，得示現一切平等悅意無礙音解脫門；無熱惱龍王，得以大悲普覆雲滅一切世間苦解脫門。

爾時，毘樓博叉龍王，承佛威力，普觀一切諸龍眾已，即說頌言：

汝觀如來法常爾，一切眾生咸利益，
能以大慈哀愍力，拔彼畏塗淪墜者。
一切眾生種種別，於一毛端皆示現，
神通變化滿世間，娑竭如是觀於佛。
佛以神通無限力，廣演名號等眾生，
隨其所樂普使聞，如是雲音能悟解。
無量無邊國土眾，佛能令入一毛孔，
如來安坐彼會中，此焰口龍之所見。
一切眾生瞋恚心，纏蓋愚癡深若海，
如來慈愍皆滅除，焰龍觀此能明見。
一切眾生福德力，佛毛孔中皆顯現，
現已令歸大福海，此高雲幢之所觀。
佛身毛孔發智光，其光處處演妙音，

眾生聞者除憂畏，德叉迦龍悟斯道。
三世一切諸如來，國土莊嚴劫次第，
如是皆於佛身現，廣步見此神通力。
我觀如來往昔行，供養一切諸佛海，
於彼咸增喜樂心，此速疾龍之所入。
佛以方便隨類音，為眾說法令歡喜，
其音清雅眾所悅，普行聞此心欣悟。
眾生逼迫諸有中，業惑漂轉無人救，
佛以大悲令解脫，無熱大龍能悟此。

大方廣佛華嚴經　卷第十一

摘錄

于闐國三藏實叉難陀奉　制譯

毘盧遮那品第六

「諸佛子！彼焰光明大城中，有王名喜見善慧，統領百萬億那由他城，夫人、采女三萬七千人，福吉祥為上首；王子五百人別本云二萬五千人，大威光為上首；大威光太子有十千夫人，妙見為上首。爾時，大威光太子見佛光明已，以昔所修善根力故，即時證得十種法門。何謂為十？所謂：證得一切諸佛功德輪三昧，證得一切佛法普門陀羅尼，證得廣大方便藏般若波羅蜜，證得調伏一切眾生大莊嚴大慈，證得普雲音大悲，證得生無邊功德最勝心大喜，證得如實覺悟一切法大捨，證得廣大方便平等藏大神通，證得增長信解力大願，證得普入一切智光明辯才門。

「爾時，大威光太子，獲得如是法光明已，承佛威力，普觀大眾而說頌言：

世尊坐道場，清淨大光明，譬如千日出，普照虛空界。
無量億千劫，導師時乃現，佛今出世間，一切所瞻奉。
汝觀佛光明，化佛難思議，一切宮殿中，寂然而正受。
汝觀佛神通，毛孔出焰雲，照耀於世間，光明無有盡。
汝應觀佛身，光網極清淨，現形等一切，遍滿於十方。
妙音遍世間，聞者皆欣樂，隨諸眾生語，讚歎佛功德。
世尊光所照，眾生悉安樂，有苦皆滅除，心生大歡喜。
觀諸菩薩眾，十方來萃止，悉放摩尼雲，現前稱讚佛。
道場出妙音，其音極深遠，能滅眾生苦，此是佛神力。
一切咸恭敬，心生大歡喜，共在世尊前，瞻仰於法王。

「諸佛子！彼大威光太子說此頌時，以佛神力，其聲普遍勝音世界。

「時，喜見善慧王聞此頌已，心大歡喜，觀諸眷屬而說頌言：

汝應速召集，一切諸王眾，王子及大臣，城邑宰官等。

普告諸城內，疾應擊大鼓，共集所有人，俱行往見佛。
一切四衢道，悉應鳴寶鐸，妻子眷屬俱，共往觀如來。
一切諸城廓，宜令悉清淨，普建勝妙幢，摩尼以嚴飾。
寶帳羅眾網，妓樂如雲布，嚴備在虛空，處處令充滿。
道路皆嚴淨，普雨妙衣服，巾馭汝寶乘，與我同觀佛。
各各隨自力，普雨莊嚴具，一切如雲布，遍滿虛空中。
香焰蓮華蓋，半月寶瓔珞，及無數妙衣，汝等皆應雨。
須彌香水海，上妙摩尼輪，及清淨栴檀，悉應雨滿空。
眾寶華瓔珞，莊嚴淨無垢，及以摩尼燈，皆令在空住。
一切持向佛，心生大歡喜，妻子眷屬俱，往見世所尊。

「爾時，喜見善慧王，與三萬七千夫人、采女俱，福吉祥為上首；五百王子俱，大威光為上首；六萬大臣俱，慧力為上首。如是等七十七百千億那由他眾，前後圍遶，從焰光明大城出。以王力故，一切大眾乘空而往，諸供養具遍滿虛空。至於佛所，頂禮佛足，却坐一面。復有妙華城善化幢天王，與十億那由他眷屬俱；復有究竟大城淨光龍王，與二十五億眷屬俱；復有金剛勝幢城猛健夜叉王，與七十七億眷屬俱；復有無垢城喜見乾闥婆王，與九十七億眷屬俱；復有妙輪城淨色思惟阿脩羅王，與五十八億眷屬俱；復有妙莊嚴城十力行迦樓羅王，與九十九千眷屬俱；復有遊戲快樂城金剛德緊那羅王，與十八億眷屬俱；復有金剛幢城寶稱幢摩　羅伽王，與三億百千那由他眷屬俱；復有淨妙莊嚴城最勝梵王，與十八億眷屬俱。如是等百萬億那由他大城中，所有諸王，并其眷屬，悉共往詣一切功德須彌勝雲如來所，頂禮佛足，却坐一面。

「時，彼如來為欲調伏諸眾生故，於眾會道場海中，說普集一切三世佛自在法修多羅，世界微塵數修多羅而為眷屬，隨眾生心，悉令獲益。是時，大威光菩薩聞是法已，即獲一切功德須彌勝雲佛宿世所集法海光明。所謂：得一切法聚平等三昧智光明，一切法悉入最初菩提心中住智光明，十方法界普光明藏清淨眼智光明，觀察一切佛法大願海智光明，入無邊功德海清淨行智光明，趣向不退轉大力速疾藏智光明，法界中無量變化力出離輪智光明，決定入無量功德圓滿海智光明，了知一切佛決定解莊嚴成就海智光明，了知法界無邊佛現一切眾生前神通海智光明，了知一切佛力、無所畏法智光明。

大方廣佛華嚴經　卷第四十五　摘錄

于闐國三藏實叉難陀奉　制譯

諸菩薩住處品第三十二

爾時，心王菩薩摩訶薩於眾會中告諸菩薩言：「佛子！東方有處，名仙人山，從昔已來，諸菩薩眾於中止住；現有菩薩，名金剛勝，與其眷屬、諸菩薩眾三百人俱，常在其中而演說法。南方有處，名勝峯山，從昔已來，諸菩薩眾於中止住；現有菩薩，名曰：法慧，與其眷屬、諸菩薩眾五百人俱，常在其中而演說法。西方有處，名金剛焰山，從昔已來，諸菩薩眾於中止住；現有菩薩，名精進無畏行，與其眷屬、諸菩薩眾三百人俱，常在其中而演說法。北方有處，名香積山，從昔已來，諸菩薩眾於中止住；現有菩薩，名曰：香象，與其眷屬、諸菩薩眾三千人俱，常在其中而演說法。

「東北方有處，名清涼山，從昔已來，諸菩薩眾於中止住；現有菩薩，名文殊師利，與其眷屬、諸菩薩眾一萬人俱，常在其中而演說法。海中有處，名金剛山，從昔已來，諸菩薩眾於中止住；現有菩薩，名曰：法起，與其眷屬、諸菩薩眾千二百人俱，常在其中而演說法。東南方有處，名支提山，從昔已來，諸菩薩眾於中止住；現有菩薩，名曰：天冠，與其眷屬、諸菩薩眾一千人俱，常在其中而演說法。西南方有處，名光明山，從昔已來，諸菩薩眾於中止住；現有菩薩，名曰：賢勝，與其眷屬、諸菩薩眾三千人俱，常在其中而演說法。西北方有處，名香風山，從昔已來，諸菩薩眾於中止住；現有菩薩，名曰：香光，與其眷屬、諸菩薩眾五千人俱，常在其中而演說法。

「大海之中復有住處，名莊嚴窟，從昔已來，諸菩薩眾於中止住。毘舍離南有一住處，名善住根，從昔已來，諸菩薩眾於中止住。摩度羅城有一住處，名滿足窟，從昔已來，諸菩薩眾於中止住。俱珍那城有一住處，名曰：法座，從昔已來，諸菩薩眾於中止住。清淨彼岸城有一住處，名目真隣陀窟，從昔已來，諸菩薩眾於中止住。摩蘭陀國有一住處，名無礙龍王建立，從昔已來，諸菩薩眾於中止住。甘菩遮國有一住處，名出生慈，從昔已來，諸菩薩眾於中止住。震旦國有一住處，名那羅延窟，從昔已來，諸菩薩眾於中止住。疏勒國有一住處，名牛頭山，從昔已來，諸菩薩眾於中止住。迦葉彌羅國有一住處，名曰：次第，從昔已來，諸菩薩眾於中止住。增長歡喜城有一住處，名尊者窟，從昔已來，諸菩薩眾於中止住。菴浮梨摩國有一住處，名見億藏光明，從昔已來，諸菩薩眾於中止住。乾陀羅國有一住處，名苫婆羅窟，從昔已來，諸菩薩眾於中止住。」

大方廣佛華嚴經卷第四十五

大方廣佛華嚴經　卷第五十一

摘錄

于闐國三藏實叉難陀奉　制譯

如來出現品第三十七之二

「復次，佛子！譬如阿那婆達多龍王興大密雲，遍閻浮提普霔甘雨，百穀苗稼皆得生長，江河泉池一切盈滿；此大雨水不從龍王身心中出，而能種種饒益眾生。佛子！如來、應、正等覺亦復如是，興大悲雲遍十方界，普雨無上甘露法雨，令一切眾生皆生歡喜，增長善法，滿足諸乘。佛子！如來音聲不從外來、不從內出，而能饒益一切眾生。是為如來音聲第七相，諸菩薩摩訶薩應如是知。

「復次，佛子！譬如摩那斯龍王將欲降雨，未便即降，先起大雲彌覆虛空凝停七日，待諸眾生作務究竟。何以故？彼大龍王有慈悲心，不欲惱亂諸眾生故。過七日已，降微細雨普潤大地。佛子！如來、應、正等覺亦復如是，將降法雨，未便即降，先興法雲成熟眾生，為欲令其心無驚怖；待其熟已，然後普降甘露法雨，演說甚深微妙善法，漸次令其滿足如來一切智智無上法味。佛子！是為如來音聲第八相，諸菩薩摩訶薩應如是知。

「復次，佛子！譬如海中有大龍王，名大莊嚴，於大海中降雨之時，或降十種莊嚴雨，或百、或千、或百千種莊嚴雨。佛子！水無分別，但以龍王不思議力令其莊嚴，乃至百千無量差別。如來、應、正等覺亦復如是，為諸眾生說法之時，或以十種差別音說，或百、或千、或以百千，或以八萬四千音聲說八萬四千行，乃至或以無量百千億那由他音聲各別說法，令其聞者皆生歡喜；如來音聲無所分別，但以諸佛於甚深法界圓滿清淨，能隨眾生根之所宜，出種種言音皆令歡喜。佛子！是為如來音聲第九相，諸菩薩摩訶薩應如是知。

「復次，佛子！譬如娑竭羅龍王，欲現龍王大自在力，饒益眾生咸令歡喜，從四天下乃至他化自在天處，興大雲網周匝彌覆。其雲色相無量差別，或閻浮檀金光明色，或毘瑠璃光明色，或白銀光明色，或玻瓈光明色，或牟薩羅光明色，或碼碯光明色，或勝藏光明色，或赤真珠光明色，或無量香光明色，或無垢衣光明色，或清淨水光明色，或種種莊嚴具光明色，如是雲網周匝彌布。既彌布已，出種種色電光。所謂：閻浮檀金色雲出瑠璃色電光，瑠璃色雲出金色電光，銀色雲出玻瓈色電光，玻瓈色雲出銀色電光，牟薩羅色雲出碼碯色電光，碼碯色雲出牟薩羅色電光，勝藏寶色雲出赤真珠色電光，赤真珠色雲出勝藏寶色電光，無量香色雲出無垢衣色電光，無垢衣色雲出無量香色電光，清淨水色雲出種種莊嚴具色電光，種種莊嚴具色雲出清淨水色電光；乃至種種色雲出一色電光，一色雲出種種色電光。

「復於彼雲中出種種雷聲，隨眾生心皆令歡喜。所謂：或如天女歌詠音，或如諸天妓樂音，或如龍女歌詠音，或如乾闥婆女歌詠音，或如緊那羅女歌詠音，或如大地震動聲，或如海水波潮聲，或如獸王哮吼聲，或如好鳥鳴囀聲，及餘無量種種音聲。既震雷已，復起涼風，令諸眾生心生悅樂，然後乃降種種諸雨，利益安樂無量眾生。從他化天至於地上，於一切處所雨不同。所謂：於大海中雨清冷水，名無斷絕；於他化自在天雨簫笛等種種樂音，名為美妙；於化樂天雨大摩尼寶，名放大光明；於兜率天雨大莊嚴具，名為垂髻；於夜摩天雨大妙華，名種種莊嚴具；於三十三天雨眾妙香，名為悅意；於四天王天雨天寶衣，名為覆蓋；於龍王宮雨赤真珠，名涌出光明；於阿脩羅宮雨諸兵仗，名降伏怨敵；於北鬱單越雨種種華，名曰：開敷；餘三天下悉亦如是，然各隨其處，所雨不同。雖彼龍王其心平等無有彼此，但以眾生善根異故，雨有差別。

「佛子！如來、應、正等覺無上法王亦復如是，欲以正法教化眾生，先布身雲彌覆法界，隨其樂欲為現不同。所謂：或為眾生現生身雲，或為眾生現化身雲，或為眾生現力持身雲，或為眾生現色身雲，或為眾生現相好身雲，或為眾生現福德身雲，或為眾生現智慧身雲，或為眾生現諸力不可壞身雲，或為眾生現無畏身雲，或為眾生現法界身雲。佛子！如來以如是等無量身雲，普覆十方一切世界，隨諸眾生所樂，各別示現種種光明電光。所謂：或為眾生現光明電光，名無所不至；或為眾生現光明電光，名無邊光明；或為眾生現光明電光，名入佛祕密法；或為眾生現光明電光，名影現光明；或為眾生現光明電光，名光明照耀；或為眾生現光明電光，名入無盡陀羅尼門；或為眾生現光明電光，名正念不亂；或為眾生現光明電光，名究竟不壞；或為眾生現光明電光，名順入諸趣；或為眾生現光明電光，名滿一切願皆令歡喜。

「佛子！如來、應、正等覺現如是等無量光明電光已，復隨眾生心之所樂，出生無量三昧雷聲，所謂：善覺智三昧雷聲、明盛離垢海三昧雷聲、一切法自在三昧雷聲、金剛輪三昧雷聲、須彌山幢三昧雷聲、海印三昧雷聲、日燈三昧雷聲、無盡藏三昧雷聲、不壞解脫力三昧雷聲。佛子！如來身雲中出如是等無量差別三昧雷聲已，將降法雨，先現瑞相開悟眾生，所謂：從無障礙大慈悲心，現於如來大智風輪，名能令一切眾生生不思議歡喜適悅。此相現已，一切菩薩及諸眾生，身之與心皆得清涼。

「然後從如來大法身雲、大慈悲雲、大不思議雲，雨不思議廣大法雨，令一切眾生身心清淨。所謂：為坐菩提場菩薩雨大法雨，名法界無差別；為最後身菩薩雨大法雨，名菩薩遊戲如來祕密教；為一生所繫菩薩雨大法雨，名清淨普光明；為灌頂菩薩雨大法雨，名如來莊嚴具所莊嚴；為得忍菩薩雨大法雨，名功德寶智慧華開敷不斷菩薩大悲行；為住向行菩薩雨大法雨，名入現前變化甚深門而行菩薩行無休息無疲厭；為初發心菩薩雨大法雨，名出生如來大慈悲行救護眾生；為求獨覺乘眾生雨大法雨，名深知緣起法遠離二邊得不壞解脫果；為求聲聞乘眾生雨大法雨名，以大智慧劍斷一切煩惱怨；為積集善根決定、不決定眾生雨大法雨名；能令成就種種法門生大歡喜。佛子！諸佛如來隨眾生心，雨如是等廣大法雨，充滿一切無邊世界。佛子！如來、應、正等覺其心平等，於法無吝，但以眾生根欲不同，所雨法雨示有差別。是為如來音聲第十相，諸菩薩摩訶薩應如是知。

大方廣佛華嚴經　卷第五十二　摘錄

于闐國三藏實叉難陀奉　制譯

如來出現品第三十七之三

「佛子！菩薩摩訶薩應云何知如來、應、正等覺境界？佛子！菩薩摩訶薩以無障無礙智慧，知一切世間境界是如來境界，知一切三世境界、一切剎境界、一切法境界、一切眾生境界、真如無差別境界、法界無障礙境界、實際無邊際境界、虛空無分量境界、無境界境界是如來境界。佛子！如一切世間境界無量，如來境界亦無量；如一切三世境界無量，如來境界亦無量；乃至如無境界境界無量，如來境界亦無量；如無境界境界一切處無有，如來境界亦如是一切處無有。佛子！菩薩摩訶薩應知心境界是如來境界。如心境界無量無邊、無縛無脫，如來境界亦無量無邊、無縛無脫。何以故？以如是如是思惟分別，如是如是無量顯現故。佛子！如大龍王隨心降雨，其雨不從內出、不從外出。如來境界亦復如是，隨於如是思惟分別，則有如是無量顯現，於十方中悉無來處。佛子！如大海水，皆從龍王心力所起。諸佛如來一切智海亦復如是，皆從如來往昔大願之所生起。

「佛子！一切智海無量無邊，不可思議，不可言說；然我今者略說譬諭，汝應諦聽。佛子！此閻浮提有二千五百河流入大海，西拘耶尼有五千河流入大海，東弗婆提有七千五百河流入大海，北欝單越有一萬河流入大海。

「佛子！此四天下，如是二萬五千河相續不絕流入大海。於意云何，此水多不？」

答言：「甚多。」

「佛子！復有十光明龍王，雨大海中水倍過前；百光明龍王，雨大海中水復倍前；大莊嚴龍王、摩那斯龍王、雷震龍王、難陀跋難陀龍王、無量光明龍王、連霔不斷龍王、大勝龍王、大奮迅龍王，如是等八十億諸大龍王，各雨大海，皆悉展轉倍過於前；娑竭羅龍王太子，名閻浮幢，雨大海中水復倍前。佛子！十光明龍王宮殿中水流入大海，復倍過前；百光明龍王宮殿中水流入大海，復倍過前；

大莊嚴龍王、摩那斯龍王、雷震龍王、難陀跋難陀龍王、無量光明龍王、連霔不斷龍王、大勝龍王、大奮迅龍王，如是等八十億諸大龍王，宮殿各別，其中有水流入大海，皆悉展轉倍過於前；娑竭羅龍王太子閻浮幢宮殿中水流入大海，復倍過前。佛子！娑竭羅龍王連雨大海，水復倍前；其娑竭羅龍王宮殿中水涌出入海，復倍於前；其所出水紺瑠璃色，涌出有時，是故大海潮不失時。佛子！如是大海，其水無量，眾寶無量，眾生無量，所依大地亦復無量。

「佛子！於汝意云何，彼大海為無量不？」

答言：「實為無量，不可為諭。」

「佛子！此大海無量於如來智海無量，百分不及一，千分不及一，乃至優波尼沙陀分不及其一；但隨眾生心為作譬諭，而佛境界非譬所及。佛子！菩薩摩訶薩應知如來智海無量，從初發心修一切菩薩行不斷故；應知寶聚無量，一切菩提分法、三寶種不斷故；應知所住眾生無量，一切學、無學、聲聞、獨覺所受用故；應知住地無量，從初歡喜地乃至究竟無障礙地諸菩薩所居故。佛子！菩薩摩訶薩為入無量智慧利益一切眾生故，於如來、應、正等覺境界應如是知。」

大方廣佛華嚴經　卷第六十四　摘錄

于闐國三藏實叉難陀奉　制譯

入法界品第三十九之五

念善知識，漸次遊行，至伊沙那聚落，見彼勝熱修諸苦行，求一切智。四面火聚猶如大山，中有刀山，高峻無極，登彼山上投身入火。

時，善財童子頂禮其足，合掌而立，作如是言：「聖者！我已先發阿耨多羅三藐三菩提心，而未知菩薩云何學菩薩行？云何修菩薩道？我聞聖者善能誘誨，願為我說！」

婆羅門言：「善男子！汝今若能上此刀山，投身火聚，諸菩薩行悉得清淨。」

時，善財童子作如是念：「得人身難，離諸難難，得無難難，得淨法難，得值佛難，具諸根難，聞佛法難，遇善人難，逢真善知識難，受如理正教難，得正命難，隨法行難。此將非魔、魔所使耶？將非是魔險惡徒黨，詐現菩薩善知識相，而欲為我作善根難、作壽命難，障我修行一切智道，牽我令入諸惡道中，欲障我法門、障我佛法？」

作是念時，十千梵天，在虛空中，作如是言：

「善男子！莫作是念！莫作是念！今此聖者得金剛焰三昧光明，發大精進，度諸眾生，心無退轉；欲竭一切貪愛海，欲截一切邪見網，欲燒一切煩惱薪，欲照一切惑稠林，欲斷一切老死怖，欲壞一切三世障，欲放一切法光明。

「善男子！我諸梵天多著邪見，皆悉自謂是自在者、是能作者，於世間中我是最勝。見婆羅門五熱炙身，於自宮殿心不樂著，於諸禪定不得滋味，皆共來詣婆羅門所。時，婆羅門以神通力示大苦行為我說法，能令我等，滅一切見，除一切慢，住於大慈，行於大悲，起廣大心，發菩提意，常見諸佛，恒聞妙法，於一切處心無所礙。」

復有十千諸魔，在虛空中，以天摩尼寶散婆羅門上，告善財言：「善男子！

此婆羅門五熱炙身時，其火光明映奪於我所有宮殿諸莊嚴具皆如聚墨，令我於中不生樂著，我與眷屬來詣其所。此婆羅門為我說法，令我及餘無量天子、諸天女等，皆於阿耨多羅三藐三菩提得不退轉。」

復有十千自在天王，於虛空中，各散天華，作如是言：「善男子！此婆羅門五熱炙身時，其火光明映奪我等所有宮殿諸莊嚴具皆如聚墨，令我於中不生愛著，即與眷屬來詣其所。此婆羅門為我說法，令我於心而得自在，於煩惱中而得自在，於受生中而得自在，於諸業障而得自在，於諸三昧而得自在，於莊嚴具而得自在，於壽命中而得自在，乃至能於一切佛法而得自在。」

復有十千化樂天王，於虛空中，作天音樂，恭敬供養，作如是言：「善男子！此婆羅門五熱炙身時，其火光明照我宮殿諸莊嚴具及諸采女，能令我等不受欲樂、不求欲樂、身心柔軟，即與眾俱來詣其所。時，婆羅門為我說法，能令我等心得清淨、心得明潔、心得純善、心得柔軟、心生歡喜，乃至令得清淨十力清淨之身，生無量身，乃至令得佛身、佛語、佛聲、佛心，具足成就一切智智。」

復有十千兜率天王、天子、天女、無量眷屬，於虛空中，雨眾妙香，恭敬頂禮，作如是言：「善男子！此婆羅門五熱炙身時，令我等諸天及其眷屬，於自宮殿無有樂著，共詣其所。聞其說法，能令我等不貪境界，少欲知足，心生歡喜，心得充滿，生諸善根，發菩提心，乃至圓滿一切佛法。」

復有十千三十三天并其眷屬、天子、天女，前後圍遶，於虛空中，雨天曼陀羅華，恭敬供養，作如是言：「善男子！此婆羅門五熱炙身時，令我等諸天於天音樂不生樂著，共詣其所。時，婆羅門為我等說一切諸法無常敗壞，令我捨離一切欲樂，令我斷除憍慢放逸，令我愛樂無上菩提。又，善男子！我當見此婆羅門時，須彌山頂六種震動，我等恐怖，皆發菩提心堅固不動。」

復有十千龍王，所謂：伊那跋羅龍王、難陀優波難陀龍王等，於虛空中雨黑栴檀；無量龍女奏天音樂，雨天妙華及天香水，恭敬供養，作如是言：「善男子！此婆羅門五熱炙身時，其火光明普照一切諸龍宮殿，令諸龍眾離熱沙怖、金翅鳥怖，滅除瞋恚，身得清涼，心無垢濁，聞法信解，厭惡龍趣，以至誠心悔除業障，乃至發阿耨多羅三藐三菩提意住一切智。」

復有十千夜叉王，於虛空中，以種種供具，恭敬供養此婆羅門及以善財，作如是言：「善男子！此婆羅門五熱炙身時，我及眷屬悉於眾生發慈愍心，一切羅剎、鳩槃荼等亦生慈心；以慈心故，於諸眾生無所惱害而來見我。我及彼等，於自宮殿不生樂著，即與共俱，來詣其所。時，婆羅門即為我等如應說法，一切皆得身心安樂，又令無量夜叉、羅剎、鳩槃荼等發於無上菩提之心。」

復有十千乾闥婆王，於虛空中，作如是言：「善男子！此婆羅門五熱炙身時，其火光明照我宮殿，悉令我等受不思議無量快樂，是故我等來詣其所。此婆羅門為我說法，能令我等於阿耨多羅三藐三菩提得不退轉。」

復有十千阿脩羅王，從大海出，住在虛空，舒右膝輪，合掌前禮，作如是言：「善男子！此婆羅門五熱炙身時，我阿脩羅所有宮殿、大海、大地，悉皆震動，令我等捨憍慢放逸，是故我等來詣其所。從其聞法，捨離諂誑，安住忍地，堅固不動，圓滿十力。」

復有十千迦樓羅王，勇力持王而為上首，化作外道童子之形，於虛空中唱如是言：「善男子！此婆羅門五熱炙身時，其火光明照我宮殿，一切震動皆悉恐怖，是故我等來詣其所。時，婆羅門即為我等如應說法，令修習大慈，稱讚大悲，度生死海，於欲泥中拔濟眾生，歎菩提心，起方便智，隨其所宜調伏眾生。」

復有十千緊那羅王，於虛空中，唱如是言：「善男子！此婆羅門五熱炙身時，我等所住宮殿諸多羅樹、諸寶鈴網、諸寶繒帶、諸音樂樹、諸妙寶樹及諸樂器，自然而出佛聲、法聲及不退轉菩薩僧聲、願求無上菩提之聲，云：『某方、某國，有某菩薩，發菩提心；某方、某國，有某菩薩，修行苦行，難捨能捨，乃至清淨一切智行；某方、某國，有某菩薩，往詣道場；乃至某方、某國，有某如來，作佛事已，而般涅槃。』善男子！假使有人，以閻浮提一切草木末為微塵，此微塵數可知邊際，我宮殿中寶多羅樹乃至樂器所說菩薩名、如來名、所發大願、所修行等，無有能得知其邊際。善男子！我等以聞佛聲、法聲、菩薩僧聲，生大歡喜，來詣其所。時，婆羅門即為我等如應說法，令我及餘無量眾生於阿耨多羅三藐三菩提得不退轉。」

復有無量欲界諸天，於虛空中，以妙供具，恭敬供養，唱如是言：「善男子！此婆羅門五熱炙身時，其火光明照阿鼻等一切地獄，諸所受苦悉令休息。我等見此火光明故，心生淨信；以信心故，從彼命終，生於天中；為知恩故，而來其所，恭敬瞻仰，無有厭足。時，婆羅門為我說法，令無量眾生發菩提心。」

爾時，善財童子聞如是法，心大歡喜，於婆羅門所，發起真實善知識心，頭頂禮敬，唱如是言：「我於大聖善知識所生不善心，唯願聖者容我悔過！」

時，婆羅門即為善財而說頌言：

若有諸菩薩，順善知識教，一切無疑懼，安住心不動。
當知如是人，必獲廣大利，坐菩提樹下，成於無上覺。

爾時，善財童子即登刀山，自投火聚。未至中間，即得菩薩善住三昧；纔觸火焰，又得菩薩寂靜樂神通三昧。善財白言：「甚奇！聖者！如是刀山及大火聚，我身觸時安隱快樂。」

時，婆羅門告善財言：「善男子！我唯得此菩薩無盡輪解脫。如諸菩薩摩訶薩大功德焰，能燒一切眾生見惑令無有餘，必不退轉無窮盡心、無懈怠心、無怯弱心，發如金剛藏那羅延心，疾修諸行無遲緩心，願如風輪普持一切精進大誓皆無退轉，而我云何能知能說彼功德行？

「善男子！於此南方，有城名師子奮迅；中有童女，名曰：慈行。汝詣彼問：

『菩薩云何學菩薩行、修菩薩道？』」

時，善財童子頂禮其足，遶無數匝，辭退而去。

大方廣佛華嚴經　卷第六十七　摘錄

于闐國三藏實叉難陀奉　制譯

入法界品第三十九之八

「善男子！於此南方，有一國土，名為廣大；有鬻香長者，名優鉢羅華。汝詣彼問：『菩薩云何學菩薩行、修菩薩道？』」

時，善財童子頂禮其足，遶無量匝，慇懃瞻仰，辭退而去。

爾時，善財童子因善知識教，不顧身命，不著財寶，不樂人眾，不耽五欲，不戀眷屬，不重王位；唯願化度一切眾生，唯願嚴淨諸佛國土，唯願供養一切諸佛，唯願證知諸法實性，唯願修集一切菩薩大功德海，唯願修行一切功德終無退轉，唯願恒於一切劫中以大願力修菩薩行，唯願普入一切諸佛眾會道場，唯願入一三昧門普現一切三昧門自在神力，唯願於佛一毛孔中見一切佛心無厭足，唯願得一切法智慧光明能持一切諸佛法藏，專求此等一切諸佛菩薩功德。漸次遊行，至廣大國，詣長者所，頂禮其足，遶無量匝，合掌而立，白言：「聖者！我已先發阿耨多羅三藐三菩提心，欲求一切佛平等智慧，欲滿一切佛無量大願，欲淨一切佛最上色身，欲見一切佛清淨法身，欲知一切佛廣大智身，欲淨治一切菩薩諸行，欲照明一切菩薩三昧，欲安住一切菩薩總持，欲除滅一切所有障礙，欲遊行一切十方世界，而未知菩薩云何學菩薩行、云何修菩薩道，而能出生一切智智？」

長者告言：「善哉！善哉！善男子！汝乃能發阿耨多羅三藐三菩提心。善男子！我善別知一切諸香，亦知調合一切香法，所謂：一切香、一切燒香、一切塗香、一切末香。亦知如是一切香王所出之處，又善了知天香、龍香、夜叉香，乾闥婆、阿脩羅、迦樓羅、緊那羅、摩睺羅伽、人、非人等所有諸香。又善別知治諸病香、斷諸惡香、生歡喜香、增煩惱香、滅煩惱香、令於有為生樂著香、令於有為生厭離香、捨諸憍逸香、發心念佛香、證解法門香、聖所受用香、一切菩薩差別香、一切菩薩地位香，如是等香形相生起、出現成就、清淨安隱、方便境界、威德業用及以根本，如是一切我皆了達。

「善男子！人間有香，名曰象藏，因龍鬪生。若燒一丸，即起大香雲彌覆王都，於七日中雨細香雨。若著身者，身則金色；若著衣服、宮殿、樓閣，亦皆金色。若因風吹入宮殿中，眾生嗅者，七日七夜歡喜充滿，身心快樂，無有諸病，不相侵害，離諸憂苦，不驚不怖，不亂不恚，慈心相向，志意清淨。我知是已而為說法，令其決定發阿耨多羅三藐三菩提心。

「善男子！摩羅耶山出栴檀香，名曰牛頭；若以塗身，設入火坑，火不能燒。善男子！海中有香，名無能勝；若以塗鼓及諸螺貝，其聲發時，一切敵軍皆自退散。善男子！阿那婆達多池邊出沈水香，名蓮華藏，其香一丸如麻子大；若以燒之，香氣普熏閻浮提界，眾生聞者，離一切罪，戒品清淨。善男子！雪山有香，名阿盧那；若有眾生嗅此香者，其心決定離諸染著，我為說法莫不皆得離垢三昧。善男子！羅剎界中有香，名海藏，其香但為轉輪王用；若燒一丸而以熏之，王及四軍皆騰虛空。善男子！善法天中有香，名淨莊嚴；若燒一丸而以熏之，普使諸天心念於佛。善男子！須夜摩天有香，名淨藏；若燒一丸而以熏之，夜摩天眾莫不雲集彼天王所而共聽法。善男子！兜率天中有香，名先陀婆；於一生所繫菩薩座前燒其一丸，興大香雲遍覆法界，普雨一切諸供養具，供養一切諸佛菩薩。善男子！善變化天有香，名曰奪意；若燒一丸，於七日中，普雨一切諸莊嚴具。

「善男子！我唯知此調和香法。如諸菩薩摩訶薩，遠離一切諸惡習氣，不染世欲，永斷煩惱眾魔羂索，超諸有趣，以智慧香而自莊嚴，於諸世間皆無染著，具足成就無所著戒，淨無著智，行無著境，於一切處悉無有著，其心平等，無著無依，而我何能知其妙行、說其功德、顯其所有清淨戒門、示其所作無過失業、辨其離染身語意行？

「善男子！於此南方，有一大城，名曰樓閣；中有船師，名婆施羅。汝詣彼問：『菩薩云何學菩薩行、修菩薩道？』」

時，善財童子頂禮其足，遶無量匝，慇懃瞻仰，辭退而去。

爾時，善財童子向樓閣城，觀察道路。所謂：觀道高卑，觀道夷險，觀道淨穢，觀道曲直。漸次遊行，作是思惟：「我當親近彼善知識。善知識者，是成就修行諸菩薩道因，是成就修行波羅蜜道因，是成就修行攝眾生道因，是成就修行普入法界無障礙道因，是成就修行令一切眾生除惡慧道因，是成就修行令一切眾生離憍慢道因，是成就修行令一切眾生滅煩惱道因，是成就修行令一切眾生捨諸見道因，是成就修行令一切眾生拔一切惡刺道因，是成就修行令一切眾生至一切智城道因。何以故？於善知識處，得一切善法故；依善知識力，得一切智道故。善知識者，難見難遇。」如是思惟。漸次遊行，既至彼城，見其船師在城門外海岸上住，百千商人及餘無量大眾圍遶，說大海法，方便開示佛功德海。善財見已，往詣其所，頂禮其足，遶無量匝，於前合掌而作是言：「聖者！我已先發阿耨多羅三藐三菩提心，而未知菩薩云何學菩薩行？云何修菩薩道？我聞聖者善能教誨，願為我說！」

船師告言：「善哉！善哉！善男子！汝已能發阿耨多羅三藐三菩提心，今復能問生大智因、斷除一切生死苦因、往一切智大寶洲因、成就不壞摩訶衍因、遠離二乘怖畏生死住諸寂靜三昧旋因、乘大願車遍一切處行菩薩行無有障礙清淨道因、以菩薩行莊嚴一切無能壞智清淨道因、普觀一切十方諸法皆無障礙清淨道因、速能趣入一切智海清淨道因。

「善男子！我在此城海岸路中，淨修菩薩大悲幢行。善男子！我觀閻浮提內貧窮眾生，為饒益故，修諸苦行，隨其所願悉令滿足。先以世物，充滿其意；復施法財，令其歡喜，令修福行，令生智道，令增善根力，令起菩提心，令淨菩提願，令堅大悲力，令修能滅生死道，令生不厭生死行，令攝一切眾生海，令修一切功德海，令照一切諸法海，令見一切諸佛海，令入一切智智海。善男子！我住於此，如是思惟，如是作意，如是利益一切眾生。

「善男子！我知海中一切寶洲、一切寶處、一切寶類、一切寶種。我知淨一切寶、鑽一切寶、出一切寶、作一切寶。我知一切寶器、一切寶用、一切寶境界、一切寶光明。我知一切龍宮處、一切夜叉宮處、一切部多宮處，皆善迴避，免其諸難。亦善別知，漩澓淺深，波濤遠近，水色好惡，種種不同。亦善別知，日月星宿運行度數，晝夜晨晡，晷漏延促。亦知其船鐵木堅脆、機關澁滑，水之大小，風之逆順；如是一切安危之相無不明了，可行則行，可止則止。善男子！我以成就如是智慧，常能利益一切眾生。

「善男子！我以好船運諸商眾行安隱道，復為說法令其歡喜，引至寶洲與諸珍寶咸使充足，然後將領還閻浮提。善男子！我將大船如是往來，未始令其一有損壞。若有眾生得見我身、聞我法者，令其永不怖生死海，必得入於一切智海，必能消竭諸愛欲海，能以智光照三世海，能盡一切眾生苦海，能淨一切眾生心海，速能嚴淨一切剎海，普能往詣十方大海，普知一切眾生根海，普了一切眾生行海，普順一切眾生心海。

「善男子！我唯得此大悲幢行，若有見我及以聞我、與我同住、憶念我者，皆悉不空。如諸菩薩摩訶薩，善能遊涉生死大海，不染一切諸煩惱海，能捨一切諸妄見海，能觀一切諸法性海，能以四攝攝眾生海，已善安住一切智海，能滅一切眾生著海，能平等住一切時海，能以神通度眾生海，能以其時調眾生海，而我云何能知能說彼功德行？

「善男子！於此南方，有城名可樂；中有長者，名無上勝。汝詣彼問：『菩薩云何學菩薩行、修菩薩道？』」

（略）

「善男子！於此南方，有一國土，名曰輸那；其國有城，名迦陵迦林；有比丘尼，名師子頻申。汝詣彼問：『菩薩云何學菩薩行、修菩薩道？』」

時，善財童子頂禮其足，遶無量匝，慇懃瞻仰，辭退而去。

爾時，善財童子漸次遊行，至彼國城，周遍推求此比丘尼。有無量人咸告之言：「善男子！此比丘尼在勝光王之所捨施日光園中說法，利益無量眾生。」

時，善財童子即詣彼園，周遍觀察，見其園中有一大樹，名為滿月，形如樓閣，放大光明照一由旬；見一葉樹，名為普覆，其形如蓋，放毘瑠璃紺青光明；見一華樹，名曰華藏，其形高大，如雪山王，雨眾妙華無有窮盡，如忉利天中波利質多羅樹。復見有一甘露果樹，形如金山，常放光明，種種眾果悉皆具足；復見有一摩尼寶樹，名毘盧遮那藏，其形無比，心王摩尼寶最在其上，阿僧祇色相摩尼寶周遍莊嚴。復有衣樹，名為清淨，種種色衣垂布嚴飾；復有音樂樹，名為歡喜，其音美妙，過諸天樂；復有香樹，名普莊嚴，恒出妙香，普熏十方，無所障礙。

園中復有泉流陂池，一切皆以七寶莊嚴，黑栴檀泥凝積其中，上妙金沙彌布其底，八功德水具足盈滿，優鉢羅華、波頭摩華、拘物頭華、芬陀利華遍覆其上，無量寶樹周遍行列。諸寶樹下敷師子座，種種妙寶以為莊嚴，布以天衣，熏諸妙香，垂諸寶繒，施諸寶帳，閻浮金網彌覆其上，寶鐸徐搖出妙音聲。或有樹下敷蓮華藏師子之座，或有樹下敷香王摩尼藏師子之座，或有樹下敷龍莊嚴摩尼王藏師子之座，或有樹下敷寶師子聚摩尼王藏師子之座，或有樹下敷毘盧遮那摩尼王藏師子之座，或有樹下敷十方毘盧遮那摩尼王藏師子之座；其一一座各有十萬寶師子座周匝圍遶，一一皆具無量莊嚴。

此大園中眾寶遍滿，猶如大海寶洲之上。迦隣陀衣以布其地，柔軟妙好，能生樂觸，蹈則沒足，舉則還復；無量諸鳥出和雅音，寶栴檀林上妙莊嚴，種種妙華常雨無盡，猶如帝釋雜華之園。無比香王普熏一切，猶如帝釋善法之堂。諸音樂樹、寶多羅樹、眾寶鈴網出妙音聲，如自在天善口天女所出歌音。諸如意樹，種種妙衣垂布莊嚴，猶如大海。有無量色百千樓閣，眾寶莊嚴，如忉利天宮善見大城。寶蓋遐張，如須彌峯。光明普照，如梵王宮。

爾時，善財童子見此大園無量功德、種種莊嚴，皆是菩薩業報成就，出世善根之所生起，供養諸佛功德所流，一切世間無與等者，如是皆從師子頻申比丘尼了法如幻，集廣大清淨福德善業之所成就。三千大千世界天龍八部、無量眾生，皆入此園而不迫窄。何以故？此比丘尼不可思議威神力故。

爾時，善財見師子頻申比丘尼遍坐一切諸寶樹下大師子座，身相端嚴，威儀寂靜，諸根調順，如大象王；心無垢濁，如清淨池；普濟所求，如如意寶；不染世法，猶如蓮華；心無所畏，如師子王；護持淨戒不可傾動，如須彌山；能令見者心得清涼，如妙香王；能除眾生諸煩惱熱，如雪山中妙栴檀香；眾生見者，諸苦消滅，如善見藥王；見者不空，如婆樓那天；能長一切眾善根芽，如良沃田。在一一座，眾會不同，所說法門亦各差別。

或見處座，淨居天眾所共圍遶，大自在天子而為上首；此比丘尼為說法門，名無盡解脫。或見處座，諸梵天眾所共圍遶，愛樂梵王而為上首；此比丘尼為說法門，名普門差別清淨言音輪。或見處座，他化自在天天子、天女所共圍遶，自在天王而為上首；此比丘尼為說法門，名菩薩清淨心。或見處座，善變化天天子、天女所共圍遶，善化天王而為上首；此比丘尼為說法門，名一切法善莊嚴。或見處座，兜率陀天天子、天女所共圍遶，兜率天王而為上首；此比丘尼為說法門，名心藏旋。或見處座，須夜摩天天子、天女所共圍遶，夜摩天王而為上首；此比丘尼為說法門，名無邊莊嚴。

或見處座，三十三天天子、天女所共圍遶，釋提桓因而為上首；此比丘尼為說法門，名厭離門。或見處座，百光明龍王、難陀龍王、優波難陀龍王、摩那斯龍王、伊羅跋難陀龍王、阿那婆達多龍王等龍子、龍女所共圍遶，娑伽羅龍王而為上首；此比丘尼為說法門，名佛神通境界光明莊嚴。或見處座，諸夜叉眾所共圍遶，毘沙門天王而為上首；此比丘尼為說法門，名救護眾生藏。或見處座，乾闥婆眾所共圍遶，持國乾闥婆王而為上首；此比丘尼為說法門，名無盡喜。或見處座，阿脩羅眾所共圍遶，羅睺阿脩羅王而為上首；此比丘尼為說法門，名速疾莊嚴法界智門。

或見處座，迦樓羅眾所共圍遶，捷持迦樓羅王而為上首；此比丘尼為說法門，名怖動諸有海。或見處座，緊那羅眾所共圍遶，大樹緊那羅王而為上首；此比丘尼為說法門，名佛行光明。或見處座，摩睺羅伽眾所共圍遶，菴羅林摩睺羅伽王而為上首；此比丘尼為說法門，名生佛歡喜心。或見處座，無量百千男子、女人所共圍遶；此比丘尼為說法門，名殊勝行。或見處座，諸羅剎眾所共圍遶，常奪精氣大樹羅剎王而為上首；此比丘尼為說法門，名發生悲愍心。

或見處座，信樂聲聞乘眾生所共圍遶；此比丘尼為說法門，名勝智光明。或見處座，信樂緣覺乘眾生所共圍遶；此比丘尼為說法門，名佛功德廣大光明。或見處座，信樂大乘眾生所共圍遶；此比丘尼為說法門，名普門三昧智光明門。或見處座，初發心諸菩薩所共圍遶；此比丘尼為說法門，名一切佛願聚。或見處座，第二地諸菩薩所共圍遶；此比丘尼為說法門，名離垢輪。或見處座，第三地諸菩薩所共圍遶；此比丘尼為說法門，名寂靜莊嚴。或見處座，第四地諸菩薩所共圍遶；此比丘尼為說法門，名生一切智境界。或見處座，第五地諸菩薩所共圍遶；此比丘尼為說法門，名妙華藏。或見處座，第六地諸菩薩所共圍遶；此比丘尼為說法門，名毘盧遮那藏。或見處座，第七地諸菩薩所共圍遶；此比丘尼為說法門，名普莊嚴地。

或見處座，第八地諸菩薩所共圍遶；此比丘尼為說法門，名遍法界境界身。或見處座，第九地諸菩薩所共圍遶；此比丘尼為說法門，名無所得力莊嚴。或見處座，第十地諸菩薩所共圍遶；此比丘尼為說法門，名無礙輪。或見處座，執金剛神所共圍遶；此比丘尼為說法門，名金剛智那羅延莊嚴。

善財童子見如是等一切諸趣所有眾生已成熟者、已調伏者，堪為法器，皆入此園，各於座下圍遶而坐。師子頻申比丘尼，隨其欲解勝劣差別而為說法，令於阿耨多羅三藐三菩提得不退轉。何以故？此比丘尼入普眼捨得般若波羅蜜門、說一切佛法般若波羅蜜門、法界差別般若波羅蜜門、散壞一切障礙輪般若波羅蜜門、生一切眾生善心般若波羅蜜門、殊勝莊嚴般若波羅蜜門、無礙真實藏般若波羅蜜門、法界圓滿般若波羅蜜門、心藏般若波羅蜜門、普出生藏般若波羅蜜門。此十般若波羅蜜門為首，入如是等無數百萬般若波羅蜜門。此日光園中所有菩薩及諸眾生，皆是師子頻申比丘尼初勸發心，受持正法，思惟修習，於阿耨多羅三藐三菩提得不退轉。

時，善財童子見師子頻申比丘尼如是園林、如是床座、如是經行、如是眾會、如是神力、如是辯才，復聞不可思議法門，廣大法雲潤澤其心，便生是念：

「我當右遶無量百千匝。」

時，比丘尼放大光明，普照其園眾會莊嚴。善財童子即自見身，及園林中所有眾樹，皆悉右遶此比丘尼，經於無量百千萬匝。圍遶畢已，善財童子合掌而住，白言：「聖者！我已先發阿耨多羅三藐三菩提心，而未知菩薩云何學菩薩行？云何修菩薩道？我聞聖者善能誘誨，願為我說！」

比丘尼言：「善男子！我得解脫，名成就一切智。」

善財言：「聖者！何故名為成就一切智？」

比丘尼言：「善男子！此智光明，於一念中普照三世一切諸法。」

善財白言：「聖者！此智光明境界云何？」

比丘尼言：「善男子！我入此智光明門，得出生一切法三昧王；以此三昧故，得意生身，往十方一切世界兜率天宮一生所繫菩薩所，一一菩薩前現不可說佛剎微塵數身，一一身作不可說佛剎微塵數供養。所謂：現天王身乃至人王身，執持華雲，執持鬘雲，燒香、塗香及以末香，衣服、瓔珞、幢幡、繒蓋、寶網、寶帳、寶藏、寶燈，如是一切諸莊嚴具，我皆執持而以供養。如於住兜率宮菩薩所，如是於住胎、出胎、在家、出家、往詣道場、成等正覺、轉正法輪、入於涅槃，如是中間，或住天宮，或住龍宮，乃至或復住於人宮，於彼一一諸如來所，我皆如是而為供養。若有眾生，知我如是供養佛者，皆於阿耨多羅三藐三菩提得不退轉；若有眾生來至我所，我即為說般若波羅蜜。

「善男子！我見一切眾生，不分別眾生相，智眼明見故；聽一切語言，不分別語言相，心無所著故；見一切如來，不分別如來相，了達法身故；住持一切法輪，不分別法輪相，悟法自性故；一念遍知一切法，不分別諸法相，知法如幻故。

「善男子！我唯知此成就一切智解脫。如諸菩薩摩訶薩，心無分別，普知諸法，一身端坐，充滿法界，於自身中現一切剎，一念悉詣一切佛所，於自身內普現一切諸佛神力，一毛遍舉不可言說諸佛世界，於其自身一毛孔中現不可說世界成壞，於一念中與不可說不可說眾生同住，於一念中入不可說不可說一切諸劫，而我云何能知能說彼功德行？

「善男子！於此南方，有一國土，名曰險難；此國有城，名寶莊嚴；中有女人，名婆須蜜多。汝詣彼問：『菩薩云何學菩薩行、修菩薩道？』」

時，善財童子頂禮其足，遶無數帀，慇懃瞻仰，辭退而去。

大方廣佛華嚴經卷第六十七

佛說如來興顯經 卷第二 摘錄

西晉月氏三藏竺法護譯

「復次，佛子！如阿耨達大龍王者，若欲雨時，陰雲普遍於閻浮提，然後降雨，長育百穀、眾藥、樹木、竹蘆、叢林皆得茂盛，華實充滿。諸河源流悉從無焚龍王身出，令無數物難計眾類致得滋益。如是，仁者！如來普於一切世界周遍無餘，大哀優渥而澍甘露大法之雨，悅可眾生，長茂功德，具足備悉十方諸乘。如來之音不從內出，亦不從外。如是無量不可計人、群萌品類而荷戴仰，是為第七為諸菩薩而得順從如來之音。」於是頌曰：

如眾水流行，周於閻浮提，無所不通徹，普潤于大地。

山陵草眾木，五穀依因生，有察其水者，所至無想念。

世尊亦如是，宣揚諸法界，布演正法雨，眾滿於眾生。
長育百千善，滅除諸塵勞，已曉了佛言，於外不馳騁。

「復次，佛子！如摩奈斯大龍王，假使興大陰雨時，先貯集雲，遍諸天宮靡不周接；或不演降雨之一渧，觀察眾人農業普備，然後乃雨。所以者何？不欲煩惱眾生之故。心念大龍，設而七日徐詳而下，則放微渧咸周土田，多所滋茂。如是，仁者！如來、至真為大法王，興法重陰開化眾生。若有所道，雨甘露味為純淑類，然後乃演無極道化，雨於法澤暢深奧典，不令眾生懷恐懼心；宣於無上諸通慧味，多所充滿使得成就，是為第八為諸菩薩而得順從如來之音。」於是頌曰：

猶如有賢龍，名曰摩那斯，則雨周七日，徐澤無所傷。
斯龍所以來，欲成眾生業，然後設愍傷，安隱降澍雨。
十力因黎庶，雲集布法陰，欲化眾生故，顯示第一義。
從其人之器，宣奧之法音，聞詔不恐懅，則入於佛慧。

「復次，佛子！譬巨海中有大龍王名大嚴淨，一念之頃，便能演出十品之雨，不可計限百千之類莫不沾洽；雨無想念，又其龍王無異想念，雨之自然，百千眾品而令差別。如是，仁者！如來、至真假使欲演法音雨時，發念之頃，分別十法了其所歸，宣法光曜出百種音，或復顯暢八萬四千眾生之行、現八萬四千所入之響、至于無量億百千姟言聲之說，悅於無限眾生之心。道教、法音亦無想念，而則裂解一切根原。如來之法，若慈無極若干種變，善妙清淨巍巍如是也，是為第九為諸菩薩而得順從如來之音。」於是頌曰：

猶如大嚴淨，龍王之嫡子，而先設雲集，然後乃降雨。
佛道則自然，而主有所度，口出十種音，二十或至百，
或復至百千，法澤無限量，所尊無所暢，不毀壞法界。
自恣之龍王，一切龍中尊，蔭雨且普達，周遍四方域，
潤一切有形，墮雨若干品，其海所有水，無有若干種。
世尊亦如是，道教等一品，行者心各異，所獲故不同。

「復次，佛子！海大龍王欲興無極感動變時，必安眾生，令懷欣踊。雨四天下，周遍大地，上達自在清明天宮，雲布覆蔭若干品類。又，眾雲同現如是像，

種種別異，或紫金色、或復黃色、或琉璃色、或白銀色、或水精色、或赤珠色、或馬瑙光、或車渠光、或首陀光；如是雜逮大陰所覆，普遍四嵎及四天下。又，其水者無有別異，而雲霧布若干種像。變出電已，暢大雷音，從其群萌所欲樂雨，或出玉女倡樂之音、或天琴瑟眾伎簫和、或以若干龍妃樂音、或揵沓惒妃樂音、或阿須倫偶樂音，或以土地所出音、或以海中雷震伎樂音、或以鹿王鳴呦音、或以無壞鳥樂音、或若干種萬舞之伎。其巨雲陰之所覆蓋如是色像，時節大悅，自然龍風普有所吹。

「假其風出，雲霧安詳，先放微渧，後散大雨。上達自在清明之天，下遍地上虛空天宮，靡所不接；雨於大海，莫所破壞。又至自在諸天遊居玉女伎名歡樂雨諸舞樂，至其不樂慢天雨諸如意珠，於兜術天雨珠瓔飾，於鹽天上雨若干種華，忉利天上雨軟名香，四天王上雨好衣服，於欝單曰雨微妙華，於大龍王宮雨超等光赤明真珠，為阿須倫雨於兵仗名壞怨敵。如是比像，周于四方、四天下域、諸天宮殿，所雨彌漫，不可計會。海大龍王無所悋惜，亦無慳嫉。又，諸眾生所殖德本，各各別異而不一等，自然變為差特之雨。

「如是，佛子！如來、至真以無上慧為大法王，常顯法樂而以自娛，寂然無以普布法界，法身陰雲靡不周遍。因其眾生所信樂者而示現之，或為眾生頒宣暢示最正覺身而興法雨；現變化身放法雲雨，現建立身而降法雨，現色像身若干品雨，現功德身而演雲雨；或復示現慧身雲雨，或復隨俗示現其身有十種力，或復現身四無所畏、自然為顯無所損乏，或現法界而無身形，是為大聖法身陰雨普遍世界。隨其音聲之所信樂，而為眾生演其耀光，除諸垢濁。

「斯光名曰平等暉曜，或復名曰無量光明，或名普世，或名佛所建立祕奧之藏，或復名曰光照于世、或復名曰無盡之行入總持門、或復名曰其意不亂、或復名曰其心無侶、或復名曰遊步所入、或復光明名曰悅可眾願。如是比像，法雨所聞雷震之響，至于正覺曉了佛道。若淨逮聞平等雷震，尋則暢達離垢之印，三昧雷震自然之聲：一切諸法自在三昧、金剛場三昧、須彌幢幡三昧、日定光三昧、巨海印三昧、可眾庶心三昧、無盡響解脫無瞋三昧、無所志樂三昧、常慇無失三昧，假使揚聲，各令聞此佛法之音。

佛說如來興顯經　卷第三　摘錄

西晉月氏三藏竺法護譯

佛言：「何謂，佛子！而諸菩薩遊入如來、至真、等正覺心所念行？如來不為心有所念、不分別名、不曉了識，如來無心乃能入遊無量之念。如倚虛空造立一切，因其由趣有所成就，又如虛空悉無所著。如是，仁者！若欲求道、恃怙慧者，一切世俗及度世事，因佛聖慧而逮興顯。又，如來慧而無所著，是為第一因緣之門菩薩遊入如來行念。」於是頌曰：

猶如虛空中，而受一切形，而著依怙之，亦無空想念。
如來之妙慧，如是無所著，咸救於一切，不想吾我、人。

「復次，佛子！猶如法界不離一切諸聲聞度及諸緣覺、一切菩薩所習遊至。又其法界不增、不減，大道如斯。如來慧合集世間度世之慧，分別了念所造巧便，慧不增減，是為第二。」於是頌曰：

譬如聲聞地，及與緣覺乘、菩薩之大士，悉從虛空生。
大聖亦如是，解空無極慧，心等無增減，救濟無適莫。

「復次，佛子！猶如大海與四大域八十億土而相連接，地形所盡，至其境界而普悉可獲得水矣，自然踊出，其大海者亦無所念。如來之慧亦復若斯，普至一切眾生心意，靡不達遍。從諸黎庶意之所念、所在，逮致清淨法門則以順之，令世人獲自然之慧。又，如來、世尊所可演慧，悉為平等，從其志性，以奇特事而療治之，道德超世，是為第三。」於是頌曰：

譬如四大海，與八十億域，而悉相連接。地形所盡到，
水靡所不至，而自然涌出，海亦無想念；如來慧如此，
至諸眾生心，慧莫不通達。從群黎所好，則為開導之，
致於清淨明，令獲自然明，所演悉平等，如來無想念。

「復次，佛子！猶如巨海自有四大如意寶珠，演集積累無量之德。所以致此

如意珠者，不以龍神有德故有此大珠生，諸琦珍悉大海恩也；生一切寶，黎庶戴仰，莫不濟之。何謂為四？一名曰、等集眾寶，二曰、無盡音，三曰、歸趣，四曰、等集眾辭。又，計於此大如意珠，則非凡類：阿須倫、迦留羅、真陀羅、摩休勒、諸龍、鬼神及餘水居、含血之類，能致光耀。所以者何？寶固在於海王、龍王藏。

「又，其大海諸摩尼珠而有四角，在於四方海龍王宮，各自別立。如來、至真、等正覺亦復如是，道德暉赫，有四大寶無極之慧，則以於此四大慧寶，勸化開導一切眾生：諸學、不學，及至緣覺、菩薩，慧寶緣此致之，靡不濟度。何謂為四？興隆法樂至無所猗善權之慧、有數無數有為無為法寶藏慧、於諸法界而無所壞隨時演慧、以得超度於時不時擾動之慧，是為四。則復以此四大之慧求如來藏、入道府庫，不與眾生而同塵垢，在于世間逮開士慧，令諸菩薩遊詣四方，所可玩習無上正真而令堅住，立不退轉，是為第四。」於是頌曰：

四珍之尊義，逮致安妙藏，所以巨海中，自然生諸寶。

其如意明珠，不離清淨妙，分別在四面，所處有光明。

如來四品慧，無量不可限，安住聖巍巍，開道於五趣。
斯無極至慧，無有異想念，唯察諸十方，所說無不達。

「復次，佛子！有彼巨海而復現於四大之寶如意之珠，威神巍巍，光明無極。斯如意寶功德之耀，消於大海所積聚水，而令厥水不復遊逸，斯以大海不增不減；以是之故，如意大珠至使大海常自停貯。何謂四？日之耀藏大如意寶、師子之步大如意寶、照燿光明大如意寶、無餘究竟大如意寶，是四大寶。假使大海若無有此如意珠者，水當流溢，四大域界盪合漭瀁，至圍神山、大圍神山悉當沒溺。其日耀藏如意寶珠，則以二事變大海水，其光照之，消伏其水，而令色變化成像乳；師子之步如意寶，光照變乳色，成如蘇揣；照耀光明如意寶珠，暉燄照之，除去蘇像，猶劫燒時，火燄盛赫皆焚天地；大如意光照於巨海令其無餘，忽然滅盡，不知所歸。

「如是，仁者！如來、正覺為眾生故，則以四慧照燿一切。因斯明照，於諸菩薩至令逮成如來三昧。何謂為四？除滅眾罪則以法河、究盡恩愛令成道化、皆以智明照于世間、如來之慧無冥無明為平等聖，是為如來四大之慧。為諸菩薩忍眾恐懼、殖不可議功德之本，至於一品。諸天、人民及阿須倫濁俗之眾，不堪諸患無量苦痛，若值如來寂寞之地，慧明所照，降伏諸著，立于三昧；若聞法頌，消生死海。遭遇如來所開化慧，篤樂三昧，因得興於大聖神通微妙行音；大慧照世，消化眾穢，致神足行，能自成立；為世大明，開道盲蔽，無冥無明。以能蒙此如來慧聖，則能降伏世之邪智，大人之地無三昧定，滅除一切財業賄賂，身無所有而逮得此大道之慧。若無於斯如來四慧道德光明，假使欲令諸菩薩眾逮得如來、至真、正覺三昧正定，未之有也；亦不能除生、老、病、死，四無所畏、無本際行，是為五事。」於是頌曰：

海水無限際，而有四品寶，大力無極威，次有微妙尊。
四方域眾流，自然有萬川，常入於大海，大海無增減。
慧處在法座，決斷諸所著，以法廣布施，歡喜無所說。
安住有四慧，咸為諸開士、最勝及菩薩，未曾有眾患。

「復次，佛子！猶如假喻，其下方水及至上界想無想天，一切三千大千世界悉處虛空。如是計之，一切三界群生有形，不離虛空，而想吾我、虛無所計，則無所猗；空無所著、亦不迫迮。生死亦然，察於十方所周虛空，含受一切諸佛世界，亦無所受。如是，仁者！諸聲聞乘、緣覺之慧，有為行慧、無為行慧，皆以依猗如來之慧。如來智慧之所開化，大道通達普入一切，無不周接、無所想念、亦無罣礙，輒以聖智多所濟導，是為第六。」於是頌曰：

旨極從下方，起至於上界，一切三千國，欲色及無色。
所住無所住，諸界無吾我，亦不計有常，不念於斷絕。
安住慧如是，一切慧之本，諸學及不學，并諸緣覺乘，
眾菩薩明達，而志懷愍哀，若建立道門，佛智慧最上。

「復次，佛子！猶如下方而生大藥達山王頂，號無根原。又，大藥者，根通地下過於金剛六萬八百千由旬，住於水界，安隱而立，無能拔者；其原分布悉遍周匝閻浮提土，萬物萌芽，繞集一切樹木根株，近莖生莖、近枝生枝、近節生節、近葉生葉、近華生華、近實生實，其有天下樹木、華、果皆因之生。又，大藥者，其根轉體、體令根轉，以用二事不生萬物。近於地獄，依水純陰故，雖在於彼而不迴轉，是以於法而不得生。又，其餘處大地之場，所布根原、藥之所生，

盡極其地，法應當然也。

「如來道慧亦復如是。從本清淨，則以大哀生堅固元，平等覺種乃為真諦，微妙達要，而不可動，斯謂根也；善權方便，則謂莖也；慧，則枝也；法界，節也；一心脫門、三昧正受無所破壞，葉也；覺意莊嚴，華也；究暢樹形，諸通慧也；解度知見，實也；辯才之議靡不通達，則謂地也。其如來慧無有根著，用何等故而無根著？永無所信，是則名曰為究暢矣，則無根著。所可興發，悉無所行；斷菩薩行，則為無本，故謂如來也；演菩薩行，斯則名曰無所依猗。

「若有菩薩親近如來無極慧原，則不違捨一切眾生，因其道根而生大哀；近於莖者，堅精進也；因其莖次生其枝，度無極也，而長成就；近枝生葉，學于禁戒，靜寂知時也；近於華者，謂諸相好、若干德本也；節，謂隨時；次生果者，則謂究暢，不起法忍，至無麁辭，柔仁和雅；又，其實者，為諸通慧，則為道果也。以是之故，如來之慧不由二事而有所生也。何等為二？謂無為及與有為之大曠谷。若墮於谿澗，而遊無極、無為之事於諸聲聞緣覺之乘。又，其志性不與俱合，亦無所畏，遊於三愛三流之原，於如來慧亦無所生，亦不退還。若有所生，已達聖性，修平等心，於諸菩薩無有彼此，且觀正覺大道暉赫、巍巍無底，而為真諦。慧不增減，其根堅住，令諸眾生究竟通達，了無篤信，是為佛子第七之事。」於是頌曰：

於雪山岡嶺，藥名無根著，其藥有大神，威曜無等倫。
普長育一切，叢林諸樹木，而根莖葉枝，枝因諸根無。
一切諸佛種，自然成道慧，德旨亦如是，遵修一切智。
曉了行佛道，奉宣於聖路，等習於慈哀，生長覺明哲。

「復次，佛子！譬劫災變，大火熙赫燒三千大千世界，一切樹木、藥草、萬物，及至圍神、大圍神山、大金剛山，莫不焚冶。假使有人取枯茭草、肥松、重閣以投盛火，於意云何？寧有一葉得不燒乎？」

答曰：「不得不燒，欲令不燒，未之有也。」

報曰：「如是，尚可使火不燒樹木、大積薪草，有欲限節。如來聖慧三達神智，眾生之數、國土多少、諸法之底、去來現在無央數劫令不普見、而有微礙不悉及者，未之有也。所以者何？正覺道慧無有限量，不可計會，靡不通徹，故號如來、至真、等正覺，是為第八。」於是頌曰：

若劫之遭患，天地被陶冶，一時悉燋然，男女樹木果。
佛子且憶察，於斯諸遊居，金剛尚消融，何況枯草木？
山陵諸所有，豈可脫不燒？安住之智慧，皆能分別知。
當來眾生類、若干劫佛土，諸佛悉明達，如是無限量。

「復次，佛子！猶如災變風起之時，而有大風，名曰毀明，則發且興毀壞圍神、大圍神山及金剛山，一切三千大千世界吹令破散，使無有餘。又復有風，名因緣蓋，吹于三千大千世界，飄舉擊接，越置他佛國。假使於彼因緣蓋風，獨值自恣，無毀明風，便當摧破十方不可限量諸佛境界。如是，仁者！如來則有無極大慧，名曰毀壞一切塵欲，正覺以斯無極大慧，吹除一切諸菩薩眾塵勞、罣礙。如來次有無量聖達，名曰總攝大權方便，則能消滅愛結之患，至妙道場，因復開化新發菩薩、一切諸根未純熟者。設諸如來不總攝斯大權方便成大道場，令無央數不可計會諸菩薩眾，修於聲聞、緣覺之乘。世尊順從善權方便，令諸菩薩大士之等，超越聲聞、緣覺之地，由斯自在而無所住，是為第九。」於是頌曰：

劫中若恐懅，諸天亂不安，神圍、須彌山，咸悉為毀壞。
風即時興起，無能制止者，無量諸佛土，糜碎無有餘。
有諸十方者，聖慈得自在，則以毀破碎，諸菩薩塵勞。
彼復有道風，遵修於善權，尋便以救護，聲聞行者安。

「復次，佛子！如來之慧遊入一切，聖智巍巍，靡不周遍一切黎庶終始之界。所以者何？若有欲想世尊之慧欲及達者，未之有也。又，如來慧悉離諸相，自在之慧則遊自然，無所罣礙。如書一經，其卷大如三千世界；或有大經而未書成，猶如三千世界之海、或如神圍山、如大神圍、或如普地。舉要言之，如千世界、或如四域天下之界、或如閻土、或如大海、如須彌山、如大神宮、欲行天館、如色行天、如無色天。假集大經，廣長、上下猶如三千大千世界，而有一塵在大經卷，又諸經上各各有塵，悉各周遍在大經裏。

「當爾之時，有一丈夫自然出現，聰明智慧，身試入中；又有天眼，其眼清淨，普有所見，則以天眼而觀察之：『今斯經卷如是比像廣大無極，其上則有少少塵耳，於諸眾生無所加益。我身寧可以無極力、大精進勢，裂壞此經、解散大卷，當以饒益一切黎庶。』適念此已，則時興隆無極之力、精進之勢，輒如所願，取大經卷，各自散解，以給黎庶。如一經卷，眾經之數亦復如是。

「若此，仁者！如來、至真以無量慧、不可計明，悉入一切眾生江海心之所行，而普曉了群萌志操。如來之慧不可限量、靡不周達、不可窮極，正覺之智不可計會，觀察一切萌類境界，怪未曾有：『斯眾生類愚騃乃爾，不能分別如來聖慧。』世尊普入而自念曰：『吾寧可宣顯示大道，使諸想縛自然蠲除。』如佛法身聖塗力勢，當令捨離一切著念，設使曉了正真之慧誼所歸趣，獲致無極三昧之定，暢說正道去一切想，誨令使念無上道慧，化諸黎庶在五趣者，令達無極，是為，佛子！第十之事。如來、至真勸諸菩薩心入道義，如是比像濟無央數諸菩薩等，蒙如來慧開化其心，使入大道也。」於是頌曰：

猶如有經卷，大如三千界，自然有微塵，悉散於其上。
有一慧士夫，明眼壞經卷，悉分別布散，施於五趣人。
世尊亦如是，智慧如大海，見眾生心意，悉惑諸想念。
佛以愍哀人，為解除眾想，諸菩薩戴仰，諦蠲棄著次。

「復次，佛子！何謂菩薩遊入如來之境界？於斯，菩薩慧入無礙，知一切界為如來界。一切佛土諸所有境、眾生之界則悉無本，靡所部分，不有所壞。其法界者，無陰蓋際。又，本際者，無際彊畔，猶如虛空無有邊崖，亦無有界，亦不不有，悉以遊入如來境界。猶眾生種不可限量、無有邊崖，如來之界亦復若斯，不可限量、無有邊際。所以者何？如其眾生心之所念不可計會，如來尋則以無量慧而開化之。如龍王尊而得自在攝無量水，因時放雨不可計渧，不從內出亦不從外；如來境界亦復如是，從意所欲有所興造，即自然成，彼無所諮，亦無有師。如大海中水不可量，悉從龍王心所念生亦復如是，一切所有無量聖達，至諸通慧，行如法海，咸斯菩薩往古發心之所造願，因從厥行而生差別。」

問曰：「何謂無量為巨海者？何謂無限諸通慧海？」

曰：「無思議，多所解說至於大海。今粗舉要，分別說之，諦聽！諦聽！善思念之！閻浮提有五百江河而入大海，拘耶尼域亦五百江入大海中，弗于逮域四千江河而入大海，欝單曰域具足萬江流入大海。於意云何？此水合會流入大海，寧增多不？」

答曰：「甚多。」

報曰：「十光龍王所雨之水，則多於彼諸江之流。又，四大域所有諸水、十光龍王所雨之水入大海者，其水不如百光龍王之所雨水墮於海者，為最多矣。又，四大域水、十光龍王、百光龍王所雨大水入巨海者，不如大遊龍王身中所出入於大海，其水倍多。舉要言之，如摩奈斯龍王雷吼所雨，則復加倍，難頭、和難所出之雨，無量之光、妙群龍王、大爦龍王、大頻申龍王雨亦如茲。斯十大龍王、立億龍王各各降雨，不可稱限。其四大域巨海之水，及十龍所雨之水，并八十億種龍王，悉歸巨海，不如閻浮提海龍王長子。諸大江河所有眾水及諸洪雨，不如十光大龍王宮所出水；計四大域一切江河及前所說諸龍王雨、十光龍王、百光大龍王宮所出水，咸悉不如大嚴淨龍王宮所出水。舉要言之，摩奈斯、雷震、難頭、和難、無量光明及大妙若群、大明爦龍皆悉不如。斯十龍王及八十億龍王宮所出水，則悉不如。海龍王長子宮所出水。

「如是，諸龍王等水歸大海，咸為不如海大龍王雨無所壞水為最多。其閻浮提水及拘耶尼、弗于逮、欝單曰，十光龍王宮殿所雨，百光龍王、大琉璃龍王宮殿所雨，摩奈斯龍王、雷震、難頭、和難、無量光明、妙君龍王、大明燄龍王及大頻申龍王宮殿所出雨者，及八十億種姓龍王所出，諸是有水及四大域海之龍王長子所雨、有海龍王無所壞雨，眾大雨水咸悉不如海大龍王清琉璃中所出諸水而悉周遍充於大海，大海之水如是無限。

「又，如海水無有量者，其寶品界亦復無量，眾生之界亦復無限，觀於大身亦不可計。大海水不可限量，諸寶品種亦復無限。於，佛子！意所趣云何？其大海水寧無限乎？」

報曰：「無限。」

「如大海德無能計量，如來若斯，慧無限量，百倍、千萬億倍、巨億萬倍，無以為喻。不依言辭，隨人所解，而以牽引大海譬喻，佛之大道，聖過於茲。因假三昧，其明無邊，則如來慧所達巍巍，猶如大海；其意無限，從初發意乃至菩薩一切智行而不斷絕；道寶無量，一切道品、三寶之法不可盡極。勸化眾生，當造斯觀；諸學、不學，其緣覺乘，悉見濟度，以無極諦志無所在，悉覩無量，住於第一欣然之地。始從菩薩便能至於無罣礙地，化諸菩薩令不廢退，是為，佛子！

諸菩薩眾則能遊於諸佛境界，亦能普周一切所有，亦無限量。」於是頌曰：

積清淨諸品，無數不可量，眾念之境界，一切無邊際。
如意之齊限，其心無所周，一切諸十力，當求斯境界。
猶如龍所處，未曾有捨離，應其心所念，而放於雨渧。
設使心有來，乃可得還反，其龍不有念：「吾當有所雨。」
諸十力如是，未曾有來至、亦無有還反，能仁不可得。
永無所興造，況遺心有念？法界無限量，猶如江河沙。
其海無邊際，水及寶亦然，諸含血所居，一切無限量，
其水悉一味，生者咸仰之，若處於此中，不飲餘水業。
大聖亦如是，妙慧無崖底，三寶無限礙，道要不可計，
諸學及不學、人民無央數、不可計群萌，志願佛道慧。

「何謂，佛子！菩薩遊入如來聖慧無罣礙行？威儀、禮節猶若如來，往本無生，於當來世亦無所造，隨時緣故而忽成矣。斯如來行，不起、無滅，不有、不無，亦不遊入有為、無為。譬如法界，無有限量，亦無不限。所以者何？無有自

然，亦無有身，故曰法界。大聖若斯，斯名如來，行無限量、亦不無限，遊入無身，亦無自然。猶如飛鳥行虛空中，於百千歲而飛行者，如有所度，亦無所度，觀前察後，其虛空者無有邊際。如來之行亦復如是，於億百千劫所講無極，若歎有極，設無所說，其如來行故無邊際。如來已住無罣礙行，亦無所住，而為眾生暢現如是如是比行，僉度一切罣礙之跡。如金翅鳥王遊在虛空，以清淨眼觀龍宮殿，變易本形，知應終者，騫翥奮翮，搏揚海水，波盪披竭，攫食諸龍及龍妻妾。

「如來若斯，慧無罣礙，住無底行，咸於法界普觀眾生諸根純淑，因隨宿本，殖眾德原，尋以無極如來十力而示形像，入終始海，拔生死淵，開導眾庶，能為應器，挑出群黎，於終始海則建立志，於佛道法而悉斷除一切言行，獲致如來無所想念。以無想念，慧無罣礙，則為住立住無所住也。如日、月光照于天下，獨已遊步而無有侶，則無所立，行虛空路。人民瞻望，日、月不念：『吾有所奏，若復迴還。』世尊如是，遊於泥洹，入清淨法亦無想念。於諸法界，示現、超度一切諸行，五趣群萌，亦無懈息，無所專信而則暢達，宣布佛事亦無往反。是為，佛子！諸菩薩等遊入如來之慧行也，則無限量，亦無不限，代諸緣事也。」

於是頌曰：

無本不可盡，未曾有起滅，有計無本者，無處不可見。
諸愍哀如斯，其行無有量，無本者自然，則無有二事。
猶如此諸種，法界無處所，亦復無限量、亦無不限量；
道行亦如斯，聖達無崖底，所分別無極，斯則無有身。
如有鳥遊步，億劫在虛空，前後亦如是，虛無界適等。
最勝百千劫，講論所當行，如方便隨成，不失於善德。
金翅鳥在空，遙望察水中，知龍命所終，舉食龍妃后。
十力智自在，燒盡諸塵勞、善造眾德本、拔出生死原。
譬若如日月，遊行虛空中，黎庶蒙安隱，光亦無想念；
世尊亦如是，由法眾無礙，開化無數眾，不與諸想念。

大方廣佛華嚴經 卷第八 摘錄

罽賓國三藏般若奉　詔譯

入不思議解脫境界普賢行願品

爾時，善財童子為菩薩無勝幢解脫門光明照其心故，得住諸佛不思議境界種種神通力，證菩薩不思議解脫種種神通智，得菩薩不思議三昧智光明，得一切時恒熏習三昧智光明，得遍了知一切境界皆依想所住三昧智光明，得入一切世間具足殊勝智光明，以得如是智光明故，於一切處皆隨現身，隨一一身以究竟智，皆悉演說究竟平等、無二、無別、無分別法，以明淨智普照境界，凡所聽聞甚深解脫，清淨法藏皆能忍受，信解清淨決定明了，諸法自性無有疑惑，心恒不捨修習一切菩薩妙行，勇猛精進，趣一切智無有退轉；獲得十力差別智光，愛樂深法常無厭足；以正修行住一切智，其心正向，入佛境界，出生菩薩廣大莊嚴，圓滿無邊清淨大願，以無障礙智知無邊世界網，以無懈怠心度無邊眾生海，普遍了達無邊菩薩諸行境界，普見無邊一切世界種種差別，普入無邊廣狹麁妙一切世界，普知無邊一切世界種種想網，普知無邊一切世界諸安立諦，普了無邊一切世界言辭稱讚，普知無邊一切眾生種種信解，普知無邊一切眾生成熟時節，普知無邊一切眾生種種心想，普見無邊一切眾生種種色相，隨其所應方便成熟。念善知識，漸次遊行至伊沙那聚落，見勝熱婆羅門，修諸苦行於赫日中，四面火聚猶如大山，中有刀山高峻無極，為欲勤求一切智智，登彼刀山投身入火。

時，善財童子既至其所，頂禮其足，合掌而立，白言：「聖者！我已先發阿耨多羅三藐三菩提心，而未知菩薩云何學菩薩行？云何修菩薩道？我聞聖者善能誘誨，願為我說。」

婆羅門言：「善男子！汝今若能登此刀山，投身火聚，諸菩薩行悉得清淨。」

時，善財童子作如是念：「得人身難，離諸難難，得無難難，離惡法難，得淨法難，遇佛出世難，具足諸根難，得聞正法難，得遇善人難，逢真善知識難，受如理正教難，得正命自活難，得隨法修行難，此將非魔魔所使耶？將非是魔險、惡徒黨詐現菩薩善知識相，與諸菩薩而作怨敵，而欲為我作善根難、作壽命難、作梵行難，障我修行一切智道，牽我令入邪惡趣中，障我所證解脫法門，障我所求無上佛法。」

作是念時，十千梵天住虛空中，作如是言：「善男子！莫作是念，莫作是念！今此聖者得金剛焰三昧光明，發大精進勇猛不退，誓入生死度諸眾生，欲竭一切諸貪欲海，欲截一切諸邪見網，欲燒一切諸煩惱薪，欲普運度諸險難磧，欲盡除斷老病死怖，欲盡吹壞無明障山，欲普引導出惑稠林，欲放一切妙法光明普照三世愚癡黑闇。善男子！我諸梵天執著邪見；皆悉自謂是自在者，是能作者，我為一切世間最勝。此婆羅門，五熱炙身；時，其火光明照我宮殿，我即開悟，於自所居及諸禪定心無樂著，皆共來詣婆羅門所；時，婆羅門以神通力即為我等現大苦行，令我滅除一切邪見，為我說法令我斷除一切憍慢，普為一切世間眾生住於大慈行，於大悲起廣大心，發菩提意，住堅固願，欣求解脫，常見諸佛，恒聞妙法；於一切處，心無所著，能轉一切圓滿法輪，其聲無礙普遍一切。」（略）

復有十千諸大龍王，所謂：伊羅鉢那龍王、難陀龍王、優婆難陀龍王等，於虛空中布大香雲，普雨無量隨時栴檀微細香雨，無數龍女奏天音樂，雨天妙華及天香水，恭敬供養，作如是言：「善男子！此婆羅門五熱炙身；時，其火光明照我宮殿，令諸龍眾離熱沙怖、金翅鳥怖，除滅瞋恚身得清涼，心無垢濁泰然安隱，復為我等如應說法、聞法、信解、厭惡龍趣、發至誠心悔除一切諸惡業障，乃至發阿耨多羅三藐三菩提心，究竟安住一切智智。」

復有十千諸夜叉王於虛空中，各以種種上妙供具，恭敬供養，此婆羅門及以善財，作如是言：「善男子！此婆羅門五熱炙身；時，能令我等及諸眷屬，悉於眾生發慈愍心，一切羅剎、鳩槃茶等，亦生慈心，以慈心故，於諸眾生無所惱害，能施安樂，各與眷屬俱來見我，我及彼等即共來詣婆羅門所。時，婆羅門為我說法，能令我等一切皆得身心安樂，增長威力；又令無量夜叉、羅剎、鳩槃茶等，發於無上菩提之心。」

大方廣佛華嚴經　卷第十五　摘錄

罽賓國三藏般若奉　詔譯

入不思議解脫境界普賢行願品

爾時，善財見比丘尼遍坐一切諸寶樹下大師子座，身相端嚴，威儀寂靜，住法平等，動止安詳；諸根調順，如大象王；心無垢濁，如清淨池；普濟所求，如如意寶；不染世法，猶如蓮華；心無所畏，如師子王；護持淨戒不可傾動，如須彌山；能令見者心得清涼，如妙香山；能除眾生諸煩惱熱，如雪山中妙栴檀香；眾生見者諸苦銷滅，如妙見藥王；能令見者所願不空，如婆樓那天；永離欲染，如大梵王；淨眾生心，如水清寶；能長眾善，如良沃田；三業自在，猶如如來；在一一座眾會不同，所說法門亦各差別。

或見處座淨居天眾所共圍遶，摩醯首羅天王而為上首，此比丘尼為說法門，名無盡法相解脫；或見處座諸梵天眾所共圍遶，妙光明梵王而為上首，此比丘尼為說法門，名普門差別清淨言音輪；或見處座他化自在天，天子天女所共圍遶，自在轉天王而為上首，此比丘尼為說法門，名菩薩清淨心自在莊嚴；或見處座妙變化天，天子天女所共圍遶，樂變化天王而為上首，此比丘尼為說法門，名妙法清淨莊嚴門；或見處座兜率陀天，天子天女所共圍遶，兜率天王而為上首，此比丘尼為說法門，名自心藏旋轉；或見處座須夜摩天，天子天女所共圍遶，須夜摩天王而為上首，此比丘尼為說法門，名普遍莊嚴；或見處座三十三天，天子天女所共圍遶，釋提桓因而為上首，此比丘尼為說法門，名厭離門。

或見處座百光明龍王、難陀龍王、優波難陀龍王、摩那斯龍王、伊羅跋陀龍王、阿那婆達多龍王等，龍子龍女所共圍遶，娑伽羅龍王而為上首，此比丘尼為說法門，名佛境界光明莊嚴；或見處座諸夜叉眾，童男童女所共圍遶，毘沙門天王而為上首，此比丘尼為說法門，名救護眾生藏；或見處座乾闥婆眾，男女眷屬所共圍遶，持國乾闥婆王而為上首，此比丘尼為說法門，名雨無盡大歡喜法雨；或見處座阿脩羅眾，男女眷屬所共圍遶，羅睺阿脩羅王而為上首，此比丘尼為說法門，名速疾莊嚴法界智門；或見處座迦樓羅眾，男女眷屬所共圍遶，大力勇持迦樓羅王而為上首，此比丘尼為說法門，名怖動諸有海；或見處座緊那羅眾，男女眷屬所共圍遶，大樹緊那羅王而為上首；此比丘尼為說法門，名佛行光明門；或見處座摩睺羅伽眾，男女眷屬所共圍遶，菴羅林忿怒摩睺羅伽王而為上首，此比丘尼為說法門，名出生見佛歡喜心。

或見處座無數百千男子、女人、童男、童女所共圍遶，此比丘尼為說法門，名殊勝行；或見處座諸羅剎眾，男女眷屬所共圍遶，常吸精氣大樹羅剎王而為上首，此比丘尼為說法門，名發生慈悲心；或見處座信樂聲聞乘眾生所共圍遶，此比丘尼為說法門，名勝智威力大光明；或見處座信樂獨覺乘眾生所共圍遶，此比丘尼為說法門，名佛功德廣大光明；或見處座信樂大乘眾生所共圍遶，此比丘尼為說法門，名普門三昧智光明；或見處座初地菩薩所共圍遶，此比丘尼為說法門，名一切諸佛大願聚三昧；或見處座二地菩薩所共圍遶，此比丘尼為說法門，名無垢輪三昧；或見處座三地菩薩所共圍遶，此比丘尼為說法門，名大寂靜莊嚴三昧；或見處座四地菩薩所共圍遶，此比丘尼為說法門，名速疾出生一切智境界三昧；或見處座五地菩薩所共圍遶，此比丘尼為說法門，名妙華藏三昧；或見處座六地菩薩所共圍遶，此比丘尼為說法門，名毘盧遮那藏三昧；或見處座七地菩薩所共圍遶，此比丘尼為說法門，名普遍莊嚴地三昧；或見處座八地菩薩所共圍遶，此比丘尼為說法門，名普遍法界境界化現身三昧；或見處座九地菩薩所共圍遶，此比丘尼為說法門，名無所得力智莊嚴三昧；或見處座十地菩薩所共圍遶，此比丘尼為說法門，名無障礙輪三昧；或見處座執金剛菩薩所共圍遶，此比丘尼為說法門，名金剛智那羅延莊嚴三昧。

爾時，善財童子見如是等一切大眾，種種出生、種種住處、種種身相、種種眷屬，已成熟者、已調伏者，堪為法器，皆入此園，各於樹下圍遶而坐，師子頻申比丘尼如其所應，種種心性、種種欲樂、種種信解，隨彼所宜勝劣差別，而為演說相應法門，令於阿耨多羅三藐三菩提得不退轉。

何以故？此比丘尼得普眼捨得般若波羅蜜門、演說一切佛法般若波羅蜜門、法界差別際般若波羅蜜門、散壞一切障礙輪般若波羅蜜門、生長一切眾生善心般若波羅蜜門、最勝莊嚴般若波羅蜜門、無礙真實藏般若波羅蜜門、法界圓滿般若波羅蜜門、清淨心藏般若波羅蜜門、普遍出生種種語言神通藏般若波羅蜜門；此十般若波羅蜜門而為上首，入如是等無數百萬阿僧祇般若波羅蜜門。此日光園中一切菩薩及諸眾生所見境界、所聞妙法，各各差別，悟解不同，皆是師子頻申比丘尼初勸發心說法教化，令於阿耨多羅三藐三菩提得不退轉。

時，善財童子見師子頻申比丘尼如是園林、如是床座、如是經行、如是眾會、如是威儀、如是自在、如是普身、如是無畏、如是神力、如是辯才、如是莊嚴，復聞如是不可思議廣大法門，身心柔軟，五體投地，恭敬頂禮，合掌念言：「我當右遶此比丘尼經於無數百千萬匝。」

作是念時，此比丘尼即放光明，遍照其園，普及眾會，善財童子即自見身遍一切處，一一座上比丘尼所，皆悉右遶百千萬匝，圍遶畢已，合掌而立，白言：「聖者！我已先發阿耨多羅三藐三菩提心，而未知菩薩云何學菩薩行？云何修菩薩道？我聞聖者善能誘誨，願為我說。」

比丘尼言：「善男子！我得菩薩解脫，名滅除一切微細分別門。」

善財白言：「聖者！何故名為滅除一切微細分別？」

比丘尼言：「善男子！此解脫門於一念中普照三世一切諸法，顯示本性智慧光明。」

善財白言：「聖者！此智光明境界云何？」

比丘尼言：「善男子！我入此智光明門時，得自在出生一切法三昧王，以得如是三昧王故，現意生身，普遍十方一切世界兜率天宮一生所繫諸菩薩所；於一一菩薩前，現不可說佛剎極微數身；於一一身，作不可說佛剎極微數最勝供養。所謂：或現天王身、龍王身、夜叉王身，乃至人王身，各各執持種種華雲、種種鬘雲、燒香、塗香及以末香，衣服、瓔珞、幢幡、繒蓋、寶網、寶帳、寶藏、寶燈，乃至一切莊嚴具雲，我皆執持而以供養，如於住兜率宮一生所繫菩薩所，親近承事，種種供養，如是降神入胎，住胎出胎，在家出家，往詣道場，成等正覺，轉正法輪，入於涅槃；如是中間，或住天宮，或住龍宮，乃至或住人、非人宮，於彼一切諸如來所，我皆如是而為供養；若有眾生知我如是見聞、親近、供養佛者，一切皆於阿耨多羅三藐三菩提得不退轉，若有眾生來詣我所，我皆誘誨為其宣說般若波羅蜜門。

編著、導讀者簡介

洪啟嵩，為國際知名禪學大師。年幼深感生死無常，十歲起參學各派禪法，尋求生命昇華超越之道。二十歲開始教授禪定，海內外從學者無數。

其一生修持、講學、著述不輟，足跡遍佈全球。除應邀於台灣政府機關及大學、企業講學，並應邀至美國哈佛大學、麻省理工學院、俄亥俄大學，中國北京、人民、清華大學，上海師範大學、復旦大學等世界知名學府演講。並於印度菩提伽耶、美國佛教會、麻州佛教會、大同雲岡石窟、廣東南華寺、嵩山少林寺等地，講學及主持禪七。創辦南玥覺性藝術文化基金會、印度菩提伽耶全佛公益信託，現任中國佛教會學術委員會主任委員、中華大學講座教授、台灣不丹文化經濟協會榮譽會長。

畢生致力以禪推展人類普遍之覺性運動，開啟覺性地球，二〇〇九與二〇一〇年分別獲舊金山市政府、不丹王國頒發榮譽狀，二〇一八年完成「世紀大佛」巨畫，獲金氏世界記錄認證「世界最大畫作」（168.76公尺X71.62公尺），二〇二〇年獲諾貝爾和平獎提名。

歷年來在大小乘禪法、顯密教禪法、南傳北傳禪法、教下與宗門禪法、漢藏佛學禪法等均有深入與系統講授。著有《白話華嚴經》等〈白話佛經系列〉；《禪觀秘要》《通明禪禪觀》等〈禪觀寶海系列〉；《密法總持》《現觀中脈實相成就》等〈密乘寶海系列〉；《楊枝淨水》等〈觀音傳十萬史詩系列〉等書籍，著述主編書籍逾三百部。

大藏系列壹 03

龍王藏／第三冊／

編著　洪啟嵩
發行人　龔玲慧
藝術總監　王桂沰
標點校對　許文筆、謝岳佐、許諺賓、黃成業、王靖原、臧舒嫺
梵字校正　劉詠沛、吳霈媜、詹育涵、鄭燕玉、柯牧基、楊明儀
執行編輯　彭婉甄、莊慕嫺
美術編輯　張育甄
封面設計　王桂沰
梵字墨寶　洪啟嵩
佛像畫作　洪啟嵩
出版　全佛文化事業有限公司 http://www.buddhall.com
訂購專線：(02)2913-2199　傳真專線：(02)2913-3693
匯款帳號：3199717004240 合作金庫銀行大坪林分行
戶名／全佛文化事業有限公司
全佛門市：覺性會館・心茶堂／新北市新店區民權路 88-3 號 8 樓
門市專線：(02)2219-8189
行銷代理　紅螞蟻圖書有限公司
台北市內湖區舊宗路二段 121 巷 19 號（紅螞蟻資訊大樓）
電話：(02)2795-3656　傳真：(02)2795-4100

初版　二〇二三年十月
定價　新台幣 八八〇元
ISBN 978-626-95127-7-5（第三冊：精裝）

國家圖書館出版品預行編目（CIP）資料

龍王藏 / 洪啟嵩編著 . -- 初版 . --
［新北市］: 全佛文化事業有限公司 , 2023.10-
冊； 公分 . --（大藏系列壹；3-)
ISBN 978-626-95127-7-5（第 3 冊：精裝）

1.CST: 大藏經

221.08　　112016492

Published by BuddhAll Cultural Enterprise Co.,Ltd.